Pedro Barceló

# Kleine römische Geschichte

Pedro Barceló

# Kleine römische Geschichte

PRIMUS
VERLAG

Einbandgestaltung: Jutta Schneider, Frankfurt a. M.
Einbandabbildungen: Tanz einer Bacchantin, Fresko aus Pompeji, um 60 n. Chr.
Amphitheater in Pula, Kroatien
Fotos: picture-alliance

Die Deutsche Bibliothek verzeichnet diese Publikation
in der Deutschen Nationalbibliografie;
detaillierte bibliografische Daten sind im Internet über
http://dnb.ddb.de abrufbar.


Die Herausgabe des Werkes wurde durch
die Vereinsmitglieder der WBG ermöglicht.
Satz: Setzerei Gutowski, Weiterstadt
Gedruckt auf säurefreiem und alterungsbeständigem Papier
Printed in Germany

**www.primusverlag.de**

ISBN 3-89678-541-9

*Francisco Batiste Baila*
*in Freundschaft und Dankbarkeit gewidmet*

# Inhalt

# Vorwort

Das vorliegende Buch richtet sich an historisch Interessierte, die in die römische Geschichte eingeführt werden wollen. Aufbau, Gliederung und Ausarbeitung sind so gestaltet, dass neben narrativen auch analytische Passagen geboten werden, die naturgemäß nur eine Auswahl des vorhandenen Stoffes darstellen können. Thematisiert werden die wesentlichen Entwicklungslinien von Politik, Religion, Wirtschaft, Gesellschaft und Kultur der etwa tausendjährigen Zeitspanne, die sich vom 5. Jahrhundert v.Chr. bis zum 5. Jahrhundert n.Chr. erstreckt.

Der größeren Anschaulichkeit wegen sind einige Gelehrtenmeinungen aus neuerer Zeit sowie eine Reihe aussagekräftiger schriftlicher Zeugnisse nebst ausgewählten Bilddokumenten aus dem Altertum in den fortlaufenden Text eingebaut. Letztere sollen die Abhängigkeit unserer heutigen Betrachtungsweisen von den verfügbaren antiken Quellen belegen und gleichzeitig zeitgenössisches Kolorit vermitteln.

Wie bereits im Titel angedeutet, will dieses Buch einen konzisen historischen Überblick über die spannende und wechselvolle Geschichte Roms geben. Dieser soll trotz der Themen, die aus Platzgründen ausgespart werden mussten, repräsentativ sein und dem Leser vielfältige Anregungen sowie einen soliden Ausgangspunkt für eine weitere eigenständige Beschäftigung mit der Materie bieten.

Dank schulde ich den Potsdamer Althistorikern Christiane Kunst, Oliver Linz und Eike Faber sowie meinem Freund Gunther Gottlieb für die kritische Lektüre des Manuskripts und für die wertvollen Hinweise.

# Anfänge der römischen Geschichte

## Einführung

Zu den ersten Jahrhunderten römischer Geschichte besitzen wir keine historisch zuverlässige Überlieferung, obwohl an späteren schriftlichen Quellen kein Mangel herrscht (Dionysios von Halikarnass, Marcus Terentius Varro, vor allem Titus Livius). So bietet das aus großem zeitlichem Abstand heraus verfasste Geschichtswerk des Livius (1. Jahrhundert v. Chr.) eine ausführliche Darstellung der Epoche, aber in den darin farbig ausgemalten Episoden kommen meist fiktive Situationen, erfundene oder verformte Persönlichkeiten und retrospektive Deutungen zu Wort. Ähnlich ist der Befund, der sich aus den anderen Autoren gewinnen lässt. Daher helfen die Aussagen der literarischen Texte zur Eruierung der Gründung, Chronologie, Besiedlung und Frühgeschichte Roms erst dann weiter, wenn sie sich durch Heranziehung weiterer unabhängiger Zeugnisse, etwa archäologischer Überreste, erhärten lassen. Ähnlich verhält es sich mit der Rekonstruktion der gesellschaftlichen und politischen Entwicklungen, die stets aus der Perspektive der späteren Ereignisse und der sie reflektierenden Quellen eingefangen werden.

Während des 5. Jahrhunderts v. Chr. vollzog sich der Übergang von der etruskisch beherrschten Siedlung zur römisch-latinisch geprägten Republik (um 470 v. Chr.). Zahlreiche Geschehnisse, Entwicklungen und handelnde Individuen dieser Ära bleiben jedoch im Dunkeln. Erst ab dem 4. Jahrhundert v. Chr. werden die Konturen des Bildes, das sich von Rom gewinnen lässt, klarer. Sie zeigen uns den Ausbau und die Konsolidierung einer republikanischen Staats- und Gesellschaftsform, deren komplexe Strukturen (Verfassungswirklichkeit, Appellationsrecht des Einzelnen an die Gemeinschaft, Regierungs- und Wirtschaftssystem) ihre aristokratischen Wurzeln widerspiegeln.

Gleichzeitig zeigte sich die aufstrebende Republik bestrebt, ihre langwierigen sozialen Erschütterungen zu bewältigen und sich gesellschaftlich und politisch neu zu formieren. Ihre außergewöhnliche Dynamik manifestierte sich in der Bildung einer neuen Führungsschicht, der patrizisch-plebejischen Senatsaristokratie, die bis zur Auflösung der republikanischen Staatsform deren Geschicke maßgeblich bestimmen sollte. Von dieser Zeit an lässt sich auch die erste Expansionsphase zurückverfolgen, die zunächst zur Festigung der römischen Position in Latium (338 v. Chr.), danach in Mittelitalien (291 v. Chr.) und schließlich zur Ausdehnung der römischen Hegemonie auf die Gesamtheit der italischen Halbinsel führen wird (272 v. Chr.).

## Raum und Bevölkerung

Die italische Halbinsel bildet einen abwechslungsreichen geographischen Raum, der von Gebirgen (Abruzzen, Apenninen, Dolomiten), Flüssen (Arno, Po, Tiber, Volturnus), Seen und Feuchtgebieten (Pontinische Sümpfe) durchzogen wird und in dem gut bewässerte Ebenen (Campanien, Tibertal, Poebene) und hügeliges Terrain (Lukanien, Toskana, Umbrien) das Landschaftsbild bestimmen. Die Alpen im Norden, das Apennin-Gebirge im Mittelteil und das Meer an den Rändern sind die markantesten geographischen Merkmale dieser etwa 250 000 Quadratkilometer umfassenden territorialen Einheit. Die stiefelförmige italische Landmasse, die in Sizilien eine Fortsetzung findet, wird von Nord nach Süd von der Gebirgskette des Apennin in zwei unterschiedliche Hälften geteilt. Die westlichen, am Tyrrhenischen Meer gelegenen Landschaften sollten aufgrund ihrer geopolitischen Gegebenheiten (fruchtbare Ackerböden, Bevölkerungsdichte, günstige Häfen, Anziehungspunkt für die etruskische und griechische Kolonisation) geschichtlich bedeutsamer werden als die entlang der Adria sich erstreckende Osthälfte.

Aufgrund seiner Lage im Zentrum des Mittelmeerbeckens war das Land stets äußeren Einflüssen ausgesetzt. Zahlreiche Völker haben vielfältige Spuren ihrer Präsenz hinterlassen. Um 1200 v. Chr. wanderten indoeuropäische Bevölkerungsgruppen in die italische Halbinsel ein, aus denen sich die später historisch bekannten Völkerschaften der Latiner, Osker, Umbrer etc. herausbildeten. Die Römer, die zum Stamm der Latiner gehörten, unterhielten enge Kontakte zu den Etruskern, die in der Toskana und in Campanien siedelten. Diese standen ebenso wie die in Unteritalien heimisch gewordenen Griechen (Neapel, Kyme, Poseidonia, Kroton, Tarent usw.) auf einem beachtlichen Kulturniveau. Zweifellos ist die erste städtebauliche Entwicklung Roms auf ihren Einfluss zurückzuführen. Beide Völker wurden die Lehrmeister der Römer. Die übrigen Stämme Italiens gehörten den Gruppen der Umbro-Sabeller (Umbrer, Sabiner, Äquer, Marser) und der Osker an, deren wichtigster Stamm die Samniten waren. Am Nordrand Italiens lebten keltische Stämme, im Süden treffen wir auf die Lukaner, Daunier, Peuketier, Salentiner und Messapier.

In einem mittelitalischen Flusstal (Tiber) entstand die Stadt Rom. Allerdings stellt das überlieferte Gründungsdatum, das der gelehrte Heimatforscher Varro auf das Jahr 753 v. Chr. errechnete, eine literarische Fiktion dar. Die Auskünfte der archäologischen Forschung legen nahe, den Prozess der Stadtwerdung deutlich später anzusetzen. Erst ab dem Ende des 7. Jahrhunderts v. Chr. scheinen sich einige dorfähnliche Siedlungen auf den Hügeln des Palatin, Esquilin und Quirinal zu einer neuen Gemeinschaft vereinigt zu haben. Verantwortlich dafür waren die nördlich davon beheimateten Etrusker, die im Zuge ihrer Südexpansion einen befestigten Stützpunkt unweit der Tibermündung anlegten. Wie alle nachträglich zu Bedeutung aufgestiegenen Städte des Altertums (Athen: Theseusmythos, Karthago: Didomythos usw.) besaß auch Rom eine – novellistisch durchkomponierte und dramaturgisch aus-

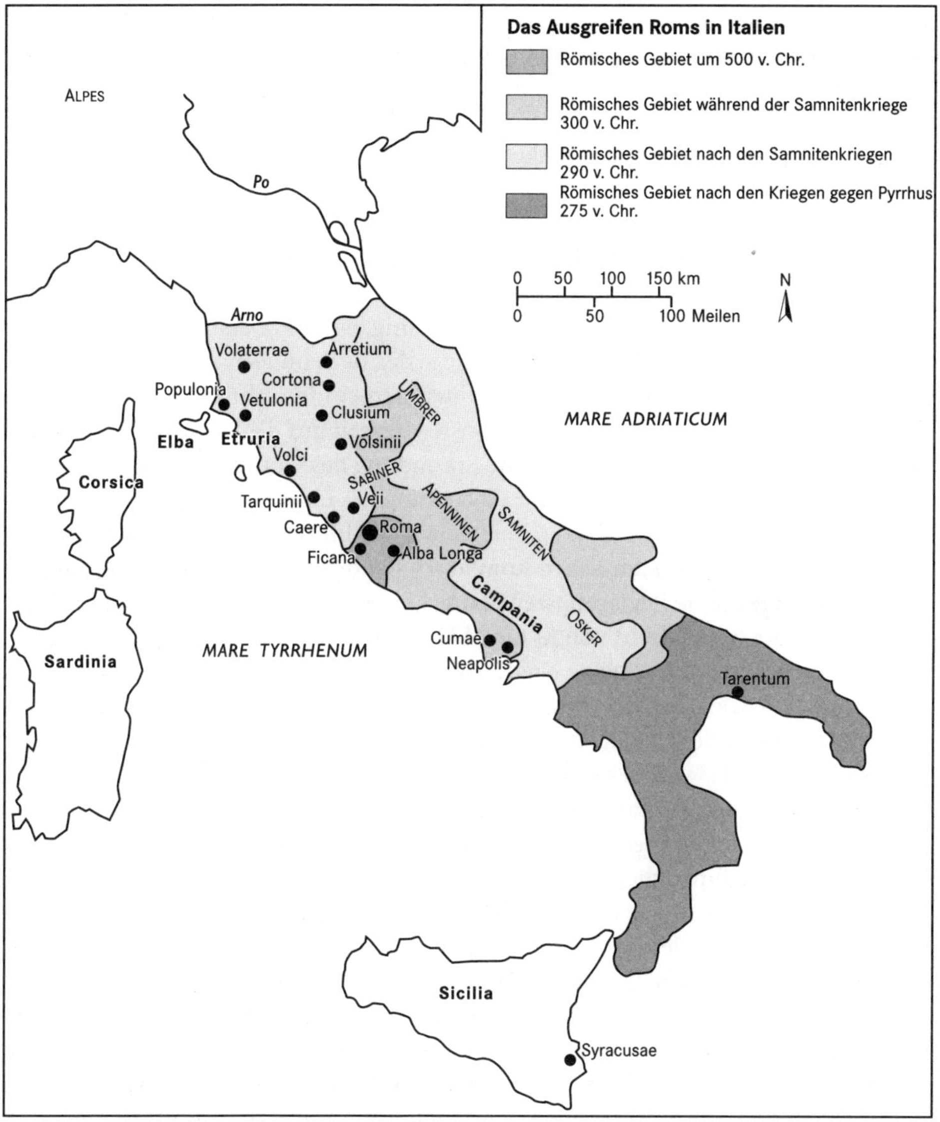


Karte Italiens, 3. Jh. v. Chr.

gemalte – Gründungssaga, in deren Mittelpunkt das Brüderpaar Romulus und Remus sowie der aus Troja geflüchtete und bei der karthagischen Königin Dido zeitweise weilende Äneas standen. Damit wurde eine Verbindungslinie zur sagenumwobenen Stadt Troja gezogen, die an die Landnahme erinnerte und gleichzeitig die das Mittelmeer umspannende Verankerung der ersten Bewohner Roms betonte.

## Von der Monarchie zur Republik

An der Spitze der neuen Siedlung stand ein König, der als oberster Priester, Richter und Heerführer amtierte. Er war für die Pflege der Beziehungen zu den Göttern verantwortlich, die wiederum das Gedeihen der Gemeinde verbürgten. Diese sakrale Verankerung der Herrschaft wird nach der Königszeit auf die Inhaber der höchsten politischen Ämter übergehen, denen die Erkundung des Götterwillens oblag (*auspicium*). Aus der Königszeit stammte die Gliederung der Einwohnerschaft in drei Stämme (*tribus*) zu je 10 Abteilungen (*curiae*) sowie die Einteilung der *plebs* (Masse der Bevölkerung). Offenbar kam das in Rom herrschende etruskische Königsgeschlecht aus Tarquinii und seine Regierungszeit erstreckte sich bis ins erste Drittel des 5. Jahrhunderts. In der Seeschlacht von Kyme (474 v. Chr.) brachten die Griechen Süditaliens den Etruskern eine schwere Niederlage bei, die sie zwang, sich aus Campanien und Latium zurückzuziehen. Wahrscheinlich bildete dieser Rückschlag den Auftakt für die Vertreibung des letzten etruskischen Stadtherrn aus Rom.

Danach wurde die von der monarchischen „Fremdherrschaft" befreite Stadt von den Grund besitzenden patrizischen Familien kollektiv regiert, die sich in einem Adelsrat versammelten (Senat), aus dessen Mitte die jährlich gewählten Amtsträger kamen. Sie übernahmen die priesterlichen und richterlichen Kompetenzen der etruskischen Könige ebenso wie ihre militärischen Führungsaufgaben. Der Vorrang der patrizischen Aristokratie, welche die politischen Leitungsfunktionen monopolisierte, beruhte auf ihren ausgedehnten Ländereien und auf der militärischen Schlagkraft ihrer Reiterei. Dieser wurde jedoch im Verlauf des 5. und 4. Jahrhunderts v. Chr. durch die Effizienz der schwer bewaffneten Infanterie in Frage gestellt. Gemäß den damals weit verbreiteten Vorstellungen, wonach Militärdienst einen Anspruch auf politische Partizipation begründete, verlangten die numerisch weit überlegenen, Grund besitzenden, plebejischen Fußkämpfer Mitspracherechte am römischen Gemeinwesen, womit das Privileg der Patrizier auf die Gestaltung der politischen Angelegenheiten eingeschränkt wurde. Ein erstes Ergebnis dieser als Ständekämpfe bezeichneten Auseinandersetzungen war die Schaffung des Volkstribunats als Kampfmittel der Plebs gegen die patrizischen Magistrate. Die Volkstribunen (*tribuni plebis*) leiteten die Versammlungen der Plebs und schützten die Plebejer vor Übergriffen seitens der Patrizier. Sie genossen eine religiös begründete Unverletzlichkeit (*sacrosanctitas*), zu deren Wahrung die gesamte Plebs sich durch gegenseitige Eide verpflichtet hatte. Um ihre Forderungen durchzusetzen, legte die Plebs wiederholt das wirtschaftliche Leben Roms lahm, zog sogar aus der Stadt und offenbarte damit ihre Unentbehrlichkeit. Livius (Römische Geschichte II 32f.) beschreibt eine Phase dieses historischen Prozesses rückblickend folgendermaßen: *Ein ungeheurer Schrecken herrschte in der Stadt, jeder hatte Angst vor dem Anderen. Die von ihren Leuten in der Stadt zurückgelassenen Plebejer fürchteten die Gewalttätigkeit der Patrizier. Die Patrizier ihrerseits fürchteten die in der Stadt gebliebenen Plebejer und wussten nicht, ob sie lieber bleiben oder weggehen sollten. Wie lange aber werde die Menge, die weggezogen sei, ruhig bleiben? Was werde denn geschehen, wenn in der Zwischenzeit ein Krieg von außen hereinbreche? Sie glaubten, dass nur dann eine Hoffnung bliebe: die Eintracht der Bürger, die müsse um jeden Preis wiederhergestellt werden (…). Dann begann man über eine Einigung zu verhandeln und verständigte sich darauf, dass die Plebs eigene heilig-unverletzliche Amtsträger haben solle, denen das Recht zur Hilfeleistung gegen die Consuln zustehe, und dass es einem Patrizier untersagt sei, dieses Amt zu bekleiden. So wurden zwei Volkstribunen gewählt.*

Im Verlauf des 5. Jahrhunderts v. Chr. zwangen die Plebejer dem patrizischen Adel die Kodifikation des geltenden Gewohnheitsrechts (XII-Tafel-Gesetz) sowie die zivilrechtliche Gleichstellung (Beseitigung der Ehehindernisse zwischen Patriziern und Plebejern) ab. Ähnlich wie in den meisten griechischen Poleis wurde die Heeresversammlung als Volksversammlung (*comitia centuriata*) nach timokratischen Kriterien (Censuswahlrecht) eingerichtet, was die vermögenden Bürger bevorteilte. Den Ausgleich zwischen den Ständen erreichte man erst mit der Einführung der Consulatsverfassung als oberster Magistratur der Republik, die aufgrund der Licinisch-Sextischen Gesetze (367 v. Chr.) den Plebejern zugänglich gemacht wurde. Das Patriziat verlor damit seine Exklusivität und schmolz in der Folgezeit mit den wohlhabenden plebejischen Geschlechtern zu einer neuen Führungsgruppe zusammen. Den Schlussakt dieser generationenlang dauernden innenpolitischen Machtkämpfe bildete das im Jahr 287 v. Chr. verabschiedete Hortensische Gesetz, das den Beschlüssen der Versammlung der Plebs (*concilium plebis*) allgemeine Verbindlichkeit für die gesamte Bürgerschaft (Patrizier und Plebejer) verschaffte. Eine besondere Sprengkraft erhielten die Auseinandersetzungen innerhalb der Bürgerschaft durch die Notlage der überschuldeten Kleinbauern und der Besitzlosen (*proletarii*). Sie stellten die übervölkerte Stadt vor schwere Aufgaben. Erst die Besitznahme italischen Bodens trug dazu bei, die soziale Lage der Masse der römischen Bevölkerung zu entspannen.

## Klientelwesen

Das römische Volk wurde von einer kleinen Zahl von Familien regiert, deren Macht auf Reichtum (vorwiegend Grundbesitz), ausgedehnten persönlichen Abhängigkeitsverhältnissen (Klientel) sowie ständiger gegenseitiger Unterstützung gegründet war und oft über Jahrhunderte hinweg erhalten blieb. Vermögen, Ansehen, Einfluss und Gefolgschaft der Familie, im Verlauf von Generationen erworben und gefestigt, waren für den einzelnen Römer nicht nur entscheidende Voraussetzungen einer politischen Laufbahn, sondern die Zugehörigkeit zu einer der großen Familien machte für ihn eine andere als eine öffentliche Tätigkeit beinahe undenkbar. Die patriarchalisch organisierte Familie bildete die Mitte der Gesellschaft. Ihr Oberhaupt (*pater*) besaß die uneingeschränkte Vollmacht über die übrigen Familienangehörigen (Frau, Kinder, Dienerschaft). Analog zum politischen System der Römer, das auf Disziplin, Anordnen und Befolgen gegründet war, schuldete man der Autorität des Familienvaters (*patria potestas*) Ehrfurcht und Gehorsam.

Die ganze römische Gesellschaft durchzog ein Netz von Abhängigkeitsverhältnissen und Treueverpflichtungen, gemeinhin als Klientelwesen bekannt. Enger gefasst bezeichnete Klientel die Gesamtheit jener Personen (*clientes*), die zur Wahrnehmung und Durchsetzung ihrer Interessen ein Treueverhältnis (*fides*) mit einem Schutzherrn (*patronus*) eingegangen waren. Im Extremfall gewährleistete der Patron die soziale Existenz seines Schutzbefohlenen, indem er für Lebensunterhalt, Obdach, zumindest aber für Arbeit sorgte. Klienten, deren soziale Stellung eine gewisse Sicherheit aufwies (etwa Kleinbauern, Handwerker, kleinere und mittlere Geschäftsleute), erwarteten von ihrem Patron Rechtsschutz, Maßnahmen zur Wahrung ihres Besitzstandes und Förderung ihres beruflichen Fortkommens. Klienten, die den gehobenen und obersten Schichten angehörten, wie Großgrundbesitzer, Handelsleute, Reeder, Manufakturbesitzer und Bankiers, die also eine unabhängige soziale Stellung einnahmen und selbst als Patrone auftraten, verlangten von ihrem Patron keine materielle Hilfe, wohl aber Unterstützung in ihren geschäftlichen Angelegenheiten durch seinen gesellschaftlichen und politischen Einfluss. Eine der ältesten Patronatstätigkeiten, die Vertretung des Klienten vor Gericht, war vor allem innerhalb der Führungsschicht gefragt. Die Bezeichnungen Patron und Klient sagen nichts aus über die Zugehörigkeit zu einer bestimmten sozialen Gruppe, wenn auch die Tätigkeit als Patron ihrem Wesen nach eine herausgehobene Position voraussetzte. Klient dagegen konnte jeder sein. Selbst ein Senator, der sich vor Gericht von einem anderen Senator, oft minderen Ranges, vertreten ließ, war in diesem Falle dessen Klient.

Der Klient war zu Gegenleistungen verpflichtet, deren Art und Ausmaß sich nach seinen Möglichkeiten sowie den Bedürfnissen des Patrons richteten. Wir können uns hier auf den Fall des Patrons beschränken, der einer der großen Familien angehörte und im öffentlichen Leben stand. Grundsätzlich stimmten seine Klienten bei Wahlen und Abstimmungen für ihn oder für die von ihm befürworteten Kandidaten oder Anträge. Es wurde erwartet, dass sie ihre Beziehungen im Interesse ihres Patrons einsetzten. Klientelverhältnisse waren in der Regel unauflöslich. Starb der Patron, so trat sein Erbe in alle bestehenden Verpflichtungen ein. Starb der Klient, blieben seine Nachkommen in der *fides* des bisherigen Patrons. Klientelverhältnisse waren vielseitig. Der Einzelne konnte Patron mehrerer Klienten oder Klient mehrerer Patrone sein. Allerdings war die personale Bindung umso schwächer, je näher sich die Partner eines solchen Treueverhältnisses von ihrem gesellschaftlichen Rang her kamen und je unabhängiger sie voneinander in ihrer sozialen Stellung waren. Insbesondere die Angehörigen der herrschenden Familien und der unmittelbar darunter liegenden, finanziell und wirtschaftlich gleich oder besser gestellten Oberschicht, des Ritterstandes, bezeichneten sich in ihren Verpflichtungen nicht als Patrone und Klienten (außer vor Gericht), sondern als Freunde (*amici*) oder als gute Bekannte (*familiares*). An der moralischen Verpflichtung zur Erwiderung jeder Leistung änderte dies nichts, und auch unter den großen Familien waren Generationen überdauernde Treueverhältnisse keine Seltenheit. Doch im politischen und geschäftlichen Alltag waren wechselnde Beziehungen eher die Regel.

Auf solchen vielfältigen Abhängigkeiten ruhte die Herrschaft der Führungsschicht. Eine politische Karriere erforderte die wiederholte Wahl in öffentliche Ämter, aber nur die Mitglieder der Oberschicht besaßen in einer umfangreichen Klientel die nötigen Voraussetzungen dafür. Doch auch so benötigte der Einzelne, um sich durchzusetzen, die Unterstützung von Verbündeten und der dazugehörigen Gefolgschaft. Anders waren Mehrheiten nicht zu erzielen. So verhalfen sich die Angehörigen der politischen Elite – in wechselnden Koalitionen und heftiger Konkurrenz – stets gegenseitig zu einer politischen Laufbahn und schlossen gleichzeitig die übrige Gesellschaft davon aus. Selbst aus dem in ökonomischer Hinsicht ebenbürtigen Ritterstand gelang nur selten jemandem der Einbruch in die regierende Schicht, und dies meist nur durch Protektion senatorischer Kreise, die sich von dem neuen Mann (*homo novus*) zusätzlichen Einfluss versprachen. Die Gegenleistungen, die jeder während seiner politischen Tätigkeit für unentbehrliche Hilfestellungen erbringen musste, bewahrten innerhalb der Aristokratie ein Gleichgewicht in der Machtverteilung und ließen so die Entstehung einer persönlichen, vom Konsens der regierenden Schicht unabhängigen Herrschaft eines Einzelnen kaum zu.

## Res publica populi Romani

Regiert wurde hauptsächlich mittels zweier Institutionen, des Senates und der Magistrate. Letztere waren die jährlich vom Gesamtvolk gewählten Amtsträger (Consuln, Prätoren, Ädilen, Quästoren), denen die Ausführung der Gesetze und Senatsbeschlüsse, das Einbringen von Gesetzesvorschlägen, die Kriegsführung, die Rechtsprechung und die allgemeine Verwaltung oblagen, kurz: die Erledigung aller öffentlichen Angelegenheiten. Consuln und Prätoren besaßen zu diesem Zweck weitgehende Vollmacht (*potestas*, im militärischen Bereich *imperium*), in Extremfällen auch über Leben und Tod ihrer Mitbürger, doch ließen die strikte Bindung dieser Gewalt an das Amt, die Begrenzung der Amtsdauer auf ein Jahr und das kollegiale Prinzip der Besetzung aller Magistraturen mit wenigstens zwei Inhabern einen Missbrauch des Amtes zum

Aufbau einer persönlichen Machtstellung kaum zu. Während des 3. und 2. Jahrhunderts v. Chr. bildete sich eine feste Ämterhierarchie und -laufbahn heraus, deren Reihenfolge von jedem Politiker im Verlauf seiner Karriere einzuhalten war. Gewählt wurden die Magistrate vom gesamten Volk und grundsätzlich war jeder Bürger wählbar. Aber zum einen waren die Ämter unbesoldet (*honores*) und kostspielig, zum anderen sorgten ein ausgeklügeltes Wahlsystem, das den Vermögenden deutliche Stimmvorteile sicherte, und der Einfluss der führenden Politiker dafür, dass zumindest zu den höheren Ämtern nur jene gelangten, deren Familien seit mehreren Generationen in den Listen der höchsten Amtsträger (Consularfasten) vertreten waren. Insbesondere fiel das Consulat als höchstes Amt regelmäßig an einen *nobilis*, einen Mann, der unter seinen Vorfahren wenigstens einen gewesenen Consul verzeichnete. Dementsprechend bildete die Nobilität, also die Gesamtheit jener Familien, die einen oder gewöhnlich mehrere Consuln gestellt hatten, innerhalb der römischen Aristokratie eine herausgehobene Gruppe, deren Angehörige wie selbstverständlich in die Ämterlaufbahn hineinwuchsen und auf dem Weg zum Consulat nichts außer gleichaltrige *nobiles* zu fürchten hatten.

Das andere Herrschaftsorgan war der Senat. Vom Jahr 80 v. Chr. an setzte er sich aus allen ehemaligen Magistraten vom Quästorier (gewesener Quästor) aufwärts zusammen und umfasste etwa 600 Mitglieder. Somit waren für gewöhnlich sämtliche Häupter und führende Vertreter der großen Familien, insbesondere die Nobilität, im Senat. Andererseits hatte nicht schon die bloße Zugehörigkeit zur Aristokratie einen Senatssitz zur Folge, sondern erst die Bekleidung einer Magistratur. Der damit verbundene Wettbewerb aber verlangte selbst von den Angehörigen der einflussreichsten Familien ein gewisses Maß an eigenem Einsatz und persönlicher Leistung im Dienste des Gemeinwesens. Zwar monopolisierte die Aristokratie die Ämter im Ganzen und die Nobilität das Consulat im Besonderen, aber die Entscheidung darüber, welches Mitglied dieser Gruppen welches Amt erlangte, lag letztlich bei der Wählerschaft.

Schon aus seiner Zusammensetzung ergab sich die überragende Bedeutung des Senats. Als ehemaliger Magistrat hatte der einzelne Senator bereits die Erfahrungen verarbeitet, die der jeweils amtierende Jahresmagistrat erst sammeln musste. Er war seit Jahren gewohnt, sich mit allen öffentlichen Aufgaben auseinander zu setzen, nicht nur mit den speziellen Aufgaben einer einzelnen Magistratur. Seine Unterstützung, sein persönliches Ansehen und das seiner Familie mochten dem oder den amtierenden Magistraten mit zur Wahl verholfen haben, waren vielleicht gar ausschlaggebend gewesen. Er war älter als die meisten Magistrate und konnte schon deshalb erwarten, dass diese seine Ansichten ernst nahmen. Besaß schon der einzelne Senator gegenüber den Amtsträgern einen Erfahrungs-, Leistungs- und Ansehensvorsprung, so galt dies erst recht für die gesamte Körperschaft. Der Senat vereinigte die Summe der Erfahrungen aller ehemaligen Amtsträger, die Summe ihrer Leistungen im öffentlichen Interesse, ihres persönlichen Ansehens und des Einflusses ihrer Familien, aber auch die Summe des Ansehens ihrer Vorfahren, die in gleicher Eigenschaft, vielleicht seit Jahrhunderten, im Senat vertreten waren. Innerhalb des Senates besaßen diejenigen den größten Einfluss, welche die gesamte Ämterlaufbahn absolviert hatten, die gewesenen Consuln (*viri consulares*). Sie waren vom Wahlvolk mehrfach in ihren Ämtern bestätigt worden, sie kannten alle zivilen und militärischen Tätigkeitsbereiche des öffentlichen Lebens, sie gehörten der Nobilität an und verfügten über eine ausgedehnte Anhängerschaft. Persönliche Leistungen im Dienste des öffentlichen Interesses (*res gestae*) verliehen dem Betreffenden Ansehen und Würde (*dignitas*). Beides zusammen verlieh dem Consular (und in minderem Umfang auch dem rangniedrigeren Senator) *auctoritas*, den Einfluss des leitenden Staatsmannes. Seine Ansichten und Ratschläge waren für die Entscheidung der Gesamtheit maßgeblich, ihnen kam Urheberschaft im Sinne des Wortes zu: die von der Allgemeinheit respektierte Befähigung zu erkennen, was im öffentlichen Interesse sei, und entsprechend zu handeln. Die *auctoritas* des einzelnen Consulars wog unendlich viel, die gebündelte *auctoritas* des Senates (*auctoritas patrum*) bestimmte die Richtlinien der Politik.

Unter Berücksichtigung des gesetzlichen Mindestalters von 43 Jahren und einer Lebenserwartung von etwa 60 Jahren kann man davon ausgehen, dass die Zahl der Consulare für gewöhnlich kaum mehr als 30 betrug. Im Senat hatten sie stets zuerst das Wort in der Debatte, und sie gaben als Erste ihre Stimme ab. Im Gegensatz zur Volksversammlung kannte der Senat keine geheime Abstimmung. Wofür die Mehrzahl der Consulare sich entschied, das wurde zumeist von der Gesamtheit des Senats beschlossen, nicht zuletzt aufgrund der ja auch innerhalb der Aristokratie wirksamen Nah- und Treueverhältnisse. Doch selbst die Consulare richteten sich in ihrem Votum nach einer kleinen Gruppe aus ihrer Mitte, nach der *auctoritas* jener Staatsmänner nämlich, die durch außerordentliche Leistung und persönliches Ansehen unbestrittenen Vorrang vor allen anderen genossen. Das waren die *principes viri*, die in Wirklichkeit den Gang der Dinge bestimmten, sofern sie sich einig waren. Der bestimmende Einfluss der *principes* und übrigen Consulare hatte zur Folge, dass, sobald sie in einer anstehenden politischen Frage einen Konsens erzielt hatten, der ganze Senat ihrem Beispiel folgte. Nur wenn gegensätzliche Auffassungen bezüglich des einzuschlagenden Weges nicht überbrückt werden konnten, kam es zu einem tatsächlichen Mehrheitsentscheid, der dann gewöhnlich von allen als Ausdruck ihrer gemeinsamen Sache, des öffentlichen Interesses, aufgefasst und respektiert wurde. So trat der Senat als geschlossene, unteilbare Körperschaft auf, die kraft ihrer Zusammensetzung und kraft der *auctoritas* ihrer führenden Mitglieder über das Gemeinwohl abgewogener zu entscheiden vermochte als jede andere Institution, und erst recht als jedes Individuum.

Auf eine weitere Auswirkung der Zusammensetzung des Senates bleibt hinzuweisen. Betrachtet man den Senat als die römische Regierung, so wird ersichtlich, dass ein Regierungswechsel nie stattfinden konnte. Zwar änderten sich laufend durch Tod und Nachfolge die Mitglieder, auch die *principes viri* wechselten, aber nie alle auf einmal und schon gar nicht als Folge einer verlorenen Wahl. Magistrat war man auf ein Jahr, Senator hingegen auf Lebenszeit. Wer Consul gewesen war, hatte keine weiteren Ämter vor sich, nur wenige Consulare wurden mit der Censur (Amt zur Überwachung der guten Sitten) beauftragt. Vor ihm lagen fünfzehn oder mehr Jahre des Wirkens als leitender Staatsmann, ohne sich je wieder einer Wahl stellen zu müssen. Dies hatte zum einen eine gewisse Schwerfälligkeit in der Reaktion auf veränderte Situationen zur Folge, zum anderen aber entzog es Senatsentscheidungen dem Zeitdruck der Tagespolitik, erlaubte langfristige Planungen und verschaffte dadurch dem römischen Regierungssystem eine Kontinuität und Stabilität, wie sie nirgends sonst erreicht worden ist.

Formalrechtlich hatte der Senat nur eine Befugnis: den Magistraten Ratschläge zu erteilen und auch das nur auf deren Anfrage. Der Senat konnte nicht von selbst zusammentreten, sondern musste von einem dazu befugten Consul, Prätor oder Volkstribun einberufen werden. In der Praxis war eine Empfehlung des Senats (*senatus consultum*) für die Magistrate eine bindende Anweisung und für das Gesamtvolk eine gültige Rechtsverordnung. Der Magistrat, der einem Senatsbeschluss zuwiderhandelte, der ohne Rücksprache mit dem Senat Maßnahmen von Tragweite traf oder einen Gesetzesantrag vor das Volk brachte, riskierte den politischen Ruin. Keiner durfte wagen, sich die Feindschaft der leitenden Staatsmänner zuzuziehen. Selbst die Consuln als höchste Amtsträger des Gemeinwesens waren nach Ablauf ihres Amtsjahres zwar Senatoren, zivilrechtlich aber private Bürger und damit der Strafverfolgung von Seiten einer durchaus politischen Justiz ausgesetzt. Im Übrigen mussten auch sie ein Interesse daran haben, dass in Zukunft ein durch ihre *auctoritas* erwirkter Senatsbeschluss von den dann amtierenden Magistraten befolgt wurde. Ein schlechtes Beispiel in dieser Hinsicht konnte Rückwirkungen auf ihre eigene zukünftige Stellung als leitende Staatsmänner zeitigen. Doch darf diese verallgemeinernde Darstellung, so sehr sie für den Regelfall zutrifft, nicht darüber hinwegtäuschen, dass Kraftproben zwischen Magistraten und dem Senat zu allen Zeiten der Republik vorkamen und zum normalen Gang des politischen Alltags gehörten.

Bei aller Betonung der Regierungsgewalt des Senats darf die politische Funktion des Gesamtvolkes nicht außer Acht gelassen werden. Die verschiedenen Organisationsformen der Volksversammlung (*comitia centuriata, comitia tributa, comitia curiata*) wirkten bei der politischen Willensbildung entscheidend mit. Es genügt festzuhalten, dass die Abstimmungsverfahren mehr oder minder deutlich die Grund besitzenden, vermögenden Bevölkerungsgruppen bevorzugten. Das Gesamtvolk (*populus Romanus*) als die Versammlung aller römischen Bürger (*cives Romani*) wählte alle Magistrate und beschloss Gesetze (*leges*) und entschied über Krieg und Frieden. Die Entscheidung des einzelnen Bürgers war allerdings im Allgemeinen durch seine jeweiligen Klientelbindungen vorgegeben. Stand die Führungsschicht geschlossen hinter einem Antrag, so konnte die Zustimmung des Volkes als sicher gelten. Ablehnungen kamen hier nur unter extremen Umständen vor. Bei Wahlen lag diese Voraussetzung

zung naturgemäß nicht vor, so dass es dem Gesamtvolk überlassen blieb, die jeweiligen Individuen aus der Reihe der senatorischen Familien in ihrer öffentlichen Tätigkeit zu bestätigen oder abzulehnen, unter Berücksichtigung der Abhängigkeitsverhältnisse des Wählers. In seltenen Fällen, in denen im Senat keine Einigung über anstehende Fragen erreicht wurde oder die unterlegene Seite einen Mehrheitsentscheid nicht akzeptieren wollte, konnte das Volk allerdings zum Schiedsrichter der Auseinandersetzungen innerhalb der Aristokratie werden.

Die Rede war vom Gesamtvolk. An einige Besonderheiten muss an dieser Stelle erinnert werden. Aus der Frühzeit stammt eine ständische Unterteilung der römischen Bürger in Plebejer und Patrizier. Letztere bildeten einen auf Erblichkeit sowie rechtliche und politische Privilegien gegründeten Adel. In den sogenannten Ständekämpfen des 5. und 4. Jahrhunderts v. Chr. entstand die senatorische Aristokratie mit der Nobilität, das heißt den consularischen Familien, an der Spitze. Eine Reihe patrizischer Familien behielt innerhalb der Nobilität zum Teil erheblichen Einfluss (Fabier, Cornelier, Valerier, Servilier, Claudier etc.), die Mehrzahl aber musste plebejischen Familien (Caecilier, Domitier, Licinier, Junier, Antonier, Lutatier, Calpurnier etc.) weichen. Dagegen blieben die während der Ständekämpfe entstandenen politischen Institutionen der Plebs in vollem Umfang erhalten. Es waren dies die Sonderversammlung aller plebejischen Bürger (*concilium plebis*) und deren jährlich gewählte Generalbevollmächtigte, deren Titel *tribuni plebis* im Deutschen ungenau mit „Volkstribun“ wiedergegeben wird. Als Leiter des *concilium plebis* besaßen die Tribunen die gleiche Gesetzesinitiative wie die ordentlichen Magistrate. Sie besaßen ferner das Recht, jedem Magistrat jede Amtshandlung zu untersagen und durch ihr Veto Beschlüsse des Senats zu verhindern. Der Gefahr einer Gegenregierung nach Ende der Ständekämpfe begegnete die Nobilität mit der Integration des Tribunats in den Willensbildungsprozess. Junge plebejische Aufsteiger konnten sich zu Beginn ihrer Laufbahn in diesem Amt profilieren. Dem Senat diente es zur rascheren Handhabung der Gesetzgebung, aber auch zur Kontrolle und Disziplinierung aufsässiger Magistrate. Nicht zur Nobilität gehörenden senatorischen Familien eröffnete sich durch das Tribunat ein weiteres Betätigungsfeld, und Männern, die ohne senatorische Vorfahren eine politische Karriere anstrebten, bot es die vielleicht beste Möglichkeit, sich einen Namen zu machen und gleichzeitig gegenüber ihren adligen Patronen ihre Zuverlässigkeit unter Beweis zu stellen.

## Staatsbegriff

Das römische Regierungssystem stellt sich bei aller Vielfalt seiner politischen und gesellschaftlichen Institutionen als die Herrschaft weniger Geschlechter, als Oligarchie, dar. Zur Nobilität rechneten im 2. und 1. Jahrhundert v. Chr. etwa 100 Familien, von denen wiederum nur zwei Dutzend regelmäßig in den Consularfasten auftauchen und so über den ganzen Zeitraum hinweg eine bestimmende Rolle spielten. Die Auffassung des Polybios (Historien VI 10f., 18), dass es eine römische Mischverfassung aus monarchischen, aristokratischen und demokratischen Elementen gegeben habe, trifft daher nur bedingt zu. Die Verteilung des Regierungsprozesses auf verschiedene Institutionen war in Wirklichkeit ein kompliziertes System zur Sicherung einer oligarchischen Herrschaft. Entscheidungen fielen grundsätzlich im Senat. Aber zu ihrer Verwirklichung bedurfte es der Magistrate und bei Gesetzen auch der Volksversammlung. Einzelne Politiker oder Gruppen konnten vielleicht vorübergehend den Senat majorisieren, doch sie mussten nach menschlichem Ermessen an einer der beiden anderen Instanzen scheitern, da sich diese ihrer Kontrolle entzogen, wenn innerhalb der Nobilität kein Konsens zustande kam. Umgekehrt konnten Volk und Senat nicht ohne einen vorsitzenden Magistrat zusammentreten und beschließen. Eigenmächtige Magistrate vermochten trotz ihrer Vollmachten ohne Volksbeschluss kaum Maßnahmen von großer Tragweite zu treffen. Das Volk aber stand unter der Kontrolle seiner Klientelbindungen, und wenn es ein aufsässiger Magistrat auch verstand, diese Hürde zu überwinden und einen Entscheid in seinem Sinne in die Wege zu leiten, konnte der Senat die Angelegenheit durch einen loyalen Tribunen verhindern. Demagogen hatten geringen Spielraum. Das ganze öffentliche Leben unterlag dem Grundsatz der *fides*, jener gegen- und vielseitigen Verpflichtungen, ohne deren Beachtung keine erfolgreiche Politik möglich war.

Bisher wurden die Begriffe Staat und Republik weitgehend vermieden. Nichts ist gegen ihre Verwendung zur Bezeichnung des römischen Gemeinwesens einzuwenden. Doch sollte man sich zuvor den römischen Staatsbegriff verdeutlicht haben. *Res publica*, gemeinhin mit „Staat" übersetzt, heißt wörtlich „öffentliche Angelegenheit" – das, was die Gesamtheit der Bürger anging: öffentliches Interesse, Gemeinwesen, Gemeinwohl, Staat, Verfassung und Politik. Für all das kannte der Römer nur den Begriff *res publica*. Der Ausdruck stand im Gegensatz zu *res privata*, den privaten Angelegenheiten des Einzelnen, über die er frei und unbeschränkt verfügen konnte, innerhalb deren er *potestas*, Macht und Gewalt, besaß. In der *res publica populi Romani*, den gemeinsamen Angelegenheiten des römischen Volkes, mochten Einzelne über große *auctoritas* verfügen, wie die *principes viri*, aber keiner verfügte – es sei denn in den geregelten Formen der Magistratur – über *potestas*, die Macht, der Gesamtheit den eigenen Willen aufzuzwingen. Dass die Angehörigen der Aristokratie und der vermögenden Schichten überhaupt größeren Anteil hatten an dieser gemeinsamen Sache als andere, dass insbesondere die *nobiles* die *res publica* als ihre Aufgabe betrachteten, stand nicht im Widerspruch zu der Grundidee. Staat war für den Römer eine abstrakte Sache, die allen gehörte und alle anging. Falls es einem gelang, diese Sache so zu der eigenen zu machen, dass die Gesamtheit von den öffentlichen Angelegenheiten ausgeschlossen wurde und seine Entscheidungen auch gegen ihren Willen annehmen musste, dann stand die *res publica* zur Disposition. *Res publica* war ein passiver Begriff. Sie konnte nicht handeln, Gesetze und Verträge beschließen und verkünden, Krieg erklären, Steuern erheben und dergleichen mehr. Staat im Sinne des handelnden Souveräns gegenüber dem Bürger und fremden Staaten war stets der *populus Romanus*, das römische Volk. Es kennzeichnete jedoch das Selbstverständnis der herrschenden Schicht, dass im offiziellen Sprachgebrauch der Senat gleichberechtigt neben das Gesamtvolk trat. Nichts drückte Wesen und Wirklichkeit des römischen Staates knapper aus als die Abkürzung S. P. Q. R.: *senatus populusque Romanus*, Senat und Volk von Rom.

## Rom und Italien

Die Römer waren ein Bauernvolk, das zäh an seinen Traditionen festhielt. Die agrarische Prägung der Gesellschaftsform übertrug sich auf ihr Staatswesen. Die Wirtschaftsverfassung, das soziale Gefüge, die Militärordnung und das Kultwesen waren erfüllt von den Erfordernissen einer auf die Bebauung des Bodens ausgerichteten Lebenshaltung. Ackerboden hatte einen hohen Stellenwert in einer Welt, in der die Steigerung und Ausweitung der landwirtschaftlichen Produktion das Handeln der Menschen maßgeblich bestimmte.

Über die ersten außenpolitischen Verwicklungen der neuen Republik ist wenig bekannt. Offensichtlich musste sie sich zunächst der Volsker und Äquer erwehren, die sich nach dem Zusammenbruch der etruskischen Herrschaft in Latium ausbreiten wollten. Dabei scheint es zu einer Kooperation mit den ebenfalls davon betroffenen latinischen Gemeinden (Tibur, Lanuvium, Praeneste etc.) gekommen zu sein. Erheblich mehr Bedeutung kam jedoch der Auseinandersetzung mit den benachbarten etruskischen Städten Veji und Caere zu. Sie bestimmte die römische Außenpolitik am Ausgang des 5. Jahrhunderts v. Chr. Als man schließlich Veji vernichtet und annektiert hatte, womit sich das römische Staatsgebiet fast verdoppeln konnte, folgte im Jahr 387 v. Chr. ein Rückschlag, der alles Erreichte in Frage stellte. Die als Galliérkatastrophe in den römischen Annalen verzeichnete Niederlage eines römischen Heeres und die anschließende Plünderung der Stadt durch keltische Scharen hinterließ ein Trauma der Bedrohung aus dem Norden. Doch Rom erholte sich schnell von dieser Gefahrenlage. Durch Festigung seiner Position innerhalb des Latinischen Bundes (*foedus Cassianum* um 370 v. Chr.) gelang es zusammen mit den Latinern, die Kelten aus Mittelitalien zu vertreiben. Kurz darauf nahm Rom den Volskern die Städte Antium und Terracina ab, womit es sich nach Süden ausweitete. Im Norden wurde die reiche Stadt Caere erobert und dem mittlerweile beachtlichen römischen Staatsgebiet einverleibt. Zwischen 340 und 338 v. Chr. führte Rom aus nicht ganz geklärten Gründen einen erbitterten Krieg mit den Latinern, der nur unter Anspannung aller Kräfte siegreich beendet werden konnte. Die unterlegenen Städte verloren ihre politische Autonomie und wurden in den römischen Staatsverband eingegliedert, was eine erhebliche Erhöhung der römischen Militärkapazitäten sowie eine Erweiterung des Staatsgebietes bedeutete, das nun mehr als 6000 Quadratkilometer umfasste. Damit wurde Rom die Vormacht Mittelitaliens.

Wegen der gespannten Lage in Campanien, wo die mit Rom verbündeten Städte Capua und Neapel um Beistand gegen die oskisch-samnitischen Bergvölker baten, griff die wieder erstarkte latinische Vormacht in die politischen Verhältnisse Süditaliens ein. Eine Generation lang führte Rom mehrere Kriege gegen die wehrhaften Samniten, in deren Verlauf sich verheerende römische Niederlagen mit römischen Erfolgen abwechselten. Entscheidend wurde die Anlage eines Festungsgürtels römischer Bürgerkolonien (sogenannte *coloniae Latinae*) entlang der Grenzgebiete zwischen Samnium, Campanien und Apulien (Fregellae, Suessa, Luceria, Venusia usw.), womit die Römer eine wirksame Kontrolle der Region auf Dauer erlangen konnten. Der dritte Samnitenkrieg (300–291 v. Chr.) eskalierte schließlich zu einem gesamtitalischen Konflikt. Rom musste sich zusätzlich gegen die Etrusker und Kelten zur Wehr setzen und gewaltige Anstrengungen unternehmen, um nicht gegenüber der mächtigen Phalanx der Feinde unterzugehen. Der römische Sieg bei Sentinum (295 v. Chr.) in Umbrien brachte die Entscheidung. Danach hatten die Römer keinen ernsthaften Gegner mehr in Italien zu fürchten. Die Gemeinden südlich des Po hatten sich mit der römischen Vorherrschaft abzufinden.

Rom hatte durch Annexionen sowie durch die Anlage von Bürgerkolonien sein Staatsgebiet erheblich ausgeweitet und die Anzahl seiner Bürger vermehrt. Durch die Anlage weiterer militärischer Stützpunkte geriet die gesamte italische Halbinsel unter römische Kontrolle. Trotz des Zugewinns an Territorium und an Bevölkerung blieb Rom aber ein Stadtstaat. Die politische Struktur Italiens stellte dagegen eine Mischung aus territorialstaatlichen und stadtstaatlichen Prinzipien dar. Sie bestand aus unterschiedlichen Gemeinwesen (Griechenstädte, keltische und süditalische Stammesgebiete, etruskische, umbrische, campanische, samnitische, apulische, lukanische Städte etc.), die Vertragsbeziehungen mit Rom geknüpft hatten. Dieses Netzwerk diente dazu, Rom militärisch beizustehen. Es entwickelte sich ein differenziertes Geflecht von bilateralen Verpflichtungen, denen folgende Motive zu Grunde lagen: Die innere Autonomie der Verbündeten wurde respektiert, es wurden keine Abgaben verlangt, aber die Militär- und Außenpolitik wurde ausschließlich von Rom bestimmt. Die Beziehungen der Bundesgenossen (*socii*) zur Tiberstadt waren hinsichtlich ihrer Rechtsstellung von unterschiedlicher Qualität. Sie spiegelten die historischen Umstände zum Zeitpunkt des Vertragsabschlusses wider: Diejenigen, die hartnäckigen Widerstand geleistet hatten, bekamen schlechtere Konditionen als diejenigen, die sich den römischen Wünschen rechtzeitig gebeugt hatten. Hinzu kam, dass es den Städten und Stämmen Italiens untersagt war, völkerrechtlich wirksame Abmachungen untereinander einzugehen, da einzig Rom als gemeinsames Bindeglied zwischen den italischen Völkern fungierte. Daher bildete sich keine Bundesgenossenschaft mit eigenen politischen Zielsetzungen oder Bundesorganen heraus, sondern als Ergebnis der Expansion stand die römische Vorherrschaft über die Völker Italiens.

Auf diese Art erheblich gestärkt, bestand Rom seine große Bewährungsprobe, als es gelang, sich gegen den hellenistischen Monarchen Pyrrhos von Epirus durchzusetzen, der in Analogie zu den Eroberungen der Diadochen ein italisches Reich erwerben wollte. Im Zusammenhang mit der Abwehr des Pyrrhos wird eine Episode überliefert, deren Protagonist der Censor des Jahres 312 v. Chr., Appius Claudius Caecus, war, einer der ersten römischen Staatsmänner, die historisch fassbar sind und von dem es hieß, dass er versuchte „mit Hilfe seiner Klienten sich Italiens zu bemächtigen“. Plutarch (Leben des Pyrrhos 18) berichtet Folgendes: *Da war es Appius Claudius, ein hoch angesehener Mann, der sich wegen seines hohen Alters und seiner Erblindung von den Staatsgeschäften zurückgezogen hatte, der, als der Senat Frieden schließen wollte, sich nicht mehr zurückhalten konnte, sondern sich von seinen Dienern in einer Sänfte zum Senat tragen ließ. Als er dort ankam, empfingen ihn seine Söhne und Schwiegersöhne, nahmen ihn in ihre Mitte und führten ihn hinein, und der Senat bewahrte aus Achtung für den Mann ein ehrfurchtsvolles Schweigen. Er trat sogleich auf und sprach: Bisher, ihr Römer, litt ich unter dem Verlust meiner Augen, jetzt bedaure ich, dass ich außer der Blindheit nicht auch taub bin, sondern von schimpflichen Beratungen und Beschlüssen hören muss, die den Ruhm unserer Stadt vernichten (...). Als Appius solche Worte gesprochen hatte, erfüllte die Senatoren neuer Mut zum Kriege, und sie gaben Bescheid, Pyrrhos solle erst Italien räumen und danach von Freundschaft und Bundesgenossenschaft reden (...), sonst würden die Römer mit aller Kraft Krieg führen, und wenn er tausend Männer wie Laevinus in die Flucht schlüge.*

Die Stellungnahme des Senats spiegelt die kompromisslose Haltung der römischen Führungselite. Der Krieg war für sie erst dann beendet, wenn der Gegner besiegt und alle römischen Kriegsziele verwirklicht waren.

In der ersten Hälfte des 3. Jahrhunderts v. Chr. hatte Rom seine unbestrittene Hegemoniestellung auf der italischen Halbinsel gefestigt. Die Grundlage seiner Führungsrolle bildete das bewährte Bündnissystem mit den italischen Völkern, das durch die konzentrische Ausrichtung auf Rom hin dessen Vorherrschaft garantierte. Herzstück war die kampferprobte römische Armee. Es handelte sich um ein aus den besitzenden Schichten (jeder Soldat musste seine Ausrüstung selbst bereitstellen) bei Bedarf ausgehobenes Bürgerheer, das straff geführt wurde und einen beträchtlichen organisatorischen Stand aufwies. Seine Stärke schöpfte es aus der Disziplin, Manövrierfähigkeit und Kampfkraft der schwer bewaffneten Infanterie (Legionen), wohingegen die Reiterei eine untergeordnete Rolle spielte. Der Historiker Polybios (Historien II 16) hat über das beträchtliche Militärkontingent des römisch-italischen Heeres für das Jahr 225 v. Chr. wertvolle Angaben überliefert: *Die Gesamtzahl aller Männer unter Waffen, Römer und Bundesgenossen betrug 700 000 Mann zu Fuß und 70 000 Reiter.*

Diese Zahlen (etwa ein Drittel der Summe bestand aus Römern) umfassen allerdings sowohl das operative Kontingent als auch die Reserven sowie die Milizen der italischen Landstädte, eine Wachmannschaft, die hinsichtlich ihrer militärischen Tüchtigkeit mit den regulären Truppen nicht zu vergleichen war. Das römisch-italische Militäraufgebot stellte eine Achtung gebietende Heeresmacht dar, die im Zuge der Expansion geformt wurde und mit der sich jeder potentielle Gegner Roms zu messen hatte.

Die Römer waren nicht nur Soldaten. Sie waren auch ein Kulturvolk, wenn auch über dessen zivilisatorische Entwicklung bis zum Beginn des 3. Jahrhunderts v. Chr. wenig bekannt ist. Als wegweisend erwies sich die Begegnung mit der hoch entwickelten griechischen Kultur in Süditalien im Gefolge der römischen Expansion. Griechische Bildung und Philosophie, wiewohl von konservativen Kreisen (Cato) heftig befehdet, gewannen in der römischen Oberschicht an Boden. Den ersten Zeugnissen römischer Literatur im 3. Jahrhundert v. Chr. (Epos, Drama, Komödie: Livius Andronicus, Ennius, Plautus, Terenz) folgten vornehmlich politisch bestimmte historiographische Werke aus der Feder römischer Senatoren. Höhepunkt der hier dominierenden Annalistik (*annales* = Jahrbücher) war das in augusteischer Zeit verfasste Geschichtswerk des Livius, eine unverzichtbare Quelle für die Kenntnis der wichtigsten Etappen der römischen Weltreichsbildung.

# Expansion und Krise der Republik

## Einführung

Das 3. Jahrhundert v. Chr. steht für die Aufsehen erregende römische Expansion. Von Rom und Latium ausgehend, schreitet sie in ständig sich vergrößernden konzentrischen Kreisen fort, die zunächst Italien (338–272 v. Chr.), dann den von Karthago kontrollierten westmittelmeerischen Raum (264–201 v. Chr.) und schließlich die vom Hellenismus geprägte ostmittelmeerische Region umfassen (200–168 v. Chr.). Mit der im Verlauf von nur drei Generationen erfolgten Ausschaltung der konkurrierenden Mächte (Karthago, Syrakus, Makedonien) und der anschließenden Errichtung eines gewaltigen Herrschaftsgebietes erreicht Rom den Höhepunkt seiner bisherigen Geschichte. Weil es kaum zeitgenössische Quellen gibt und die Rückschau dieses Prozesses aus der Perspektive romfreundlicher Autoren (Polybios, Livius) dargeboten wird, ist es nötig, das vorhandene Schrifttum kritisch zu beleuchten, um die Etappen der Weltreichsbildung sachgerecht zu beurteilen.

Dies gilt nicht minder für die Analyse der innenpolitischen Krisenerscheinungen, die im Gefolge der enormen Überdehnung des römischen Staates einsetzten. Die für Rom desaströs verlaufenden keltiberischen Kriege (Numantia) sind Auslöser der Reformbemühungen der Brüder Tiberius und Gaius Sempronius Gracchus zur Bewältigung der drückenden Militär- und Sozialprobleme (133, 123 v. Chr.) der krisengeschüttelten Republik. Durch die Parteinahme für oder gegen die populare gracchische Politik spalteten sich Senat und Bürgerschaft, entstand ein nie überwundener Graben zwischen den gesellschaftlich relevanten Gruppierungen, der durch das spätere Wirken von Marius und Sulla noch vertieft wurde. Aus Erschöpfung nach einem heftigen Krieg mit den italischen Bundesgenossen (91–89 v. Chr.) wird Rom gezwungen, das römische Bürgerrecht auf die Gesamtheit der italischen Halbinsel auszudehnen. Danach bestimmen die Unterdrückung der nachgracchischen popularen Politik (Cinna, Sertorius) und die gewaltsame Restauration der Senatsherrschaft durch Sulla die weiteren Geschicke der ausgehenden Republik.

## Rom und Karthago

Mit der Hegemonie über Italien wurde Rom zu einem ernst zu nehmenden Machtfaktor im westlichen Mittelmeer, wo bis dahin das nordafrikanische Karthago aufgrund seiner maritimen Überlegenheit bestimmend gewesen war. Rom und Karthago erlangten während des 4. Jahrhunderts v. Chr. einen stets zunehmenden Protagonismus. Obwohl die Schicksale beider Städte in unterschiedlichen Bahnen verliefen, gab es einige Gemeinsamkeiten, die sie vergleichbar machen. Sie erlebten eine aufstrebende Entwicklung, die sie im Verlauf des 4. und 3. Jahrhunderts v. Chr. zu bedeutenden Zentren in ihren jeweiligen Machtbereichen erhob. Darüber hinaus versuchten sie, sich auf Kosten ihrer Nachbarn auszubreiten, was auch tatsächlich gelang.

Während Rom damit beschäftigt war, seine Vorherrschaft über die Völker der italischen Halbinsel zu befestigen, errichtete Karthago eine wirksame Kontrolle über die wichtigsten Häfen im zentralen Mittelmeerbereich. Die Bewohner Karthagos waren stolz darauf, Bürger einer berühmten Stadt zu sein, die einst aus dem phönikischen Tyros gegründet worden war. Das Meer war Karthagos Element und die Flotte seine Lebensader. Der maritime Charakter der Stadt hatte ihre Öffnung nach allen Seiten hin begünstigt. So gelang es der griechischen Bildung, lange bevor sie in Rom Wurzeln schlagen konnte, in Karthago eine Heimat zu finden. Namhafte Intellektuelle des 4. Jahrhunderts v. Chr. lobten ihr politisches System und sahen in ihm eine geglückte Mischung aus Augenmaß und Erfolg. Aristoteles (Politik II 11, 1272 b) bestätigte dies, als er die Vorzüge der karthagischen Verfassung unterstrich. Ein weiterer Zeuge wäre der Wissenschaftler Eratosthenes (Strabo I 4, 9), der sich voll des Lobes über Rom und Karthago äußerte.

Ähnlich dem römischen Vorgehen in Latium oder in Campanien zeigte sich Karthago bemüht, seine Agrarproduktion in den fruchtbarsten Landstrichen Nordafrikas planvoll auszubauen. Bald wird das um die Halbinsel von Cap Bon liegende Hinterland Karthagos zu den ertragreichsten Anbaugebieten der damaligen Welt gehören. In diesem Kontext ist hervorzuheben, dass die namhafteste Schrift über die Landwirtschaft nicht von einem Römer, wie angesichts der herausragenden Bedeutung der Agrikultur für die römische Gesellschaft zu vermuten wäre, sondern vom Karthager Mago verfasst wurde. In der gleichen Weise wie in Rom wurde die Innenpolitik Karthagos von einer städtischen Oberschicht bestimmt. Wie die römische Republik erscheint die karthagische Republik aristokratisch geprägt. Wiewohl das Volk zentrale Souveränitätsrechte ausübte, blieben die wichtigsten staatlichen Ämter und Institutionen (Sufetat, Rat, Gerichte) in der Hand einer durch Reichtum und politische Erfahrung ausgewiesenen Führungsschicht. Die Grundlage ihrer sozialen und politischen Dominanz waren ihre nordafrikanischen Besitzungen sowie die Beteiligung am Überseehandel. Mit der Bildung eines maritimen Handelsimperiums stiegen die Gewinnchancen beträchtlich und damit die Möglichkeit, wirtschaftliche Macht in politische Geltung umzumünzen. Die Versorgung der italischen, gallischen und iberischen Nachfrage sowie die handelspolitische Aktivierung Sardiniens und Siziliens boten der karthagischen Oligarchie ein einträgliches Betätigungsfeld. Es ist nicht zuletzt die Aussicht auf die direkte Ausbeutung der landwirtschaftlichen Potentiale Siziliens sowie die Kontrolle seiner Häfen, was die Karthager angespornt hat, die Insel zu erobern. Am Ende einer lang andauernden Auseinandersetzung mit Syrakus, der Vormacht der Griechen auf Sizilien, gelang es ihnen, den Westteil der Insel ihrem Herrschaftsbereich einzugliedern.

Bis zu Beginn des 3. Jahrhunderts v.Chr. waren sowohl Rom als auch Karthago in einen dynamischen Prozess des inneren Ausbaus und der außenpolitischen Expansion involviert. Da sie unterschiedliche Ziele verfolgten und ihr jeweiliger Aktionsradius weit voneinander entfernt lag, gab es zwischen ihnen keinerlei Reibungen. Ihre Beziehungen wurden vom Geist der Kooperation getragen. Bereits Herodot attestierte eine enge Zusammenarbeit zwischen Etruskern – den Vorgängern der Römer – und Karthagern, deren Wirksamkeit Aristoteles für das 4. Jahrhundert v.Chr. bestätigte. Die guten Beziehungen wandelten sich in eine Militärallianz um, als beiderseitige Interessen seitens Dritter angefochten wurden. Dies geschah im Jahre 280 v.Chr., als der epirotische König Pyrrhos an der Spitze eines Heeres die Adria überschritt, sich zunächst nach Süditalien, danach nach Sizilien begab und damit Regionen mit Krieg überzog, die zur römischen und zur karthagischen Machtsphäre zählten. Um ein ungehindertes Ausgreifen des Pyrrhos nach Sizilien zu verhindern, stellten die Karthager ihre Flotte den Römern zeitweise zur Verfügung. Rom und Karthago kooperierten miteinander, bis das gemeinsame Ziel erreicht wurde. Doch die während der Zeit der gegenseitigen Bedrohung bestehende römisch-karthagische Entente cordiale erhielt erste Risse, als Rom nach der Eroberung Tarents ganz Italien unter seine Herrschaft bringen konnte. Die Kontrolle der süditalischen Häfen beunruhigte die Karthager und ließ sie um den Bestand ihrer sizilischen Besitzungen bangen. Hier entzündete sich die nächste Krise, welche die römisch-karthagische Freundschaft zerstörte und zu einer der langwierigsten militärischen Auseinandersetzungen des Altertums führte. Die Gründe für den Ausbruch des Konfliktes lagen in der explosiven politischen Situation Siziliens begründet. Neben Karthago und Syrakus erhob eine dritte Macht Ansprüche auf den Nordteil der Insel: die Mamertiner (Söhne des Mars), eine campanische Söldnerbande, die sich mit Gewalt Messinas bemächtigt hatten. Es dauerte nicht lange, bis ein Streit mit Syrakus ausbrach, da dessen König Hieron nicht bereit war, die Errichtung eines neuen Machtblocks in seiner unmittelbaren Nachbarschaft zu dulden, der seine Vorrangstellung im Ostteil der Insel gefährdet hätte. In der Schlacht am Longano (269 v.Chr.) vermochte Hieron einen Sieg zu erringen. Die geschwächten Mamertiner begaben sich auf die Suche nach Verbündeten, um der syrakusanischen Klammer zu entgehen. Manche erhofften sich Beistand von den Karthagern, den langjährigen Gegnern der Syrakusaner, andere ließen einen Hilferuf nach Rom ergehen. Diese lokal begrenzten Streitigkeiten an der Meerenge zwischen Sizilien und Italien, einer strategisch neuralgischen Gegend, sollten der Auslöser eines weitaus größeren Konfliktes werden, womit die Messinaaffäre zu einem Flächenbrand eskalierte. Die Rede ist vom 1. Römisch-Karthagischen Krieg (264–241 v.Chr.).

## Unterwegs zur Weltmacht

Man muss nach den Beweggründen der Römer fragen, die zu einer Hilfeleistung an die Mamertiner führten, zumal sie wussten, dass damit ein Konflikt mit Karthago heraufbeschworen wurde. Auf der Suche nach Antworten ist ihr Expansionsdrang in Rechnung zu stellen. Ihrem ungebremsten Ehrgeiz ist es zuzuschreiben, dass sie der Hegemonie über Italien neuen überseeischen Besitz hinzufügen wollten. Das Streben nach Ruhm und neuen Ländereien war offenbar stärker als die Behutsamkeit, die eine nüchterne Bewertung der Lage erfordert hätte. Vermutlich wollte sich Rom keine Fesseln auferlegen lassen und eine ungehinderte Manövrierfähigkeit bewahren, selbst wenn man dafür das Risiko eines Krieges auf sich nahm. Zu berücksichtigen ist auch, dass während des 3. Jahrhunderts v. Chr. eine Reihe führender campanischer Familien einen kometenhaften Aufstieg erlebten und sich Zugang zum römischen Senat verschafften. Sie bildeten eine mächtige Interessengemeinschaft, die in Wettbewerb mit der karthagischen Aristokratie trat und ebenfalls an dem Gewinn bringenden Sizilienhandel partizipieren wollte.

Über die Anlässe des 1. Römisch-Karthagischen Krieges gibt uns Polybios (Historien I 10) folgende Einschätzung: *Die Mamertiner (...) wollten teils zu den Karthagern ihre Zuflucht nehmen und sich selbst und ihre Burg in ihre Hände geben, andere aber schickten Gesandte nach Rom, boten die Übergabe der Stadt an und baten, ihnen als Stammverwandten beizustehen. Die Römer waren lange unschlüssig, was sie tun sollten, denn die Inkonsequenz einer solchen Hilfeleistung lag offen zutage: Kurz vorher hatten sie ihre eigenen Mitbürger auf das Schwerste bestraft und hingerichtet, weil sie Verrat an den Rheginern verübt hatten; gleich danach aber den Mamertinern zu helfen, die sich in gleicher Weise nicht nur an den Messeniern, sondern auch an Rhegion vergangen hatten, schien ein schwer zu entschuldigendes Unrecht. Sie waren sich hierüber völlig im Klaren; da sie aber auf der anderen Seite sahen, dass die Karthager sich nicht allein ganz Libyen, sondern auch große Teile von Iberien unterworfen hatten, überdies alle Inseln im Sardinischen und Tyrrhenischen Meer in ihrer Gewalt hatten, waren sie in schwerer Sorge, sie könnten, wenn sie auch noch die Herrschaft über Sizilien gewännen, ihnen äußerst gefährliche Nachbarn werden, da jene sie dann eingekreist hätten und Italien von allen Seiten bedrohten. Dass sie aber Sizilien in kurzer Zeit unter ihre Herrschaft bringen würden, wenn die Mamertiner keine Hilfe erhielten, lag klar zutage. Denn wurde ihnen Messina ausgeliefert, waren sie erst Herren dieser Stadt, so stand zu erwarten, dass sie binnen kurzem Syrakus vernichten würden, da sie beinahe über das ganze übrige Sizilien geboten. Dies alles sahen die Römer zwar voraus und erkannten, dass ihnen nichts anderes übrig blieb, als Messina nicht preiszugeben und nicht zuzulassen, dass die Karthager einen Brückenkopf für den Übergang nach Italien gewännen.*

Die Darstellung des romfreundlichen Autors kann nicht verhehlen, dass die Gier nach Beute die Römer nach Sizilien trieb. Daher zeigt sich Polybios bemüht, den römischen Kriegseintritt zu rechtfertigen. Er berichtet von der Einkreisung Italiens durch die Karthager, die den Anstoß für den römischen Befreiungsschlag nach Sizilien gab. Doch die Anspielung auf die Macht der Karthager zu Beginn des 3. Jahrhunderts, die inzwischen neben den aufgezählten Gegenden auch noch Iberien erobert hatten, ist kein stichhaltiges historisches Argument. Man spürt den propagandistischen Charakter der Beschwörung des 'Hannibalgespenstes', das hier eine retrospektive psychologische Rechtfertigung für den römischen Kriegseintritt liefern soll (gemeint ist Hannibals Marsch auf Rom im Jahre 218 v. Chr.). Hannibal war zum Zeitpunkt des Ausbruchs des 1. Römisch-Karthagischen Krieges nicht einmal geboren, und doch wird sein späteres Wirken instrumentalisiert, um eine Einkreisungstheorie zu konstruieren, der zufolge den Römern keine andere Wahl blieb, als sich durch einen Angriff zu verteidigen. Dies alles dient der nachträglichen Beschönigung der römischen Intervention in Messina. Polybios zählt angesichts dieser Einmischung außerhalb Italiens alle Argumente auf, die eine solche Haltung, von Polybios als Defensivmaßnahme gedeutet – tatsächlich war sie eine Offensivhandlung der Römer –, erzwangen. Damit suggeriert er eine Bedrohung Italiens durch eine aggressive karthagische Politik, die jedoch 264 v. Chr. nicht bestanden hat. Nicht die Karthager, sondern die Römer waren die Aggressoren. Es bestand die Notwendigkeit, dies zu kaschieren, und so griff man zu einer Geschichtsklitterung: Rom wurde bedroht und war daher gezwungen, den Karthagern zuvorzukommen.

Im Frühjahr des Jahres 264 v. Chr. setzte eine römische Armee nach Sizilien über. Es war die erste bewaffnete Intervention außerhalb italischen Bodens. Die spannende Frage lautete nun, ob die Römer in der Lage sein würden, auf Dauer größere Truppenverbände, die weit von ihren Ausgangsbasen operierten, auf dem Seeweg zu versorgen. Die Karthager verfügten nicht nur über besser ausgerüstete Schiffe, sondern auch über größere Erfahrung auf nautischem Gebiet. Der bei Diodor (XXIII 1, 2) überlieferte Ausspruch, dem zufolge die Römer sich nicht einmal die Hände im Tyrrhenischen Meer waschen könnten ohne Genehmigung der Karthager, kennzeichnet die vorhandene Disproportion im maritimen Bereich zur Zeit des Kriegsausbruches. Die Entscheidung über den Ausgang des Krieges sollte aber zur See fallen, und sie fiel gegen alle Voraussicht zugunsten der Römer. Trotz mannigfacher Rückschläge und Niederlagen passten sie sich erstaunlich schnell der Kriegsführung in dem für sie ungewohnten Element an. Ihre Flotten vermochten die Niederlage der Karthager zu besiegeln. Die größeren Ressourcen Roms gaben den Ausschlag. Seine demographische Überlegenheit, seine umfangreicheren Reserven und seine trotzige Beharrlichkeit, die begonnene Herausforderung siegreich zu beenden, erwiesen sich für die Karthager als unüberwindlich. Dieser lang andauernde Krieg, der beiden Kontrahenten gewaltige Anstrengungen zugemutet hatte, ging durch die Erschöpfung Karthagos zu Ende, ablesbar an dessen geringer Widerstandskraft in der letzten Kriegsphase. Im Verlauf der verlustreichen Kampfhandlungen wandelten sich die früheren Bundesgenossen zu erbitterten Gegnern.

Der Ausgang des 1. Römisch-Karthagischen Krieges veränderte die machtpolitischen Grundlagen am Tyrrhenischen Meer. Nach Auslieferung eines Großteils der Flotte, Zahlung einer hohen Kriegskontribution und Abtretung Siziliens an Rom büßte Karthago seine bisherige Machtstellung ein. Im Gegenzug behauptete sich Rom als unbestrittene Vormacht im westlichen Mittelmeer, indem es in den Besitz des karthagischen Erbes gelangte. Die Annexion Siziliens ist bedeutend für die Modalitäten der römischen Provinzialadministration geworden. Für die Verwaltung der Insel begnügte man sich anfangs mit der Abordnung eines Quästors, mit Sitz in Lilybaeum, der das Steueraufkommen Siziliens einzutreiben hatte. Seit 227 v.Chr., nachdem Korsika und Sardinien römische Besitzungen geworden waren, sind die Römer dazu übergegangen, Prätoren als Statthalter einzusetzen. Damit wurde das System der römischen Provinzialverwaltung geboren, das in den Grundzügen bis zum Untergang des Imperium Romanum bestand. So wie der Pyrrhoskrieg Roms Führungsstellung über die italische Halbinsel besiegelte, markiert das Ende des 1. Römisch-Karthagischen Krieges den Eintritt Roms in die Weltpolitik.

Das Jahr 229 v.Chr. brachte einen weiteren Wendepunkt in der römischen Außenpolitik. Damals griffen die Römer erstmals jenseits der Adria in Illyrien ein und intervenierten in Gebieten, die zur Einflusssphäre der makedonischen Monarchie zählten. Doch während Rom im Osten als Großmacht auftrat, neigte sich im Westen die Waagschale zu seinen Ungunsten. Weitere heftige Unruhen der oberitalischen Kelten nahmen die Aufmerksamkeit der Römer in Anspruch. Währenddessen gewann Karthago erneut an Boden.

## Eine herakleische Herausforderung: Hannibal

Das Geschlecht der Barkiden, die bekannteste Familie aus der karthagischen Aristokratie, fand in Iberien ein neues Betätigungsfeld als Kompensation für die erlittenen territorialen Verluste. Nach der Eroberung des Südteils Hispaniens griff Rom ein und versuchte durch den Abschluss des Hasdrubal-Vertrages der karthagischen Expansion Grenzen zu setzen (226 v.Chr.), indem der Fluss Segura als Grenze der karthagischen Militäraktivitäten festgesetzt wurde. Die zweite Konfrontation zwischen Rom und Karthago war eine unmittelbare Folge des vorangegangenen Krieges. Der nach dem Tode Hamilkars und Hasdrubals an die Spitze der karthagischen Provinz in Hispanien aufgestiegene Hannibal brach nach den Verwicklungen mit Rom infolge der Saguntaffäre zu seinem berühmten Feldzug nach Italien auf.

Versetzen wir uns in das karthagische Winterlager in Cartagena Anfang des Jahres 218 v.Chr. und versuchen zu eruieren, wie der 2. Römisch-Karthagische Krieg begann. Die Fragestellung mag überflüssig erscheinen, da Hannibal im Frühjahr dieses Jahres seine Armee dort formierte und Richtung Italien in Marsch setzte. Doch diese Feststellung beschreibt erst den zweiten Teil des Weges, den Hannibal beschritt, um Rom herauszufordern. Seine Route führte zunächst nach Gades (Cádiz). Mit seiner

Reise dorthin wurde der Krieg eröffnet. Anlass seines Besuches war die Darbringung eines Opfers am Heiligtum des Melkart, um dessen Beistand für die bevorstehenden Unternehmungen zu erbitten. In Hispanien geprägte karthagische Münzen zeigen männliche Porträts, die nach hellenistischen Vorbildern gestaltet sind und eine Identifikation der Barkiden mit Melkart nahe legen. Mit der Herausstellung Melkarts als Leitgottheit der barkidischen Expansion in Hispanien und seiner Einbettung in einen an Herakles erinnernden Kontext wird der Erfolg dieser wagemutigen Unternehmung für die Regenerierung des nach dem Verlust des 1. Römisch-Karthagischen Krieges angeschlagenen karthagischen Staates gefeiert. Unter den zwölf Taten des Herakles ließ sich eine gegen die Römer einsetzen: Als Herakles die Rinder des Geryon durch Hispanien und Gallien bis nach Italien trieb, so erzählt die Legende, versuchte der auf dem Aventin hausende Riese Cacus die vorbeiziehenden Tiere zu stehlen, was Herakles jedoch rechtzeitig bemerkte. Der diebische Cacus wurde von ihm daraufhin bestraft. Diese allseits bekannte Episode eignete sich zur Veranschaulichung des römisch-karthagischen Konfliktes. Was war vorausgegangen? Im Streit zwischen Hannibal und der Stadt Sagunt, die gegen karthagische Verbündete vorgegangen war, mischte sich Rom nach einem Hilferuf der Saguntiner ein. Die Eroberung Sagunts durch Hannibal (219 v. Chr.) war der *casus belli* für die Römer, die das Vordringen der Karthager in Hispanien ohnehin mit Misstrauen verfolgt hatten. Darauf reagierte Hannibal sowohl mit umfangreichen Kriegsvorbereitungen als auch mit einer ideologischen Offensive. In Nachahmung Alexanders des Großen wollte Hannibal ebenso als Eroberer und Befreier gelten. Sein Ziel war die Bildung einer antirömischen Allianz, an der sich all diejenigen beteiligen sollten, die offene Rechnungen mit Rom zu begleichen hatten. Die Attraktivität dieses Angebotes zeigt sich darin, dass namhafte griechische Gemeinwesen seinen Kampf gegen Rom unterstützten: König Philipp V. von Makedonien, Syrakus, Tarent sowie zahlreiche italische und sizilische Städte. Durch die Aufbietung einer sakralen Identifikationsmöglichkeit hatte Hannibal eine komplexe politische Initiative ins Leben gerufen, um die untereinander zerstrittenen Romgegner unter einem gemeinsamen Dach zu versammeln. Dies war eine ingeniöse staatsmännische Maßnahme, da es gelang, die unterschiedlichen Interessen zu überbrücken. Für einen Mann wie Hannibal, der sich laut Livius (Römische Geschichte XXI 4, 9) durch seine Areligiosität auszeichnete (*Nichts galt ihm Wahrheit, nichts war ihm heilig. Gottesfurcht kannte er nicht, ein Eid war ihm bedeutungslos, und er empfand keinerlei religiöse Bindung*), war die zustande gebrachte Aktionsgemeinschaft eine erstaunliche Leistung. Am livianischen Verdikt lässt sich noch die Ratlosigkeit der Römer erkennen über das mittelmeerumspannende Gewitter, das sich über der Stadt am Tiber zusammenbraute.

Es fällt auf, mit welcher Eindringlichkeit der Wortbruch der Karthager in der Saguntaffäre betont und gleichzeitig die Vertragstreue der Römer herausgestrichen wurde. Mit der Einhämmerung der Formel von der Untreue der Karthager (*fides punica*) erhielt dieser Zusammenhang den Charakter einer Beschwörung. Tatsächlich war die Beschwichtigungsstrategie nach dem Fall Sagunts besonders gefordert.

Schließlich hatten die Römer dem Leid ihrer Bundesgenossen tatenlos zugesehen und eine Hilfestellung an die verzweifelt kämpfende Stadt nicht einmal erwogen. Das Bauernopfer diente als Vorwand für die wohl geplanten Angriffshandlungen gegen Karthago. Um von diesem eklatanten Fall unterlassener Hilfeleistung abzulenken, beschuldigten sie ihre Gegner der „perfidia" und verbreiteten das Bild einer tief greifenden Zerrissenheit innerhalb des karthagischen Lagers. Die Zuspitzung dieser Situation hat Livius (Römische Geschichte XXI 10, 11 ff.) in einem dramatischen Monolog eingefangen, als er den Karthager Hanno folgende Worte sagen lässt: *Werden wir also Hannibal ausliefern? So wird vielleicht einer fragen. Ich weiß: Wegen meiner Feindschaft mit seinem Vater gilt mein Urteil darüber nur wenig. Aber ich war froh darüber, dass Hamilkar umkam, weil wir, wenn er noch lebte, den Krieg mit den Römern bereits hätten. Diesen jungen Mann aber hasse ich und verabscheue ich wie eine Furie und Fackel eines solchen Krieges. Ich meine, man müsse ihn nicht nur als Sühne für den Vertragsbruch ausliefern, sondern auch, wenn es niemand verlangt, an die äußersten Küsten des Meeres und der Länder schicken. Man müsste ihn an einen Ort bringen, woher uns weder sein Name noch sein Ruf erreichen kann. Dann könnte er den Bestand des Staates in seiner Ruhe nicht mehr stören. Ich stelle also den Antrag, sofort Gesandte nach Rom zu schicken, die dem Senat Genugtuung leisten. Andere Boten sollen Hannibal melden, er möge sein Heer von Sagunt abziehen. Hannibal selbst soll man vertragsgemäß den Römern ausliefern.* Die Szene ist frei erfunden. Ihre Aussage ist unhistorisch. Dass innenpolitische Rivalitäten bis zum Landesverrat gehen konnten, ist eine groteske Verdrehung der Realität. Mit der Beschwörung von zwei verfeindeten Parteien innerhalb Karthagos entwarfen die Römer eine geschickt gesponnene Legende über die Kriegsschuldfrage, die damit Hannibal allein zugeschrieben werden konnte. Wenn, wie die romfreundlichen Autoren berichten, die Stimmung in Karthago geteilt war, so heißt dies, dass ein signifikanter Teil der dortigen Bürgerschaft wie die Römer selbst dachte und, um die Krise zu entschärfen, sogar bereit war, den eigentlichen Kriegstreiber, nämlich Hannibal, auszuliefern. Aus derartigen Äußerungen spricht unverblümt die römische Kriegspropaganda. Dass die tatsächliche Situation anders geartet war, belegt der weitere Fortgang des Konfliktes, in dessen Verlauf Hannibal fast zwei Jahrzehnte lang die bedingungslose Unterstützung seiner Heimatstadt erhielt, bis zum bitteren Ende.

Nach seinem legendären Alpenübergang erreichte Hannibal die Poebene, wo er auf Publius Cornelius Scipio traf (218 v. Chr.). Am Fluss Ticinus kam es zur ersten Schlacht des Krieges, die Hannibal dank der Überlegenheit seiner Kavallerie gewann. Dann schlug er an der Trebia ein doppelconsularisches Heer und verschaffte sich Zutritt nach Italien. Am Trasimenischen See mussten die Römer eine weitere bittere Niederlage einstecken (217 v. Chr.): Das Heer des Consuls Gaius Flaminius wurde überrascht und vernichtet. Aufsehen erregte vor allem die Schlacht bei Cannae (216 v. Chr.). Ihre Hauptzüge lauten wie folgt: Der zahlenmäßig weit überlegenen Masse frontal angreifender römischer Truppen begegnete Hannibal mit einer flexiblen Taktik, die sich durch Beweglichkeit und Ausnützung des Geländes auszeichnete. Obwohl den ungeheuren römischen Verlusten nur vergleichsweise geringe Einbußen auf karthagischer Seite gegenüberstanden, nutzte Hannibal nicht die Gunst des Augenblicks und verschonte Rom. Die vorherrschende Ansicht sieht in Cannae einen überwältigenden Sieg Hannibals, der aber durch seine Unentschlossenheit nachträglich verspielt worden sei. Hannibal, so lautet der häufig erhobene Vorwurf, hätte nach dem römischen Debakel den Krieg durch die Einnahme Roms beenden können. Dass er sich dazu nicht aufraffen konnte, so wird gefolgert, erweist ihn als einen zwar militärisch fähigen, aber letztlich mit politischer Blindheit geschlagenen Troupier. Darüber hinaus lässt die Größe der Niederlage die Gloriole Roms heller erstrahlen, erscheint es doch als ein Gemeinwesen sui generis, das selbst derartige Schläge nicht nur verkraftet, sondern sogar ins Gegenteil verkehren kann. Die andere, der historischen Realität näher kommende Lesart, muss die Tragweite der Ereignisse nüchterner beurteilen. Zwar konnte Hannibal das Schlachtfeld behaupten und einen glänzenden taktischen Sieg davontragen, aber die bittere Niederlage des römischen Heeres wurde mit beträchtlichen eigenen Verlusten erkauft. Hannibals Einbußen waren viel größer als ein rein numerischer Vergleich zwischen den Potentialen beider Gegner verdeutlichen kann. Seine Armee war nach dem gewaltigen Zusammenprall mit den in Cannae bezwungenen Legionen stark mitgenommen. Eine offensive Kriegsführung alten Stils konnte er sich danach kaum noch erlauben. Die Suche nach politischen Lösungen, die Hannibal nach Cannae energisch betrieb, ist nicht Beleg für seine staatsmännische Unbeholfenheit, sondern zeugt genau vom Gegenteil. Die Gewinnung neuer Bundesgenossen verschaffte ihm die nötige Atempause. Die Römer wurden gezwungen, sich an mehreren Fronten gleichzeitig zu schlagen. Spätestens von diesem Zeitpunkt an trugen die Karthager die Last des Krieges nicht mehr allein. Die von Hannibal von Anfang an konsequent betriebene ideologische Kriegsführung trug nun erste Früchte. Sie erlaubte ihm die Befolgung seines politisch-militärischen Credos: die Fortsetzung seines Feldzuges auf italischem Boden, was zur Folge hatte, dass Nordafrika von den Schrecken des Krieges verschont blieb.

Welche Bedeutung die ideologisch übersteigerte Selbstwahrnehmung erlangen konnte, zeigt uns die Aufnahme des in Cannae besiegten Consuls Gaius Terentius Varro durch die römische Bevölkerung: *Gerade in dieser Stunde der Not beseelte die Bürgerschaft eine so erhabene Gesinnung, dass sehr viele Menschen aller Stände dem Consul bei seiner Rückkehr trotz einer so schweren Niederlage, für die er selbst doch einen beträchtlichen Teil der Verantwortung trug, entgegengingen und ihm dafür dankten, dass er den Staat nicht ganz aufgegeben habe. Als Heerführer Karthagos hätte er jede Strafe zu gewärtigen gehabt* (Livius, Römische Geschichte XXII 61, 14). Dieser nachträglich abgefasste Lagebericht dokumentiert jenseits des Pathos, das die Szene umrahmt, eine unbestrittene Realität: den römischen Selbstbehauptungswillen. Roms Widerstandskraft war nach Cannae durchaus nicht gebrochen. Dem Adressaten dieser Botschaft soll der römische Großmut sowie die Solidarität der Römer in einer

Notlage vorgeführt werden und im Gegensatz dazu die karthagische Kleinmütigkeit. Der Kontrast zwischen der angeblichen Gelassenheit der römischen Bürgerschaft und der Wirklichkeit könnte jedoch kaum größer ausfallen. Tatsächlich breitete sich in Rom auf die Nachricht vom Desaster von Cannae Hysterie aus. Religiöser Fanatismus und abergläubische Furcht, die sich im Vollzug von Menschenopfern äußerte, kennzeichneten die vorherrschende Stimmung.

Entgegen den Beteuerungen der romfreundlichen Autoren, die den 2. Römisch-Karthagischen Krieg als ein Ringen zwischen zwei gleich starken Gegnern darstellen, war die Disproportion zwischen den Beteiligten groß. Der Krieg konnte von Hannibal nicht gewonnen werden. Zu erdrückend war das römische Potential im Verhältnis zu den Ressourcen der Karthager. Dass er überhaupt Rom so lange in Schach halten konnte, lag an seinen glänzenden militärischen Fähigkeiten und an der zustande gebrachten antirömischen Allianz. Erst als die karthagische Kriegskoalition in Folge der ungeheuren Machtressourcen Roms nach und nach zerbrach, wurde Hannibals Stellung in Italien unhaltbar. Bezeichnenderweise läutete die Eroberung von Gades durch die Römer, die für Hannibal den Verlust des ältesten Bundesgenossen bedeutete, die letzte Phase des Konfliktes ein. Kurz darauf zog das karthagische Heer aus Italien ab, und der Krieg nahm in Nordafrika seine unvermeidliche Wendung.

Hannibals politische Konzeption gipfelte in dem Bestreben, Karthago als ein außerhalb des römischen Machtmonopols stehendes, autonomes Staatswesen zu erhalten. Das Vorbild dafür bot das politische System der hellenistischen Staaten, das durch die Herstellung eines Gleichgewichts der Kräfte die Etablierung eines allmächtigen Hegemons verhindern konnte und die politische Existenz mehrerer in Konkurrenz zueinander stehender Gemeinwesen garantierte. Dass sich Rom nicht in ein solches politisches Korsett einspannen ließ und kategorisch dagegen sträubte, ist eine Erfahrung, die Hannibal erst (wohl zu spät für ihn) auf dem Höhepunkt seiner Erfolgslinie unmittelbar nach Cannae machen musste. Eine aufschlussreiche Paradoxie kennzeichnet die Situation: Niemals zuvor stand Rom so sehr am Abgrund und gleichzeitig Hannibal so meilenweit von einem Sieg entfernt.

Die Unverzagtheit der römischen Führung angesichts einer Reihe militärischer Katastrophen sowie die Treue der meisten italischen Bundesgenossen sind die Gründe für den römischen Erfolg. Die beharrliche Strategie des Quintus Fabius Maximus, die Siege des Marcus Claudius Marcellus in Sizilien, die Erfolge des Publius Cornelius Scipio in Hispanien und das militärische Geschick des Marcus Livius Salinator und Gaius Claudius Nero in Italien brachten den immer noch unbesiegten Hannibal in Bedrängnis und zwangen ihn, aus Italien abzuziehen. Gegen die drückende römische Übermacht vermochte selbst das strategische Geschick Hannibals auf Dauer wenig auszurichten. Schließlich konnte Scipio Hannibal bei Zama besiegen und Karthago in die Knie zwingen (202 v. Chr.).

## Eroberung des Ostens

Als Folge ihres Sieges über Karthago hatten die Römer sich jenseits der Adria verstärkt engagiert. Philipp V. von Makedonien war ein Bundesgenosse Hannibals gewesen. Als sie dort einschritten, waren die bestimmenden Mächte heillos miteinander zerstritten. Die politische Lage im griechisch-hellenistischen Raum war von einer schwer durchschaubaren Vielfalt und gegenseitiger politischer Vernetzung sowie einem äußerst fragilen Gleichgewicht gekennzeichnet. Neben den tonangebenden Staaten der Ptolemäer (Ägypten), Seleukiden (Syrien, Vorderer Orient), Antigoniden (Makedonien) und mit einigem Abstand auch den Attaliden von Pergamon (eine untergeordnete Rolle spielten demgegenüber die Herrscher von Bithynien, Armenien, Galatien usw.), behaupteten sich mächtige Städtebünde (Achäische, Ätolische Föderation, Bund der Inselgriechen mit Rhodos als Zentrum) und Stammesstaaten (Thessaler, Phoker etc.) sowie zahlreiche griechische Groß- und Mittelpoleis im Ägäisraum wie Athen, Theben, Sparta, Korinth, Samos, Smyrna, Lampsakos etc., die oft ein Spielball in den Händen der Großmächte waren. Jede externe Einmischung musste zwangsläufig eine Kettenreaktion zur Folge haben.

In der Schlussphase des 2. Römisch-Karthagischen Krieges (205/4 v. Chr.) war es in Alexandria zur Thronbesteigung eines Kindes gekommen (Ptolemaios V. Epiphanes), was Philipp V., der inzwischen seinen Frieden mit Rom gemacht hatte und dadurch freie Hand bekam, sowie den Herrscher des seleukidischen Reiches Antiochos III. dazu veranlasste, einen Vorstoß gegen die ptolemäischen Besitzungen in Syrien, Kleinasien, Thrakien und der Ägäis zu unternehmen. Das schwächelnde Ptolemäerreich bildete eine große territoriale Einheit, die von der Kyrenaika bis nach Phönikien reichte, mit Ägypten als Mittelpunkt. Aber es besaß darüber hinaus Hoheitsrechte auf zahlreiche Städte und Territorien in Thrakien, den Kykladen, an der kilikischen Küste, im syrischen Raum, in Kleinasien und auf Zypern, was die Begehrlichkeit der Antigoniden und Seleukiden reizte, die eine Abrundung ihres Staatsgebietes auf Kosten der Ptolemäer anstrebten. Philipp V. griff in Thrakien ein und breitete sich bis zum Bosporus aus (202 v. Chr.). Danach bemächtigte er sich der Insel Samos und fing mit der Belagerung von Chios an. Gleichzeitig eroberte Antiochos III. Koile-Syrien und Phönikien, wo er in Tyros einzog, danach marschierte er in Palästina ein und belagerte Gaza (201 v. Chr.). Von diesem Machtzuwachs aufgeschreckt, baten die Mittelstaaten Pergamon, Rhodos und Athen die Römer um Hilfe. Unter dem Eindruck der inzwischen überwundenen Karthagergefahr wollte das siegreiche Rom eine Großmachtbildung im Ägäisraum unterbinden, zumal dies mit geringem Kraftaufwand erreichbar schien. Indem Rom sich dieser Aufgabe annahm, wuchs es in die selbst gewählte Rolle einer Schutzmacht des hellenistischen Ostens.

Nachdem Philipp V. sich geweigert hatte, auf die gemachten Eroberungen zu verzichten, kam es zu Kampfhandlungen. Man hat diesen als 2. Römisch-Makedonischen Krieg etikettierten Konflikt als die Geburtsstunde des römischen Imperialismus bezeichnet, indem man darauf verwies, dass Rom damals weder bedroht gewesen sei, noch seine Interessen in Griechenland auf dem Spiel standen. Verhielt es sich etwa im Jahr 218 v. Chr. vor Ausbruch des 2. Römisch-Karthagischen Krieges wirklich anders? War das, von Italien aus gesehen, noch weiter entfernt als Griechenland liegende barkidische Hispanien eine Bedrohung für Rom? Dies wird wohl niemand, der nicht blindlings die Argumente der römischen Apologeten übernimmt, ernstlich behaupten können. Wir dürfen aber noch weiter rückwärts schauen. Welche Bedrohung ging denn im Jahr 264 v. Chr. vor Beginn des 1. Römisch-Karthagischen Krieges von dem seit Jahrhunderten im karthagischen Besitz befindlichen Gebiet Siziliens für Rom aus? Tatsächlich ordnet sich der gegen Philipp V. ausgebrochene 2. Römisch-Makedonische Krieg in eine lange Reihe imperialistischer Übergriffe ein, die so alt waren wie die Errichtung der römischen Hegemonie über Italien. Wann die Römer als bedroht anzusehen seien, das definierten sie selbst, ebenso wie die Frage, was als römische Interessen zu gelten habe. Genau das geschah im Jahr 200 v. Chr., als sie zunächst ein kleines Expeditionsheer über die Adria schickten. Es kam aber nicht so recht voran und so beschloss man, einen versierten Befehlshaber mit der Leitung der Operationen zu betrauen. So kam im Jahr 198 v. Chr. der Philhellene Titus Quinctius Flamininus nach Griechenland. Es gelang ihm, den Krieg diplomatisch geschickt vorzubereiten, indem er die Mehrheit der griechischen Städte, die unter der makedonischen Hegemonie zu leiden hatten, auf seine Seite brachte. Im Jahre 197 v. Chr. errang Flamininus bei Kynoskephalai in Thessalien einen entscheidenden Sieg über Philipp V., der dabei seine Vorherrschaft über Griechenland einbüßte. Die seit der Epoche Alexanders des Großen anerkannte Dominanz der makedonischen Phalanx wurde durch die Schlagkraft der römischen Legionen abgelöst. Im darauf folgenden Jahr verkündete Flamininus bei den Isthmischen Spielen von Korinth eine Freiheitserklärung für die griechischen Staaten, die ihre große Wirkung nicht verfehlte (196 v. Chr.). Diese Initiative könnte als Antwort auf den von Hannibal 218 v. Chr. zu Beginn des 2. Römisch-Karthagischen Krieges mit Blick auf die griechische Öffentlichkeit inszenierten Befreiungsaufruf verstanden werden. Flamininus genoss in vollen Zügen die ihm in hellenistischer Manier entgegengebrachte kultische Devotion. Voller Dankbarkeit errichteten die Bürger Smyrnas der Stadt Rom einen Tempel. Es war dies die erste Kultdedikation einer langen Reihe von Stadtkulten zu Ehren der neuen Weltmacht.

Den Ausfall Makedoniens als griechische Hegemonialmacht nahm der Seleukidenkönig Antiochos III. als Einladung an, das entstandene Machtvakuum auszufüllen. Noch während Römer und Makedonen sich bekämpften, unterwarf er im Jahr 197 v. Chr. einen Teil Lykiens mit der Stadt Xanthos, zog dann weiter nach Westen und Norden, wo er, unter Umgehung der rhodischen und pergamenischen Besitzungen in Kleinasien, Ephesos einnahm. Danach setzte er sich von Abydos aus im Gebiet der thrakischen Chersones fest (196 v. Chr.), womit er die strategisch wichtige Meerenge am Bosporus unter seine Kontrolle brachte. Antiochos III. träumte wohl von der

Wiederherstellung der Einheit des einstigen Alexanderreiches. Damit war der nächste Konflikt vorprogrammiert, denn auch er hatte diese Rechnung ohne die Römer gemacht.

Die römische Politik war von einer scheinbaren Zurückhaltung geprägt, die in dem Abzug der Truppen aus Griechenland gipfelte. Rom hatte seine Gegner niedergeworfen, sie aber keineswegs vernichtet. Es hatte das vorherrschende Gleichgewicht in der Region unter Aufbietung sparsamer Mittel in folgenschwerer Weise verändert, aber keine Neuordnung der politischen Verhältnisse vorgenommen. Im Herbst 192 v. Chr. drang Antiochos III. nach Griechenland ein. Doch die Kraft des Seleukidenreiches und seiner Verbündeten vermochte auf Dauer den Ansturm der Legionen nicht aufzuhalten. Im Jahr 190 v. Chr. erlitt Antiochos III. bei Magnesia eine entscheidende Niederlage, die ihn zwang, Teile Kleinasiens an Pergamon und Rhodos, Roms Verbündete, abzutreten. Damit erledigten sich die Großmachtträume des Seleukidenreichs. Ein letztes Aufbäumen gegen den römischen Einfluss in Griechenland kam von Makedonien, doch konnte es trotz vieler Bemühungen nichts ausrichten. Der Sieg über Perseus markierte den endgültigen politischen Niedergang Griechenlands. Hatten die Römer zuvor sich stets bemüht, die Hellenen von der Rechtmäßigkeit ihres Vorgehens zu überzeugen, so ließ man jetzt alle Rücksichten fallen. Im Jahr 168 v. Chr. erlosch die makedonische Monarchie. Den Schlussakt aber setzte die Zerstörung Korinths im Jahr 146 v. Chr., die parallel zur Zerstörung Karthagos stattfand und den ungehemmten Anspruch Roms auf die Weltherrschaft in Ost und West eindringlich dokumentierte.

Fasst man die Stationen der Expansion Roms zusammen, so ergibt sich, dass im Zeitraum von drei Generationen sämtliche Mittelmeeranrainerstaaten – und das war damals gleichbedeutend mit dem Großteil der zivilisierten Welt – unter mittelbare oder unmittelbare römische Herrschaft gelangten. Das war eine singuläre Leistung. Sie zwang selbst den Griechen Polybios, der unter dem Eindruck der Größe Roms zum Historiker der römischen Weltreichsbildung wurde, zur uneingeschränkten Anerkennung. Die Epoche der politischen Atomisierung schien überwunden. Polybios (Historien I 3) verstand Roms Expansion als Vorspiel einer die gesamte Kulturwelt umspannenden Universalgeschichte: *In den vorangehenden Zeiten lagen die Ereignisse der Welt gleichsam verstreut auseinander, da das Geschehen hier und dort sowohl nach Planung und Ergebnis wie räumlich geschieden und ohne Zusammenhang blieb. Von diesem Zeitpunkt an aber wird die Geschichte ein Ganzes, gleichsam ein einziger Körper, es verflechten sich die Ereignisse in Italien und Libyen mit denen in Asien und Griechenland, und alles richtet sich aus auf ein einziges Ziel.*

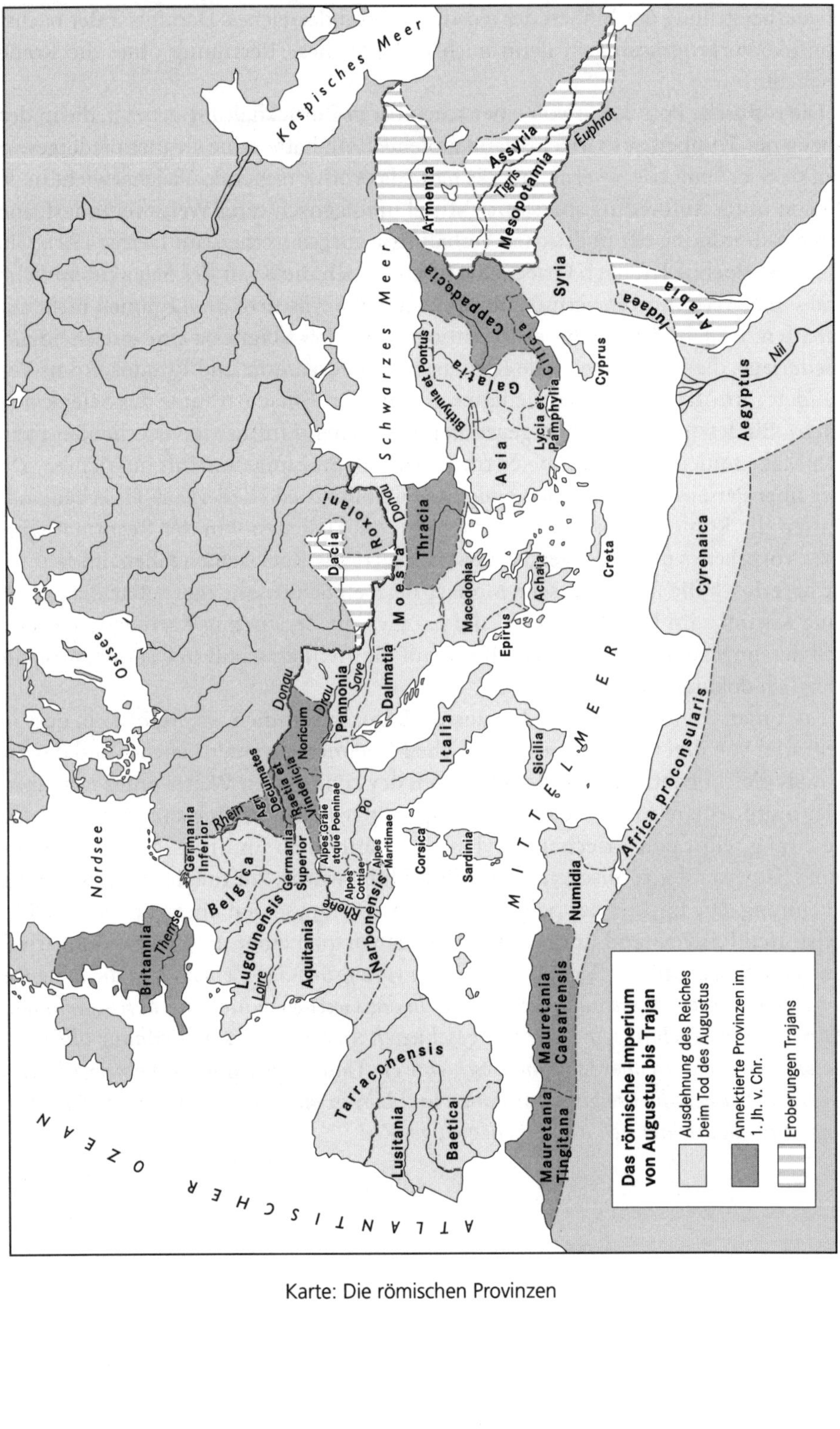


Karte: Die römischen Provinzen

# Folgen der Expansion

Der 2. Römisch-Karthagische Krieg war das wirkmächtigste Ereignis der römischen Geschichte. Dass sich die Römer gegen Hannibal, den genialen Strategen, behaupten konnten, trug zum Ruhm ihres Staates und zum Mythos der Unbesiegbarkeit bei. Im Einstecken von Niederlagen und in der Wiedergewinnung politischer Spannkraft und militärischer Stärke hatte das durch zahllose Leiden geprüfte Rom eine bemerkenswerte Standhaftigkeit gezeigt. Die Chronik seines Sieges ist auch die Erfolgsgeschichte seiner inneren Konsolidierung. Dabei hatte sich Hannibals Überfall in Italien zu einer Zeit ereignet, als die römische Innenpolitik in einer Krise steckte, von der die unmittelbare Kriegsführung bis Cannae berührt wurde. Auslöser war die von Gaius Flaminius geforderte Partizipation wohlhabender Kreise, die außerhalb der Nobilität standen, an der Leitung des Staates. Dass ausgerechnet die militärischen Katastrophen des Krieges von gesellschaftlichen Aufsteigern wie Gaius Flaminius (Trasimenischer See), Marcus Minucius Rufus (Gereonium) und Gaius Terentius Varro (Cannae) mitverschuldet wurden, hat ihrer politischen Programmatik geschadet. Im Gegenzug sind die großen Erfolge mit Persönlichkeiten verbunden wie Quintus Fabius Maximus (Eroberer von Tarent), Marcus Claudius Marcellus (Eroberer von Syrakus), Appius Claudius Pulcher (Eroberer von Capua), Titus Manlius Torquatus (Sieger in Sardinien), Marcus Livius Salinator und Gaius Claudius Nero (Sieger über Hasdrubal Barkas) und Publius Cornelius Scipio (Eroberer von Neukarthago, Sieger von Baecula, Ilipa und Zama), alle ausnahmslos Mitglieder der alten Nobilität, nicht wenige von ihnen stammten sogar aus dem Patriziat. Damit wurde die aristokratische Prägung der römischen Republik bis zu deren Untergang zementiert. Doch dies hatte seine Schattenseiten.

Betrachten wir die römischen Eliten, so vollzogen sich dort auffällige Veränderungen. Auf der einen Seite hatte der Krieg eine Stärkung des Korpsgeistes der herrschenden Oligarchie zur Folge, weil viele ihrer prominentesten Mitglieder militärisch geglänzt und damit ihren Führungsanspruch eindrucksvoll untermauert hatten. Auf der anderen Seite wurden aber die Erfolge ihrer ehrgeizigsten Vertreter zu einer Gefahr für die Homogenität der Adelsschicht. Die im Zuge der Kriegsführung notwendig gewordene Verlängerung der höchsten Staatsämter über die übliche Jahresfrist hinaus verschaffte mehreren Senatoren eine über Jahre sich erstreckende Amtsdauer und damit eine uneingeschränkte Befehlsgewalt. Quintus Fabius Maximus bekleidete fünf Consulate und eine Diktatur, Marcus Claudius Marcellus brachte es ebenfalls auf fünf Consulate, Quintus Fulvius Flaccus war viermal Consul. Publius Cornelius Scipio kommandierte zwischen 211 und 201 v. Chr. ununterbrochen große Armeen, ähnlich wie Titus Quinctius Flamininus, der zwischen 198 und 183 v. Chr. maßgeblichen Einfluss auf die römische Ostpolitik ausübte. Diese herausgehobenen Potentaten von ihrer Ausnahmestellung in das System der senatorischen Gleichheit zurückzuführen, sollte sich zu einem der größten Probleme der republikanischen Adelsgesellschaft entwickeln. Besonders erfolgreiche Magistrate fühlten sich immer weniger als Verwalter, dafür umso mehr als Inhaber der Herrschaft Roms über immer mehr Länder der damaligen Welt. Hinzu kam eine gewaltige Ausweitung der Patronatsverhältnisse auf die eroberten Territorien. Die in die neuen Herrschaftsgebiete entsandten Statthalter schufen sich riesige auswärtige Klientelen, die das auf Rom und Italien beschränkte Patronatssystem aus den Angeln hoben und zur rücksichtslosen Befriedigung persönlicher Ambitionen mobilisiert werden konnten.

Bewährt hatte sich das durch zahlreiche persönliche Beziehungen zwischen der römischen und den munizipalen Aristokratien Italiens eng geknüpfte Band der Wehrgenossenschaft, die Hannibal trotz vielerlei Bemühungen und einiger Teilerfolge nicht zu sprengen vermochte. Rom und Italien wuchsen enger zusammen. Trotz aller Spannungen, die fortbestanden und noch auftreten sollten, war der Weg zur Integration gewiesen, das Erreichen dieses Ziels nur eine Frage der Zeit. Das entscheidende Ergebnis des Krieges war zweifellos der auf Kosten der ehemals karthagischen Besitzungen und hellenistischen Staaten in Gang gekommene Prozess der Weltreichsbildung. Sardinien, Sizilien, Hispanien, Nordafrika, Makedonien und Kleinasien bildeten nun die um Rom und Italien sich gruppierende territoriale Grundlage des entstehenden Imperium Romanum. Dennoch war die Hypothek der Kriege für Italien gewaltig. Ganze Landschaften, vor allem im Zentrum und im Süden der Halbinsel, waren entvölkert oder verwüstet. Um wirksame Abhilfe zu schaffen, waren umfassende politische, ökonomische und soziale Reorganisationsmaßnahmen erforderlich. Von deren Gelingen sollte die künftige Stabilität der sich auf imperialem Höhenflug befindenden römischen Gesellschaft abhängen.

## Die Gracchen

Die Eroberung der meisten Länder der Mittelmeerwelt hatte Rom zur ersten Militärmacht seiner Zeit gemacht. Als Folge dieser Entwicklung sprachen römische Magistrate in den Provinzen Recht, und die römischen und italischen Kaufleute konnten sich eine wichtige Vormachtstellung dort verschaffen, wo bis dahin Karthager, Griechen und Orientalen führend gewesen waren. Für die großen Familien Roms brachte die Expansion eine beträchtliche Ausweitung ihrer Einflusssphäre, das heißt ihrer Patronatsverhältnisse, was zugleich aber einer Entpersonalisierung und Lockerung ihrer bereits bestehenden Klientelbeziehungen gleichkam. Die stadtrömische Plebs zeigte sich zunehmend bereit, ihre Stimme bei den Comitien demjenigen Kandidaten zu geben, der bereit war, ihre materiellen Interessen am besten zu wahren. Wahlbestechungen wurden ein gängiges Mittel der Politik, und gegen Ende des 2. Jahrhunderts v. Chr. setzte eine erfolgreiche politische Laufbahn nicht mehr ausschließlich die Zugehörigkeit zur Nobilität und persönliche Leistung voraus, sondern vor allem große Geldmittel. Doch je mehr Geld, Sklaven und Güter aller Art aus den eroberten Gebieten nach Rom strömten, desto entscheidender veränderte sich das ökonomische und soziale Gleichgewicht in der agrarisch geprägten Stadt. Durch Handel mit den abhängigen Provinzen sowie durch das System der Steuerpachten immens reich gewordene Mitglieder des Ritterstandes (*equites, publicani*) legten ihre Kapitalien in Italien an. Dort erwarben sie Großgrundbesitz (Latifundien), der durch Sklaven, die infolge der zahlreichen Eroberungskriege reichlich vorhanden waren, bewirtschaftet wurde und eine übermächtige Konkurrenz für die kleinen und mittleren italischen Bauernwirtschaften darstellte. Billige Getreideimporte aus den eroberten Provinzen verschärften die Konkurrenz und verursachten ein ökonomisches Ungleichgewicht, das schließlich viele Kleinbauern zur Aufgabe ihrer bisherigen Existenzgrundlage und zur Abwanderung nach Rom zwang. Diese nun landlos gewordenen Bauern, die bislang in den Legionen gedient hatten, brachten das System der Truppenaushebung ins Wanken. So gesellte sich zur Wirtschaftskrise eine Krise der Wehrverfassung. Hinzu kamen politische Schwierigkeiten. Die bis dahin mit der Führung der Staatsgeschäfte befasste Nobilität versagte immer häufiger bei der Lösung außenpolitischer Aufgaben, die bis dahin ihre Domäne gewesen waren. Die spektakulären Niederlagen der römischen Legionen in den keltiberischen Kriegen (153–133 v. Chr.) – allein vor der Stadt Numantia mussten mehrere Armeen kapitulieren – unterbrachen jäh die politischen Karrieren mancher Senatoren, die als Truppenbefehlshaber dafür verantwortlich waren.

Diese ersten Anzeichen einer tief greifenden Krise erfuhren durch die Reformpolitik der Gracchen eine Verschärfung. Das Jahr 133 v. Chr. wurde für die Nobilität zum Schlüsselerlebnis. Der Volkstribun Tiberius Sempronius Gracchus, ein *nobilis* aus einer renommierten Familie, versuchte durch eine an sich moderate Bodenreform (*lex agraria*) der Landflucht und Proletarisierung wirksam zu begegnen. Doch scheiterte er an der Unfähigkeit des Senates, sein Vorhaben zu fördern beziehungsweise zu unterbinden. Ein anderer Tribun verhinderte kraft seines Vetos die Annahme des Gesetzes, worauf beide Kontrahenten an den Senat appellierten. Wen auch immer der Senat favorisiert hätte, die *auctoritas patrum* hätte es dem Unterlegenen gestattet, ohne Gesichtsverlust nachzugeben. Doch der Senat fand zu keinem Konsens. Er entschied weder für noch gegen Tiberius Gracchus. Dieser, aber auch sein Widersacher standen bei ihren Anhängern und Hintermännern im Wort. Ein Rückzieher ohne die Rückendeckung des Senates hätte für jeden den Verlust seiner *dignitas* und das Ende der politischen Laufbahn bedeutet. In dieser schwierigen Lage bot sich Tiberius Gracchus ein Ausweg, der jedoch die größten Gefahren in sich barg: die Umgehung des Senates. Alle Besitzlosen, die vermeintlichen Nutznießer seiner Agrargesetzgebung, waren Tiberius Gracchus verpflichtet, kamen also in seine *fides*. So entwickelte er sich zu einem übermächtigen Patron der stadtrömischen Plebs und entzog damit dem Senat zumindest vorübergehend einen Teil seiner traditionellen Herrschaftsgrundlage. Gestützt auf eine von ihm kontrollierte Volksversammlung setzte er den opponierenden Tribun Octavius ab, brachte anschließend seine Gesetzesvorschläge durch und übernahm dadurch de facto die Regierungsgewalt. Die Senatsnobilität hatte versäumt, von der *auctoritas* Gebrauch zu machen, ein verhängnisvoller Fehler, der sie der Herrschaft eines Einzelnen auslieferte. Ein aristokratisches Trauma schien Wirklichkeit geworden zu sein: Einer aus ihrer Mitte drohte sich zum Herrscher über alle aufzuwerfen. Aufgehetzt von Publius Cornelius Scipio Nasica, dem Pontifex Maximus – denn die Consuln hatten sich geweigert, gegen Tiberius Gracchus vorzugehen –, stürmten zahlreiche Senatoren das Capitol und erschlugen ihn, inmitten einer Versammlung, bei der er sich für das kommende Jahr wiederwählen lassen wollte. Mit dem Tod des Tiberius Gracchus erreichte die Autoritätskrise einen Höhepunkt. Die konservative Reformpolitik (es ging um die Stärkung der Wehrkraft, die man durch Verbreiterung der Besitzerschichten, aus denen sich die Armee rekrutierte, erreichen wollte) des Tiberius Gracchus änderte sich nach der Abfuhr seitens einer mächtigen Senatsgruppe grundlegend und beschritt eine Bahn, welche die Gebrechlichkeit des Regierungssystems schonungslos aufdeckte. Das durch seine gewaltsame Beseitigung entstandene Desaster erschütterte die Verfassung des römischen Gemeinwesens in ihren Grundfesten. Eine Restauration des Senatsregiments wollte danach nicht gelingen.

Im Jahr 124 v. Chr. erhielt die gracchische Politik einen neuen Auftrieb, als Gaius Sempronius Gracchus, der jüngere Bruder des Tiberius, zum Volkstribun gewählt wurde. Einen Schwerpunkt seiner ungewöhnlich umfangreichen Gesetzesanträge bildete die Sozialpolitik. Ein Ackergesetz nach dem Vorbild seines Bruders Tiberius (*lex agraria*) sowie ein Gesetz für Getreidespenden an die stadtrömische Plebs (*lex frumentaria*) hatten eine Besserung der sozialen und wirtschaftlichen Verhältnisse breiter Bevölkerungsschichten zum Ziel. Von größter Tragweite war seine mit Unterstützung des Ritterstandes gegen die Senatoren durchgesetzte Änderung der Gerichtshöfe (*lex iudiciaria*), die den Rittern die Richterfunktion, die vorher in den Händen des Senates lag, übertrug und so unversöhnliche Rivalität zwischen den zwei höchsten Ständen schuf. Mit Gaius Gracchus fand der Ritterstand, *ordo equester*, der bislang wenig politische Ambitionen gezeigt hatte, Eingang in das Getriebe der römischen Tagespolitik. Besonders durch die Ausübung der Repetundengerichtsbarkeit erlangten die Ritter die Kontrolle über die Tätigkeit der senatorischen Provinzstatthalter. Aber nicht nur politisch, sondern auch gesellschaftlich erfuhren sie eine gewichtige Aufwertung, die etwa durch die Zuerkennung von besonderen Sitzplätzen im Theater (eine Ehre, die bis dahin nur Senatoren zustand) augenfällig wurde. Als zweite gesellschaftliche Kraft im Staate verlangten die ehrgeizigen Ritter – das war nur eine Minderheit des mehrheitlich von Grundbesitzern geprägten Ritterstandes, die in den Steuerpachtgesellschaften der *publicani* ihre Machtbasis hatte – Mitwirkung bei der Leitung der *res publica*. Der Ritterstand konnte sich zu einem konstituierenden Faktor der stadtrömischen Politik entwickeln, mit dem man rechnen musste. Doch die Interessengemeinschaft zwischen Gaius Gracchus und den Rittern zerfiel bereits bei der Bürgerrechtsfrage. Der in seinem zweiten Tribunat eingebrachte Gesetzesantrag zugunsten der Ausweitung des römischen Bürgerrechts (*civitas Romana*) auf die italischen Bundesgenossen brachte Gaius Gracchus ins politische Abseits, und so konnte er von seinen politischen Gegnern ausmanövriert werden. Weder der Senat noch die Plebs, seine traditionelle Klientel, fanden an dieser Aktion Gefallen. Gaius Gracchus wurde für das folgende Jahr nicht wiedergewählt. Damit waren sein Reformprogramm und seine Karriere beendet. Mit Rückendeckung des Senats erklärte der Consul Lucius Opimius den Ausnahmezustand (*senatus consultum ultimum*) und wandte damit erstmals ein gegen „Unruhestifter", denen die Möglichkeit der Appellation an das Volk verweigert wurde, gerichtetes, gewaltsames Verfahren an. Über die Gesetzmäßigkeit dieser die Souveränitätsrechte des *populus* usurpierenden Handlungsweise gingen die Meinungen auseinander. Wie schon sein Bruder Tiberius fand auch Gaius innerhalb der Stadtmauern den Tod.

## Marius und Sulla

Die Beseitigung der Gracchen brachte keine Lösung der anstehenden Probleme, denn die Proletarisierung der mittleren und unteren Schichten schritt voran und es wurde zunehmend schwierig, Soldaten für die Legionen zu rekrutieren. Im Streit um einen Ausweg aus der verfahrenen Lage bildeten sich zwei antagonistische Gruppierungen heraus. Zahlreiche *nobiles* bestanden auf der Unveränderbarkeit des Status quo, das heißt auf der Beibehaltung der Senatsherrschaft, die ihre Machtausübung garantierte. Sie nannten sich *optimates* (die Besten). Ihre senatorischen Gegner bezeichnete man als *populares*, weil sie mit Hilfe der Volksversammlung Reformen durchsetzen wollten, notfalls gegen den Willen des Senats. Gaius Marius, ein *homo novus*, der mit Hilfe des Ritterstandes und des Volkes das Consulat und die Kriegsführung gegen Jugurtha in Afrika übertragen bekam, wurde durch seine Erfolge zum Symbol der popularen Politik. Die nach ihm benannte Heeresreform veränderte die Struktur der römischen Militärverfassung. Er fing als erster Feldherr an, Proletarier für die Legionen auszuheben. Dies hatte zur Folge, dass sich eine nahe Beziehung zwischen kommandierenden Generälen und den von ihnen abhängigen Truppen entwickelte, für die sie sich als Patrone um eine gesicherte wirtschaftliche Existenz nach der Dienstzeit bemühten, etwa durch Veteranenansiedlungen. Nach skandalösen Bestechungsaffären (Aulus Postumius Albinus: Jugurtha) und Niederlagen römischer Armeen, die von Vertretern der Senatsaristokratie verschuldet worden waren (Gnaeus Servilius Caepio: Arausio, 105 v. Chr.), konnten Marius und die um ihn gescharte populare Gruppierung die seit den Gracchen verloren gegangene politische Initiative wiedererlangen. Das Vehikel dazu boten die sieben von Marius jährlich bekleideten Consulate, die den tüchtigen Feldherrn an die Spitze der Exekutive brachten. In die Annalen Roms ist Marius aber wegen seiner spektakulären Siege über die germanischen Kimbern an der Rhônemündung (102 v. Chr. bei Aquae Sextiae) und Teutonen in Oberitalien (101 v. Chr. bei Vercellae) eingegangen, wofür ihn die dankbare Bevölkerung als „dritten Gründer Roms" feierte. Doch den nach der Beseitigung der Germanenbedrohung neu entfachten innenpolitischen Umtrieben der radikalisierten Popularen (Lucius Appuleius Saturninus, Gaius Servilius Glaucia) und der geschlossen dagegen opponierenden Senatsmehrheit, die sich inzwischen der Unterstützung des Ritterstandes versichert hatte, vermochte Marius nicht standzuhalten. Seine unentschlossene Haltung brachte ihn zu Fall und machte dadurch die Bahn frei für die Wiederherstellung der Senatsherrschaft (100 v. Chr.).

In dieser Zeit des machtpolitischen Ringens zwischen optimatischen und popularen Bestrebungen erschütterte eine Rebellion der Bundesgenossen gegen Rom die italische Halbinsel. Auslöser war der gescheiterte Antrag des Volkstribunen Marcus Livius Drusus, den Italikern das römische Bürgerrecht zu verleihen (91 v. Chr.). Nach einem verlustreichen Krieg versuchten die Römer, mit Konzessionen die aufgeladene Stimmung zu entschärfen. Im Jahr 90 v. Chr. gewährte man den am Aufstand Unbeteiligten das römische Bürgerrecht (*lex Julia de civitate amicis et sociis populi Romani danda*), ein Jahr später dehnte man es auf alle Italiker aus (*lex Plautia-Papiria*). Damit wurde Rom faktisch ein Territorialstaat, der die gesamte italische Halbinsel südlich des Po umfasste.

Die Kämpfe zwischen Optimaten und Popularen loderten nach der Beendigung des Bundesgenossenkrieges wieder auf. Der Volkstribun Publius Sulpicius Rufus nutzte die noch ausstehende Integration der Italiker, um zugunsten der Popularen die gleichmäßige Eingliederung der Neubürger in die 35 Stimmbezirke (Tribus) Roms zu fordern. Lucius Cornelius Sulla, der Consul des Jahres 88 v. Chr., lehnte dies ab und versuchte, die Abstimmung zu verhindern, was ihm jedoch nicht gelang. Sulpicius ergriff die Gelegenheit, um Sulla des designierten Oberbefehls gegen Mithridates zu entheben und diese Aufgabe stattdessen an Marius zu übertragen. Sulla begab sich dann zu dem in Nola versammelten Heer. Hier traf er auf Unterstützung, denn die Soldaten mussten damit rechnen, unter Marius nicht am Feldzug teilnehmen zu können und somit ihren Lebensunterhalt zu verlieren. Es gelang ihm daher, die Truppen für sich einzunehmen. Der Skandal, dass ein Consul gegen Rom zog, konnte nur notdürftig durch legalistische Argumente propagandistisch überdeckt werden. Rom wurde nach kurzem Kampf eingenommen. Marius musste fliehen und Sulpicius wurde getötet. Jetzt zeigte sich aber, dass die sullanischen Truppen die politischen Interessen ihres Befehlshabers nicht vollständig teilten, sondern auf einen schnellen Aufbruch nach Kleinasien drängten. Sulla blieb somit nur kurze Zeit, seine Macht durch Gesetzesänderungen zugunsten des Senats und Festnahmen sowie Hinrichtungen seiner Gegner zu festigen. Die Wahl seines erklärten Gegners Lucius Cornelius Cinna zum Consul des Jahres 87 v. Chr. zeigte, dass diese Machtsicherung nicht von langer Dauer sein konnte.

Als Sulla Rom einnahm und die bewaffnete Macht zur Beseitigung der politischen Gegner einsetzte, erlitt das Herrschaftsgebäude der Nobilität einen tiefen Riss. In einem Staatswesen, das keine Trennung zwischen militärischer und ziviler Gewalt kannte, in dem Politiker Heerführer und Heerführer Politiker waren, stellte der Oberbefehl auf bedeutenden Kriegsschauplätzen von jeher ein Politikum dar. Jetzt wurde er zu einer Existenzfrage der Oligarchie. Der Staatsmann, der erfolgreich mit seinen Legionen Krieg führte, dem die gesamten finanziellen Ressourcen und Klientelbindungen der ihm unterstellten Provinzen zur Verfügung standen, der durch seine Tätigkeit die Herrschaft des römischen Volkes festigte und erweiterte und so einen Beitrag zur *res publica* leistete, konnte nun zu einem Sicherheitsrisiko werden.

Nach Beendigung des Mithridatischen Krieges, der allerdings mehr vertagt als definitiv beigelegt werden konnte, kehrte Sulla an der Spitze seiner Armee nach Italien zurück. Er rechnete mit seinen Gegnern ab, indem er die berüchtigten Proskriptionen erließ, womit missliebige Opponenten kurzerhand eliminiert werden konnten. So wurde er der mächtigste Mann der Republik. Der Senat ernannte ihn zum Dictator ohne Zeitbegrenzung (82 v. Chr.) mit der Aufgabe, das Gemeinwesen neu zu ordnen (*dictator rei publicae constituendae*). Sulla entfaltete eine umfangreiche gesetzgeberische Tätigkeit. Diese als „sullanische Neuordnung" bezeichneten Reformen sind aber in den Quellen nur unzureichend dokumentiert und in ihrer Wirkung meist schon nach einigen Jahren in bedeutenden Einzelmaßnahmen revidiert worden. Sullas Ziel war es, die Herrschaft der optimatischen Senatsgruppe dauerhaft zu sichern. An erster Stelle stand die Einschränkung der Befugnisse der Volkstribunen. Ihr Vetorecht erfuhr eine Beschneidung, ferner wurde ihnen die Bekleidung weiterer Ämter verwehrt. Auch deren Beschlussvorlagen mussten in Zukunft erst dem Senat zur Zustimmung vorgelegt werden. In der Rechtsprechung fand ein Ausbau der sieben ständigen Geschworenengerichte statt, die unter Vorsitz eines Prätors für jeweils eine bestimmte Straftat zuständig waren. Damit wurde die Übergabe dieser Gerichte an die Ritter durch Gaius Gracchus rückgängig gemacht. Die Volksgerichte erwiesen sich somit als überflüssig, was zwar die Effizienz der Gerichtsbarkeit steigerte, aber dem Volk ein wichtiges politisches Recht nahm und den Popularen weiteren politischen Spielraum raubte. Der Senat vermehrte sich um 300 auf 600 Mitglieder. Die neuen Ratsherren kamen aus dem Ritterstand und blieben Sulla verbunden. Ein weiteres Interesse Sullas galt der Neugestaltung der Magistratur, indem die höchsten Amtsträger an Machtfülle verloren und Mindestaltersregelungen sowie Wiederwahlbeschränkungen erlassen wurden. Ihre Zahl erhöhte sich auf zehn: zwei Consuln und acht Prätoren. Erst im Anschluss an dieses ordentliche Amt verwalteten sie als Promagistrate – *pro consule* und *pro praetore* – für ein Jahr die damals zehn Provinzen des Reiches. Durch die Trennung des ordentlichen, zivilen Amtes von der Verwaltung der Provinzen, was die militärische Kommandogewalt einschloss, sollte die Entmilitarisierung Italiens gewährleistet werden. Um auch in den Provinzen gefährliche Machtkonzentrationen einzelner Statthalter zu vermeiden, wurden ferner die Heeresverbände auf alle Promagistrate verteilt.

Mit Sullas Reformen war die republikanische Verfassung im optimatischen Sinne umgestaltet worden, um die brüchige Senatsregierung zu befestigen. Das Paradoxe daran war allerdings, dass der Retter des Systems der traditionellen Adelsherrschaft als Autokrat auftrat und somit zur Nachahmung anregte. Auch lastete der Ruch der Proskriptionen und die überaus unpopuläre Entmachtung des Volkstribunats auf der sullanischen Neuordnung. Wie lange sie Bestand haben würde, hing von der Haltung ihrer Anhänger, den noch vorhandenen Gegnern und vor allem von der weiteren imperialen Entwicklung Roms ab, denn Sulla legte die Diktatur nieder und starb kurz darauf (78 v. Chr.).

# Auflösung der republikanischen Staatsordnung

## Einführung

Die letzten Jahrzehnte der Republik sind gekennzeichnet von einer Kette dynamischer Auseinandersetzungen um die Beherrschung und die Überlebensfähigkeit der *libera res publica*. Ereignisse von höchster Dramatik und Intensität prägen das Bild dieser spannenden Epoche. Nicht zufällig gehören diese Jahre zu den am besten überlieferten Geschichtsabschnitten des Altertums. Sowohl Zeitgenossen (Cicero, Caesar, Sallust, Horaz) als auch spätere Betrachter (Velleius Paterculus, Lukan, Sueton, Plutarch, Appian, Cassius Dio) zeigten sich von der Tragweite der politischen Entwicklungen und der sie maßgeblich bestimmenden Kräfte und Personen beeindruckt, und so verdanken wir diesem Umstand eine reichhaltige Dokumentation der politischen Szenerie dieser Zeit.

Während die vorangegangene Epoche von der Schaffung eines das Mittelmeer umspannenden Weltreiches und der Bewältigung der in seinem Gefolge sich vollziehenden militärischen, ökonomischen und sozialen Umwälzungen beherrscht wurde, weist die Spätphase der Republik eine deutliche Akzentverschiebung auf die Innenpolitik auf. Wenn auch die Neuordnung der Ostgrenze durch Pompeius (66–63 v. Chr.) oder die Eroberung Galliens durch Caesar (58–50 v. Chr.) spektakuläre Errungenschaften darstellten und eine bedeutsame Erweiterung und Festigung des außenpolitischen Handlungsrahmens Roms bewirkten, das Hauptinteresse galt der Frage nach der künftigen Ausgestaltung der republikanischen Regierungsform. Würde sie weiter bestehen können oder den Machtinteressen einzelner Potentaten erliegen? Die Entscheidung darüber erfolgte nach dem längsten und blutigsten Bürgerkrieg der römischen Geschichte (49–31 v. Chr.), der eine tiefe Zäsur zwischen der untergehenden republikanischen Staatsordnung und der sich herausbildenden Principatsherrschaft setzte.

Am Ende dieses langen Prozesses steht eine Umwälzung der politischen Verhältnisse, die von manchen Gelehrten als Revolution (Ronald Syme, Alfred Heuss) charakterisiert worden ist. Im Gegensatz zu den modernen Anschauungen, die auf dem Beispiel der Französischen oder Russischen Revolution beruhen, wo eine neue soziale Schicht (Bürgertum) die bisher herrschende Elite (Monarchie, Adel) ablöste, fand in Rom nichts dergleichen statt. Die Republik ging an der Konkurrenzsituation innerhalb der regierenden Nobilität zugrunde. Daher konnte der Sieger dieses Machtkampfes sich schlecht als Totengräber eines abgewirtschafteten Systems begreifen, vielmehr stilisierte er sich zum Reformer und Bewahrer der überlieferten politischen und gesellschaftlichen Verhältnisse, obwohl faktisch die Monarchie eingeführt wurde.

## Außerordentliche Imperien

Eine der folgenreichsten Entwicklungen der späten römischen Republik war die zum Zwecke der Lösung drängender auswärtiger Konfliktlagen ins Leben gerufene außerordentliche Befehlsgewalt (*imperium extraordinarium*), die zeitlich begrenzt an besonders geeignet erscheinende Mitglieder der Führungsschicht übertragen wurde. Der Prätor Marcus Antonius wurde mit einer solchen Mission betraut, als er im Jahr 74 v. Chr. beträchtliche Machtmittel erhielt, um die Seeräuberplage zu bekämpfen, welche die Versorgung Italiens zu lähmen drohte. Damit war ein Präzedenzfall geschaffen worden, der sich jederzeit aktivieren ließ. Gleichzeitig wurden aber die Begehrlichkeiten der ehrgeizigsten Mitglieder der römischen Führungsschicht geweckt, die in dem Erwerb eines außerordentlichen Imperiums die ersehnte Plattform zur Befriedigung der eigenen Ambitionen erblickten.

Der Prototyp des Inhabers eines außerordentlichen Kommandos wurde jedoch Gnaeus Pompeius (106–48 v. Chr.). Bereits im jugendlichen Alter und als Privatperson beteiligte er sich an den blutigen Machtkämpfen zwischen Optimaten und Popularen auf Seiten Sullas, dem er eine aus eigenem Machtantrieb heraus rekrutierte Armee, die sich aus seinen zahlreichen Klienten zusammensetzte, zur Verfügung stellte. Jahrelang übte er höchste militärische Funktionen aus, ohne zuvor eine ordentliche Magistratur bekleidet zu haben. An der Spitze mehrerer Legionen kämpfte er erfolgreich in Italien, Sizilien und Nordafrika, womit er wesentlich zum Sieg der sullanischen Sache beitrug. Sein militärischer Ruhm wuchs noch mehr, als er mit der Kriegsführung gegen Quintus Sertorius in Hispanien beauftragt wurde. Hier gelang es ihm, den letzten Widerstand der antisullanischen Opposition zu brechen und einen weiteren Sieg zu verbuchen.

Nach Rom zurückgekehrt bekleidete er zusammen mit Marcus Licinius Crassus das Consulat und gelangte damit auf Anhieb an die Spitze der Exekutive (70 v. Chr.). Ihre Position benutzten diese beiden ehemaligen Anhänger Sullas, um dessen unpopulärste Maßnahmen aufzuheben. Dazu gehörten die Wiederherstellung der vom Diktator beschnittenen Befugnisse des Volkstribunats sowie die Aufhebung des Senatsmonopols auf die Besetzung der Gerichte, die nun wieder den Rittern zugänglich gemacht wurden.

Kurz darauf begann eine neue Phase in Pompeius' politischer Laufbahn, die durch die Übertragung außerordentlicher Kommandogewalten bestimmt wurde. Den Anfang machte eine auf Betreiben des Volkstribunen Aulus Gabinius zustande gekommene Beauftragung mit einem Imperium von nie dagewesenem Umfang zur Säuberung des Mittelmeeres von der Seeräuberplage (*lex Gabinia de bello piratico*, 67 v. Chr.). Pompeius erhielt Schiffe, Truppen, Geld und Befugnisse in fast unbeschränktem Ausmaß. Außerdem war sein Imperium dem der Provinzstatthalter übergeordnet. Ebenso spektakulär wie die Größe der Aufgabe war der erzielte Erfolg. Nach wenigen Monaten herrschte auf den Hauptseewegen Ruhe und die Getreideflotten konnten die Häfen Italiens wieder ungestört anlaufen. Angesichts dieser beeindruckenden Leistungsbilanz schien es nur folgerichtig, dass gerade ihm die Lösung der größten Herausforderung der damaligen römischen Außenpolitik zugetraut wurde. Die Rede ist vom Mithridatischen Krieg. Der begabteste Redner Roms, Marcus Tullius Cicero, damals Prätor, hielt in der Volksversammlung ein leidenschaftliches Plädoyer zugunsten von Pompeius' Beauftragung: *Ein schlimmer und gefährlicher Krieg droht euren tributpflichtigen Provinzen und Bundesgenossen von zwei sehr mächtigen Königen, Mithridates und Tigranes, von denen der eine nicht ganz besiegt ist, der andere, aufgereizt, die Gelegenheit zu einem Überfall auf die Provinz Asien gekommen glaubt. Die römischen Ritter, höchst achtbare Leute, deren großes Vermögen gefährdet ist, das sie beim Eintreiben der Steuer für euch anlegten, und die wegen meiner engen Verbindung mit ihrem Stand die Sache des Staates und ihre gefährdeten Interessen mir anvertraut haben, bekommen täglich Briefe aus Asien, dass in Bithynien, jetzt eurer Provinz, mehrere Ortschaften in Flammen aufgingen, dass das Reich des Ariobarzanes, das an euer Steuergebiet angrenzt, ganz in feindlicher Hand sei, dass Lucius Lucullus nach großen Erfolgen den Kriegsschauplatz dort verlasse, dass sein Nachfolger nicht fähig genug sei, um einen so schweren Krieg zu führen, und dass nur ein Mann von allen Verbündeten und Bürgern in diesem Krieg dringend gefordert werde und dass eben dieser eine und sonst keiner von den Feinden gefürchtet sei* (Cicero, De imperio Cn. Pompei 2, 4–5).

Pompeius

Eine Generation lang beschäftigte der König von Pontus die römischen Ostarmeen, die seit Sullas Zeiten sich mit unterschiedlichem Erfolg mit ihm gemessen hatten. Im Jahr 68 v. Chr. schien Mithridates endgültig am Ende. Nach zwei Niederlagen gegen Lucius Licinius Lucullus in Armenien waren seine militärischen Mittel und auch sein politisches Kapital erschöpft. Doch Meutereien im Heer des Lucullus führten zu einem Rückschlag. Da die Legionen weitgehend paralysiert waren, gelang es Mithridates, eine römische Abteilung zu schlagen, sein Reich wieder in Besitz zu nehmen und erneut die römische Stellung in Kleinasien zu erschüttern. Angesichts der verfahrenen Situation in diesem nicht enden wollenden Krieg sollte Gnaeus Pompeius, der nach dem Seeräuberkrieg in Kleinasien überwinterte, die leidige Angelegenheit definitiv lösen. Es wurde eine Erweiterung der dreijährigen unumschränkten Weisungsbefugnis aus dem Seeräuberkrieg um die römischen Ostprovinzen in Aussicht genommen. Deren Statthalter sollten Pompeius untergeordnet werden, der den Oberbefehl über alle römischen Truppen in dieser Region führen sollte. Zwar wurde der Antrag des Manilius (*lex Manilia de imperio Cn. Pompeii*, 66 v.Chr.) von den meisten Senatoren abgelehnt, doch die Volksversammlung stimmte dafür und bei ihr lag die letzte Hoheit.

Pompeius erfüllte die in ihn gesetzten Erwartungen noch im selben Jahr mit einem Sieg über Mithridates am Euphrat. Bei der Verfolgung des Gegners drang sein Heer 65 v.Chr. schließlich bis in den Kaukasus vor und verwehrte Mithridates Raum und Zeit zur Reorganisation. Zwar war die Lage für den pontischen König hoffnungslos, doch er wollte sich nicht ergeben. Sein Sohn Pharnakes versagte ihm die Gefolgschaft – einen anderen Sohn hatte Mithridates zuvor beseitigt – und beteiligte sich an einem Aufstand gegen den Vater. Mithridates erkannte die Aussichtslosigkeit seines Widerstandes und beging Selbstmord (63 v.Chr.).

Pompeius nutzte diesen eindeutigen Sieg zu einer groß angelegten territorialen Neuordnung der gesamten Region, die bis weit über das Ende der Antike hinaus Bestand haben sollte. Das Seleukidenreich wurde noch während des Krieges aufgelöst und in die römische Provinz Syrien umgewandelt, während Judäa nach der Eroberung Jerusalems als Klientelstaat auf das jüdische Kernland beschränkt wurde. Neben Asien wurden nun auch Kilikien, Bithynien und Pontos der direkten Herrschaft Roms unterstellt. Um die neuen Provinzen herum gruppierte sich ferner eine Vielzahl von Klientelstaaten, deren Regenten ihre Machtstellung Pompeius verdankten. Im Osten des Reiches lag nunmehr eine systematische territoriale Ordnung vor, die als Modell für die weitere Umgestaltung des provinzialen Reichsgebiets dienen konnte.

## Pompeius: Die verpasste Chance der Republik?

Pompeius' Aufenthalt im östlichen Mittelmeerraum und seine Neuordnung der geostrategischen Landkarte dieser Weltgegend haben die politische Dynamik der letzten Phase der römischen Republik maßgeblich beeinflusst. Der wie ein neuer Alexander auftretende Pompeius (er gründete Städte, die seinen Namen trugen, setzte Könige ein und ab, errichtete Provinzen) schuf ein neues, den Anforderungen adäquateres System römischer Provinzialverwaltung, das als Vorbild für die Reichsverwaltung der Principatszeit dienen sollte und aus ihm einen übermächtigen Patron des Ostens machte. Rund um die Frage der Annahme oder Ablehnung der pompeianischen Ostpolitik schieden sich die Geister. Eine von Lucius Licinius Lucullus, Quintus Lutatius Catulus, Marcus Calpurnius Bibulus und Marcus Porcius Cato angeführte optimatische Senatsgruppe ging auf Konfrontationskurs mit dem starken Mann der Republik. Diese Frontbildung nutzte der begabte Gaius Julius Caesar, seit 63 v.Chr. Pontifex maximus und aussichtsreicher Kandidat für das Consulat, um Pompeius mit dem einflussreichen Crassus zu versöhnen (ihr gemeinsames Consulat aus dem Jahr 70

v. Chr. hatte mit einer Fehde geendet) und damit ein schlagkräftiges Bündnis zu schmieden, das stärker als die mächtigste Senatsgruppierung sein würde.

Ende der sechziger Jahre standen sich zwei Lager gegenüber. Die optimatisch Gesinnten stellten die Senatsregierung über die Alleingänge militärisch begabter Standesgenossen, auch wenn, wie im Falle des Pompeius, diese dem Staat durchaus Vorteile einbrachten. Gekränkte Eitelkeiten (Lucullus), Rigorismus (Cato), die Sorge um den Fortbestand der herrschenden Oligarchie oder die Angst vor einem allzu großen Protagonismus Einzelner wurden zunehmend zu Maßstäben der optimatischen Politikgestaltung. Auf der anderen Seite erreichte die Sucht nach Befriedigung des eigenen Ehrgeizes einen neuen Höhepunkt.

Es war die Tragödie der späten Republik, dass ihre politische Führung, von wenigen Ausnahmen abgesehen, dieser Gefahr nicht anders zu begegnen wusste als durch eine Politik der Machtverweigerung gegenüber ihren tüchtigsten Mitgliedern. Die Probleme, mit denen der römische Staat konfrontiert war (Aufstände in den Provinzen, Bürgerkriege, Sklavenrevolten, Proletarisierung Roms und Italiens, Wirtschaftskrisen, Piraterie etc.) verlangten eine größere Flexibilität in der Auswahl der Mittel, als dies etwa durch den Einsatz eines mit umfangreichen Vollmachten ausgestatteten Amtsträgers gelegentlich vorkam. Durch die Bewältigung solcher Aufgaben aber drohte der Einzelne eine überragende Macht über seine Standesgenossen im Senat zu erlangen. Beherrscht von Misstrauen gegen jeden, der die aristokratische Gleichheit sprengte, und besessen von der Furcht vor einer Alleinherrschaft, verzichtete die Nobilität eher auf jegliche Krisenbewältigung, als dass sie das Risiko einer Entmachtung durch eines ihrer Mitglieder eingegangen wäre. Sie schien das Vertrauen in die Institutionen und in die Integrationsfähigkeit ihres Herrschaftssystems verloren zu haben.

Bereits der zeitgenössische Politiker und Historiker Asinius Pollio sah in der Absprache (*coitio*) des Jahres 60 v. Chr. (sogenanntes 1. Triumvirat) den Anfang vom Ende der *libera res publica*. Damals kamen drei der politisch einflussreichsten Männer Roms, der ruhmreiche Feldherr Pompeius, der geschickte Taktiker Caesar und Crassus, der vermögendste Mann Roms, überein, die Politik der nächsten Jahre zu gestalten. Vorausgegangen war die Brüskierung des Pompeius durch die Nobilität. Der nach dem Mithridatischen Krieg siegreich aus dem Osten zurückgekehrte Feldherr entließ nach Betreten italischen Bodens seine Kriegsveteranen und begab sich ohne Druckmittel nach Rom in der Hoffnung, vom Senat die Anerkennung für seine ergriffenen Maßnahmen zu erhalten. Pompeius hätte dem Beispiel Sullas folgend sich mit Hilfe seiner Truppen Roms bemächtigen können, wie viele offenbar erwarteten. Doch er tat es nicht. Vielmehr löste er seine Armee auf und streckte damit den republikanischen Institutionen die Hand hin. Aber der Senat reagierte anders als Pompeius erhofft hatte. Weder erkannte er die von Pompeius im Osten getroffenen Anordnungen an, noch bewilligte er die Versorgung von dessen wichtigster Klientel, den Veteranen. Damit wurde die einmalige Chance verspielt, den mächtigen Militärpotentaten in die republikanische Verantwortung zu integrieren. Als dies ein Dezennium später geschah, war es schon zu spät. Die Erfahrungen nach Pompeius' Rückkehr aus dem Osten (62–60 v. Chr.) verdeutlichten, dass der faktische Herrscher über weite Teile des Imperiums in der Stadt Rom nur einer unter vielen Senatoren war, die ihn seine Ohnmacht spüren ließen.

Erbittert über die ihm widerfahrene kleinliche Behandlung schloss sich Pompeius Caesar und Crassus an, die ihm die Unterstützung ihrer Klientelen zusicherten und damit die Aussicht eröffneten, die geplanten Projekte durchzubringen. Damit begann eine Phase des Antagonismus zwischen Pompeius und dem Senat, die ein Jahrzehnt dauern sollte und einen entscheidenden Anteil am Zusammenbruch der Senatsherrschaft hatte. Denn die in der römischen Aristokratie stets vorhandene, seit den Gracchen und Sulla verschärfte Angst vor übermächtigen, mit außerordentlichen Gewalten ausgestatteten Standesgenossen trieb die Nobilität zu einer verhängnisvollen Verweigerungshaltung, die der Entfremdung des Pompeius vom Senat Vorschub leistete. Dadurch nahm der Senat auch Partei und hörte auf, eine unabhängige, über den verschiedenen Interessengruppen stehende Instanz zu sein. Seine traditionelle Schlichtungsfunktion, die seit den Gracchen erste Risse aufwies, wurde in der späten Republik die Ausnahme. Die große Politik spielte sich immer häufiger außerhalb oder gegen den erklärten Willen des Senates ab.

## Eine explosive Karriere: Caesar

Ein sichtbares Ergebnis des „dreiköpfigen Ungeheuers" (Appian, Römische Geschichte II 9,33), wie die Übereinkunft der drei Männer vom Jahre 60 v. Chr. bezeichnet wurde, war der gegen den erbitterten Widerstand der optimatisch gesinnten Senatsnobilität erkämpfte Sieg Caesars bei den Consulatswahlen für das Jahr 59 v. Chr. Sein Consulat bildete das erwünschte legale Vehikel zur Durchsetzung der ein Jahr zuvor beschlossenen Maßnahmen. Doch bald erhielt Caesars Amtsführung durch seine Persönlichkeit und außergewöhnliche Dynamik eine besondere Sprengkraft, welche die inzwischen verwandelten Machtverhältnisse im Staate offenbarte. Die caesarischen Gesetzesinitiativen brachten neue Akzentverschiebungen in der politischen Kultur der späten Republik. War es ungewöhnlich, dass ein amtierender Consul ein Ackergesetz (*lex agraria*) zwecks Ansiedlung der pompeianischen Veteranen beantragte, eine Materie, die üblicherweise zum Repertoire der Volkstribunen gehörte, so stellte die Art und Weise, wie diese Gesetzesanträge durchgesetzt wurden, eine Provokation des Senates dar. Die Missachtung des Consulatskollegen Bibulus, der zum Statisten degradiert wurde, bedeutete die Schwächung des optimatischen Machtkartells und kam einer Aushöhlung der Senatsherrschaft gleich. Rachegelüste kennzeichneten die Stimmung der um Cato und Bibulus gescharten Kreise, für die eine Abrechnung mit Caesar ein fester Bestandteil ihrer politischen Selbstbehauptung wurde.

Zur Absicherung seiner Machtstellung einerseits und zur Immunisierung seiner Person gegen die zu erwartende gerichtliche Verfolgung durch seine Gegner andererseits hatte Caesar es nicht versäumt, sich während seines Consulats mit Hilfe seiner Verbündeten Pompeius und Crassus eine große Statthalterschaft, die Gallia Narbonensis, Gallia Cisalpina und Illyricum umfasste, zunächst auf fünf Jahre (ab 55 v.Chr. wurde sie um weitere fünf Jahre verlängert) übertragen zu lassen. Damit bekamen die drei Männer ein wirksames Druckmittel zur Einschüchterung ihrer Gegner in die Hand, da Caesars südlichster Amtssprengel (Gallia Cisalpina) das Einfallstor nach Italien bildete. Doch obwohl im Jahre 58 v.Chr. Pompeius, Caesar und Crassus die gesteckten Ziele erreicht hatten und ihre gemeinsame Macht den stärksten Faktor in der römischen Politik darstellte, war ihre künftige Zusammenarbeit nicht unproblematisch. In dem Maße, wie sie durch ihr sorgfältig abgestimmtes Verhalten sich gegenseitig immer größere Vorteile verschaffen konnten, reduzierte sich die gemeinsame Basis ihres Zweckbündnisses, denn die jeweilige Machtzunahme verlief nicht gleichmäßig und verursachte so ein Ungleichgewicht in der Allianz. So musste Caesars gallisches Imperium mit seinen vielfältigen Machtmöglichkeiten langfristig Pompeius misstrauisch machen. Um mit Caesar und Pompeius gleichzuziehen, versuchte auch Crassus Mitte der fünfziger Jahre durch die Übertragung eines Oberkommandos in Syrien, einen Ausgleich gegenüber Caesar, vor allem aber gegenüber Pompeius zu erhalten, der durch seine Ressourcen, seine Klientelen und Veteranen die stadtrömische Politik weitgehend kontrollierte. Noch überdeckte das gemeinsame Band die Rivalitäten – zumal die zwar im Augenblick entmachtete, langfristig jedoch keineswegs ausgeschaltete optimatische Senatsfaktion eine latente Gefahr darstellte. Die nächsten Maßnahmen galten deshalb den Häuptern dieser Gruppe. Erst mit der Verbannung Ciceros und der Entfernung Catos aus Rom konnte die politische Bühne Roms von den drei Männern ungestört beherrscht werden. Daran änderte die baldige Rückkehr Ciceros nach Rom nichts, wo er mehr als Beobachter denn als Akteur agierte. Seine umfangreiche Korrespondenz vermittelt Einblicke in die bewegte politische Szenerie. Hier ein Beispiel aus dem Jahr 54 v.Chr.: *Der Wahlkampf ist auf dem Siedepunkt angelangt (...). Memmius hat Caesars ganzen Einfluss hinter sich. Zwischen ihm und Domitius haben die Consuln ein Wahlkartell gebildet; unter welchen Bedingungen, mag ich dem Papier nicht anvertrauen. Pompeius ist empört, jammert, setzt sich für Scaurus ein, ob ernstlich oder nur zum Schein, weiß man nicht recht; führend ist keiner. Das Geld macht sie alle gleich würdig. Messalla ist schlapp, nicht etwa, weil es ihm an Mut oder Freunden fehlt; aber das Komplott der Consuln sowie Pompeius sind ihm im Wege. Wahrscheinlich kommt es zu einer Verschleppung der Wahlen* (Cicero, Briefe an Atticus IV 18, 7).

Die fünfziger Jahre standen im Zeichen der Fehden zwischen Clodius, Milo, Pompeius und anderen sowie der gallischen Ereignisse, in deren Verlauf Caesar bemerkenswerte Energien entfaltete und der römischen Welt ein politisch und wirtschaftlich äußerst attraktives Betätigungsfeld erschloss, das beträchtliche Zukunftsperspek-

Caesar: Silberdenar aus dem Jahr 43 v. Chr.

tiven eröffnete. So sehr die gallischen Eroberungen dem Staat zugute kamen, da eine neue Ländermasse die römischen Besitzungen vermehrte, so wichtig war auch der persönliche Machtzuwachs, den der umtriebige Feldherr aus seinen Siegen zog. Drei Vorteile erwuchsen ihm aus seinem erfolgreich geführten gallischen Kommando: Geld, Prestige und Soldaten. Mit dem letzten und wichtigsten Faktor legte Caesar den Grundstein für seine spätere Macht. Durch Geld vermochte er die römische Tagespolitik zu beeinflussen und in seinem Sinne zu lenken, und so verwandelte sich der notorische Schuldenmacher zum größten Gläubiger der römischen Aristokratie. Schließlich konnte Caesar durch seinen Prestigegewinn, der auf seinen spektakulären militärischen Leistungen (*res gestae*) beruhte und an den ihm zugestandenen Dankfesten ablesbar ist, Ansprüche auf Wahrung seiner Würde (*dignitas*) ableiten, was zur Kardinalfrage seiner weiteren politischen Existenz werden sollte.

Nach dem Tod des Crassus, der im Jahr 53 v. Chr. bei Carrhae gegen die Parther gefallen war, lockerte sich die Allianz zwischen Pompeius und Caesar. Einige Zeit danach zerbrach sie vollends. Vorausgegangen war Julias Tod, Caesars Tochter und Gattin des Pompeius, die ein wertvolles Pfand für den Bestand des Bündnisses gewesen war. Pompeius verständigte sich nun mit der optimatischen Gruppe um Cato, Bibulus und Metellus Scipio, die den Senat dominierte, und isolierte so den in Gallien operierenden Caesar. Als Gegengewicht zu Caesar erhielt Pompeius ein bedeutendes militärisches Kommando in Hispanien. Gegen alles Herkommen blieb er in der Nähe Roms, um so sein Gewicht an der Schaltstelle der Macht besser geltend machen zu können. Die ihm übertragene Provinz ließ er durch Legaten verwalten, was rückblickend betrachtet einen Vorgriff auf die sich unter Augustus durchsetzende kaiserliche Provinzverwaltung darstellte. Damit entstand für Caesar eine prekäre Lage. Gelang es ihm nicht, sich mit Pompeius auszusöhnen, so waren seine weiteren politischen Pläne, etwa sein zweites Consulat, in Frage gestellt und seine politische Karriere gefährdet. Wenn dies also fehlschlug, würde Caesar künftig auf sich allein gestellt sein. Wollte er trotzdem seine Ansprüche auf eine leitende Stellung im Staat aufrechterhalten, was ihm aufgrund seiner Leistungen nur allzu gerechtfertigt erschien, musste er alle Hilfsmittel, die ihm aus seiner gallischen Statthalterschaft zur Verfügung standen, mobilisieren. In diesem Sinne ist seine fieberhafte Tätigkeit in seinen Provinzen nach der Niederschlagung des Vercingetorixaufstandes zu verstehen, welche die vorläufige Unterwerfung Galliens bedeutete (51 v. Chr.).

## Der Bürgerkrieg

Die Aushebung weiterer Legionen diente Caesar zum Ausbau seiner Machtbasis. Damit machte er deutlich, dass er bereit war, notfalls seine Ansprüche auf das zweite Consulat mit Gewalt durchzusetzen. Der Bürgerkrieg lag in der Luft. Der sich in aller Stille auf jede Eventualität vorbereitende Caesar – beträchtliche Truppenkontingente wurden in der Gallia Cisalpina zusammengezogen – entfaltete vor der römischen Öffentlichkeit eine publikumswirksame diplomatische Offensive, die von seinen Agenten (Gaius Scribonius Curio, Marcus Antonius) im Senat lanciert wurde. Seine Strategie der Kriegsverhinderung befolgte er gleichwohl aus einer Position der Stärke heraus, und ein Eingehen auf die Vermittlungsvorschläge wäre einer Kapitulation seiner Gegner gleichgekommen. So kam die Eröffnung der Feindseligkeiten von jener um Cato versammelten Gruppe, die Pompeius in ihren Bann gezogen hatte und auf den Krieg gänzlich unvorbereitet war.

Caesars Übergang über den Rubicon als Antwort auf das von seinen Gegnern veranlasste *senatus consultum ultimum*, eine Tat, die den Bürgerkrieg einleitete, war nicht überraschend. In einer Rede vor seinen Soldaten begründete Caesar seine zum Krieg entschlossene Haltung mit der Missachtung seiner Würde (*dignitas*) durch seine politischen Widersacher: *(Caesar) erinnerte an alles Unrecht, das ihm seine Feinde zugefügt, und beklagte, dass sie Pompeius verdorben und vom rechten Weg abgebracht hätten (...). Er schloss mit der eindringlichen Aufforderung an seine Soldaten, den guten Ruf und das öffentliche Ansehen ihres Feldherrn gegen seine Feinde zu verteidigen, ihres Feldherrn, unter dessen Führung sie in neun Jahren dem Wohl des Staates mit dem größten Erfolg gedient, eine Unzahl von Siegen erfochten und ganz Gallien und Germanien befriedet hätten* (Caesar, Der Bürgerkrieg I 7).

Dass seine Soldaten der Aufforderung zur Wahrung der *dignitas* ihres Feldherrn bedingungslos folgten, liegt in jenem engen Klientelverhältnis der caesarischen Legionen zu ihrem Patron begründet, das zehn Jahre lang gepflegt und ausgebaut worden war. Es zeigt aber auch, wie hoch die Loyalität gegenüber dem jeweiligen Feldherrn im Kurs stand und wie gering demgegenüber die Bindung an den Staat wog. Die Anziehungskraft der *res publica* hatte seit den Gracchen an Intensität verloren. Für viele war sie zum bloßen Begriff herabgesunken. Der Entscheidungskampf um die Herrschaft stand noch bevor. Die turbulente Zeit des Marius, Cinna und Sulla mit all ihren Gewalttaten schien sich zu wiederholen. Ein Unterschied bestand jedoch im Vergleich zur Vergangenheit: Es war sehr fraglich, ob das von mächtigen Potentaten erschütterte Gemeinwesen wieder in die Bahnen der aristokratischen Gleichheit zurückgeführt werden konnte. Caesar oder Pompeius, so lautete nun die Alternative. Die *libera res publica*, traditionell aristokratisch geprägt, steuerte auf eine monarchische Lösung hin. Die Republik ging nicht erst bei Pharsalos unter.

Vier Jahre lang wurde die gesamte Mittelmeerwelt Schauplatz erbitterter Auseinandersetzungen. Zu Beginn des Krieges besetzte Caesar Italien, das von Pompeius eilig geräumt werden musste. In einem Brief, den er auf dem Marsch durch Italien an seine Vertrauten Oppius und Balbus verfasste, formulierte er sein politisches Programm folgendermaßen: *Es freut mich aufrichtig, dass ihr mir mit eurem Schreiben signalisiert, dass ihr mit meinen Maßnahmen bei Corfinium einverstanden seid. Gern befolge ich euern Rat, und das umso lieber, weil ich schon entschlossen war, größte Milde walten zu lassen und mich um eine Versöhnung mit Pompeius zu bemühen. So wollen wir versuchen, ob wir auf diese Weise allgemeine Zuneigung gewinnen und den Sieg zu einem dauerhaften machen können. Alle anderen haben ja infolge ihrer Grausamkeit dem Hass nicht zu entgehen vermocht und ihren Sieg nicht allzu lange aufrechterhalten können, abgesehen von Sulla, den ich nicht nachahmen möchte. Mit Milde und Großmut wollen wir uns sichern; das sei unsere neue Art zu siegen* (Cicero, Briefe an Atticus 9 C).

Pompeius wich in den Osten aus, wo er über große Klientelen verfügte, und versuchte von dort aus, wie einst Sulla, die verloren gegangene Herrschaft über Italien zu gewinnen. Caesar befand sich trotz der Erfolge seines italischen Feldzuges in einer schwierigen Lage. Die in Hispanien stationierten pompeianischen Legionen standen in seinem Rücken, verhinderten so eine unverzügliche Verfolgung des über die Adria entkommenen Pompeius und stellten darüber hinaus eine Bedrohung seiner gallischen Operationsbasis dar. Um der Gefahr einer Umklammerung zu begegnen, begab sich Caesar kurz entschlossen nach Hispanien. Durch seinen Sieg bei Ilerda (49 v. Chr.) nahm er die erste schwierige Hürde. Nachdem die pompeianische Armee in Hispanien besiegt war, verschwand auch die drohende Gefahr eines Zweifrontenkrieges. Danach bahnte sich ein Kampf zwischen der West- und Osthälfte des Reiches an, womit der Bürgerkrieg die Dimension eines antiken Weltkrieges erreichte.

Doch trotz der erzielten Erfolge war die Lage für Caesar keineswegs zufrieden stellend. Seine Gegner kontrollierten die Meere und konnten das Übersetzen der caesarischen Legionen nach Illyrien erschweren sowie dessen Nachschub behindern. Ferner bestand die Gefahr, dass Pompeius Caesars Abwesenheit von Italien nutzen konnte, um dort einzufallen. Vor dieses Dilemma gestellt, setzte Caesar alles auf eine Karte und suchte den schnellen Kampf mit seinen Gegnern jenseits der Adria. Die Entscheidung fiel in Griechenland. Auf dem Schlachtfeld von Pharsalos (48 v. Chr.) in Thessalien behielt Caesar die Oberhand. Das pompeianische Heer löste sich großteils auf. Pompeius wurde wenig später in Ägypten ermordet. Mit Cato wurde im nordafrikanischen Utica abgerechnet (46 v. Chr.). Die letzten Reste des republikanischen Widerstandes konnten schließlich nach erbittertem Ringen bei Munda in Südhispanien aufgerieben werden (45 v. Chr.).

Danach kehrte der Sieger des blutigen Bürgerkrieges nach Rom zurück. Seine Feinde waren geschlagen. Viele waren gefallen, einige verübten Selbstmord, die Mehrzahl wurde vom neuen mächtigen Herrscher Roms begnadigt (*clementia Caesaris*). Caesars Einfluss im Römischen Reich stieg nach der Verleihung der Diktatur auf Lebenszeit ins Unermessliche. Die alte republikanische Staatsform wurde nominell beibehalten. Der Staat aber lag als Beute in den Händen des Siegers. Damit hatte die auf aristokratische Gleichheit gegründete Republik ausgespielt. Die Angstvision der Aristokraten war Wirklichkeit geworden: Einer aus ihrer Mitte hatte sich zum Beherrscher über alle emporgeschwungen. Über die Position Casears im römischen Staat berichtet Sueton (Leben des Caesar 76): *Nicht genug, dass Caesar alle ihm im Übermaß angetragenen Ehren, wie die ständige Wiederwahl zum Consul, die Diktatur auf Lebenszeit, das oberste Sittenwächteramt, dazu den Vornamen Imperator, den Beinamen Vater des Vaterlandes, die Aufstellung seines Standbildes unter den Königen, den Thronsitz in der Orchestra, annahm, er ließ es auch geschehen, dass man ihm Ehrenbeweise dekretierte, die das vernünftige Maß auch der höchsten menschlichen Erhabenheit überstiegen: den goldenen Sessel im Senatsgebäude und im Gerichtshof, einen Götterwagen mit einer Götterlade darauf für seine bei den Circusspielen mit den Götterbildern in Prozession aufgeführte Bildsäule, Tempel, Altäre, Aufstellung seines Bildnisses neben den Götterbildern, einen Platz an der für die Götter bestimmten Festtafel, einen eigenen Priester und eine eigene Klasse von Priestern des Pan und die Benennung eines Monats nach seinem Namen.*

An den Iden (15.) des März 44 v. Chr., drei Tage vor dem geplanten Abmarsch in den Partherfeldzug, führte eine Gruppe von Senatoren einen Anschlag auf den Diktator aus. Ausschlaggebend für den Termin dürfte gewesen sein, dass Caesar auf absehbare Zeit nicht mehr greifbar gewesen wäre. Unter den Verschwörern stachen Marcus Junius Brutus und Decimus Junius Brutus besonders hervor. Sie waren Nachfahren des legendären Consuls Lucius Junius Brutus, der einst den König Tarquinius Superbus aus Rom vertrieben hatte. Marcus Brutus, ein Neffe Catos, hatte im Bürgerkrieg gegen Caesar gekämpft, war aber dennoch gefördert worden, hatte das Proconsulat der Gallia Cisalpina innegehabt und amtierte im Jahr 44 als Prätor. Seine republikanische Streitschrift „Cato" war von Caesar nicht verboten, sondern mit einem „Anticato" literarisch beantwortet worden. Ein prominentes Mitglied der Verschwörung war der Prätor des Jahres 44 v. Chr. Gaius Cassius Longinus, ehemaliger Pompeianer und tüchtiger Feldherr. Decimus Brutus dagegen diente seit dem Gallischen Krieg unter Caesar und stand ihm auch persönlich nahe, da er in Caesars Testament sogar als Miterbe eingesetzt worden war. Die beiden Bruti verkörperten exemplarisch die verschiedenen Strömungen, die sich in der Verschwörung gegen Caesar zusammenfanden: Gestandene Parteigänger Caesars verbanden sich mit Senatoren, die im Bürgerkrieg auf der Gegenseite gefochten hatten und der *clementia Caesaris* Leben und weitere Karriere verdankten. Viele von ihnen sahen ihre Ambitionen auf eigene Gestaltungskompetenz und Machtausübung in den höchsten Staatsämtern durch die Alleinherrschaft Caesars gefährdet und schlossen sich der Verschwörung an. Aus diesen unterschiedlichen Motiven mag der eigentümliche Mangel an Planungen für die Zeit nach dem erfolgreichen Attentat herrühren, den bereits Cicero, der in die Verschwörung nicht eingeweiht war, kommentiert hat (Briefe an Atticus XIV, 21): *Die Tat an den Iden des März wurde mit Mannesmut, aber nach Kinderplan ausgeführt.* Der Hass auf den Diktator Caesar war das verbindende Element.

Caesars Ermordung brachte keineswegs das Ende, sondern lediglich eine Unterbrechung im erbitterten Machtkampf um die Beherrschung des Staates. Der Auftritt seines Großneffen und Erben Gaius Octavius, des späteren Augustus, leitete nicht nur eine neue Epoche der römischen Geschichte ein, sondern auch die Fortsetzung des Bürgerkrieges. Kurz nach seinem Erscheinen in Rom gelang es ihm, durch sein energisches Vorgehen nach der Ermordung seines Adoptivvaters eine steile politische Karriere anzusteuern. Er erhielt Sitz und Stimme im Senat bei den Consularen sowie ein proprätorisches Kommando und leitete damit eine ungewöhnliche Laufbahn ein, die an die Vita des Scipio Africanus oder des Pompeius Magnus erinnerte. Ausgestattet mit dem Namen und dem Ansehen seines verstorbenen und seit dem Jahr 42 v.Chr. vergöttlichten Adoptivvaters, was ihm gewaltige finanzielle Ressourcen eröffnete, eine bedeutende militärische Klientel erschloss und großes Prestige bei der stadtrömischen Bevölkerung verschaffte, begann der junge Caesar, wie er von seinen Anhängern genannt wurde, sein Ringen um die Macht im Staat. Denn Caesars Werk war nach seinem Tod nicht untergegangen. Die Hoffnung der Verschwörer, die republikanische Staatsform würde wiederbelebt werden, erfüllte sich nicht. Weder die stadtrömische Plebs noch die Senatsmehrheit schlossen sich ihnen an. Eine endgültige Entscheidung über diese Frage sollte mit den Waffen herbeigeführt werden. Im Bund mit den ehemaligen Caesarianern Antonius und Lepidus (Bildung eines Triumvirats, 43 v.Chr.) nahm Octavian den Kampf gegen die Caesarmörder Brutus und Cassius auf, nicht ohne vorher die innenpolitische Opposition durch Proskriptionen ausgeschaltet zu haben. Nach der Schlacht bei Philippi (42 v.Chr.), die zum Symbol des Untergangs der römischen Republik geworden ist, teilten die neuen Machthaber das Reich unter sich auf. Während der auf dem Höhepunkt seiner Macht stehende Antonius die Verwaltung des Ostens übernahm, bekam Octavian die wichtigsten Provinzen des Westens, einschließlich Italien, zugesprochen. Dort hielt er sich auf und erfüllte den Auftrag, die Veteranen der Bürgerkriege anzusiedeln, die dadurch seine Klientel vergrößerten, was für die Gestaltung seiner weiteren Zukunft von entscheidender Bedeutung sein sollte. Jahrelang musste sich Octavian mit Sextus Pompeius, dem Sohn des verstorbenen Pompeius Magnus, herumschlagen, der mit seiner Flotte den Krieg weiterführte und die Versorgung Italiens behinderte. Kaum war dieser Gegner ausgeschaltet (36 v.Chr.), verschlechterte sich das Verhältnis zu Antonius. Octavian machte sich zum Verfechter der römischen Tradition und eröffnete eine Propagandaoffensive gegen Antonius, der in der römischen Öffentlichkeit als Lakai der ägyptischen Königin Kleopatra diffamiert wurde. Der lang angekündigte Konflikt entschied sich in der Schlacht bei Actium (31 v.Chr.), als Octavian, gestützt auf die Machtmittel des Westens, Antonius ausschalten konnte. Bedeutete Philippi die endgültige Niederlage der Republik, so bezeichnete Actium den Beginn der Principatsherrschaft und damit die definitive Beilegung eines fast zwanzig Jahre dauernden Bürgerkrieges (49–31 v.Chr.), dessen Ausgang die sozialen, wirtschaftlichen und politischen Verhältnisse der Mittelmeerwelt grundlegend veränderte.

## Republik und Imperium

Die Verwandlung der römischen Republik in eine faktische Monarchie war keine zwangsläufige Entwicklung, sondern Ergebnis eines langen und komplexen Transformationsprozesses, der mit den spezifischen innenpolitischen Realitäten Roms sowie mit dem Verhältnis zwischen Machtzentrale und Peripherie aufs Engste zusammenhing. Da wäre zunächst die Aufweichung der römischen Führungsschicht, die aufgrund von Parteibildungen (Optimaten – Popularen), unversöhnlichen Frontstellungen (Proskriptionen), ungehemmtem Ehrgeiz, Skandalen und übermäßiger Verschuldung ihre Regierungsfähigkeit zunehmend einbüßte. Unmittelbare Konsequenz daraus war eine asymmetrische Machtverlagerung zugunsten weniger Personen und Machtgruppen auf Kosten der Adelssolidarität. Als nachteilig für die Aufrechterhaltung der republikanischen Verwaltungsstrukturen wirkte sich auch die Vergrößerung des Reiches aus. Die territorialen Erwerbungen bildeten eine ungegliederte Masse unterschiedlicher Provinzen, deren Kernzellen die zahllosen tributpflichtigen, freien und verbündeten Städte waren. Eine sachgerechte Verwaltung dieser heterogenen Gebiete überforderte das traditionelle Herrschaftsgefüge Roms, das mit dem Instrumentarium eines Stadtstaates ein das Mittelmeer umspannendes Imperium mehr schlecht als recht regierte. Unmittelbare Folge davon war eine Überdehnung des politischen Systems sowie eine Disproportion der verfügbaren Kräfte, was zu explosiven Machtballungen führte. Die Schaffung enormer Herrschaftsbereiche im Osten (Pompeius) und Westen (Caesar) gab ihren Schöpfern gewaltige Klientelen, Truppenkontingente und materielle Ressourcen in die Hand, deren Potential die auf der Idee und Praxis des aristokratischen Gleichgewichts austarierte Republik aus den Angeln hob. Das immer größer werdende Römische Reich erwies sich aufgrund seiner immanenten Schwerkraft als Totengräber der Republik. Dass zunächst Pompeius, dann Caesar und schließlich Augustus die Phasen des republikanischen Zerfalls beschleunigten, lag somit auch in der Struktur des Imperiums begründet.

# Begründung des Principats

## Einführung

Gewöhnlich wird der monarchische Charakter des Principats durch den Abstand zu den republikanischen Einrichtungen veranschaulicht. Seltener wird jedoch ein nahe liegendes Kriterium bemüht: der Vergleich mit der Genese anderer Monarchien. Die Herrschaft der Achaimeniden oder der Antigoniden resultierte wie die des Augustus aus der Kumulation von Befugnissen. Diesen Fällen ist gemeinsam, dass die jeweilige Machtfülle durch angehäufte Erfolge zustande kam und mittels Monopolisierung von Herrschaftsrechten stabilisiert wurde. Ein Unterschied bleibt augenfällig: Während die nichtrömischen Potentaten als Prinzen geboren wurden und dank ihrer Tatkraft ein vorhandenes Königtum festigen und vererben konnten, wuchs Augustus in einem Gemeinwesen auf, das auf seine Bürgergleichheit stolz war und in dem die Alleinherrschaft als Krebsgeschwür galt. Rom war keine Monarchie, und seine Führungsschicht hielt viel darauf, ihre Entstehung verhindert zu haben. Besonders brisant wurde das Thema, als am Ende der Bürgerkriege Augustus als Sieger hervorging, womit die Basis der auf aristokratischer Gleichheit gegründeten Republik ins Wanken geriet. Daher konstituierte sich die Scheidelinie zwischen Republik und Principat als prekäre Gleichgewichtssituation und als Ergebnis eines Ringens um Herrschaft und Legitimität.

José Ortega y Gasset (Eine Interpretation der Weltgeschichte, 174) gelangte zu einer überraschenden Bewertung der Entstehung des Principats: *Das also ist der Anspruch und der Titel, auf den der Imperator Augustus die Ausübung seiner Macht stützt: die Erschöpfung. Es ist kein legitimer, aber ein wirksamer Titel, es ist eine Dringlichkeit, eine Notwendigkeit. Jemand, wer auch immer es sein mochte, musste die öffentliche Gewalt, die Herrschaft ausüben, um mit der Anarchie aufzuräumen. Es gab in Rom gegen das Jahr 30 nur müde Gleichgültigkeit und Ekel gegenüber jeder Politik, was seinen Ursprung in der übermäßigen, geradezu besessenen Beschäftigung mit der Politik während der vorhergegangenen Zeit hatte; nun sehnte man sich danach, die Politik an irgendjemanden loszuwerden, wer auch immer es sei, um die Freiheit zu haben, sich nicht mit ihr beschäftigen zu müssen. Und hier liegt das Überraschende: Am Ende dieses ganzen Prozesses von tausend Jahren römischer Geschichte ist das Oberhaupt des Staates wieder – irgendjemand.*

So provokativ diese Aussagen sind, ein Körnchen Wahrheit wird man ihnen nicht absprechen können. Mussten denn die leidvollen Erfahrungen der Vergangenheit nicht zu einer Revision des Selbstverständnisses des römischen Staates führen?

Dennoch vernachlässigt eine Betrachtungsweise, die bemüht ist, die Entstehung der Monarchie als Endpunkt eines Prozesses zu begreifen, wesentliche Facetten der Principatsherrschaft als Nahtstelle eines politischen Umbruches. Ihre Bausteine lassen sich aus der Wechselwirkung zwischen Person und Situation begreifen. Anders ausgedrückt: Welche Motive bewirkten, dass Augustus – und kein anderer – das mit seiner Biographie untrennbar verwobene Principat ins Leben rief und vor allem, wie gelang ihm dies?

## Das Phänomen Augustus

Als widersprüchlich erscheint das Stadtbild in der ausgehenden Republik. Es bildete die Kluft zwischen der traditionellen Zurückhaltung und der hellenistisch beeinflussten Überhöhung des Individuums ab. In der prunkvollen Selbstinszenierung geltungsbedürftiger Aristokraten, in der Vertiefung der Kontraste zwischen dem Reichtum der Oberschicht und der Armut der Masse, in der teilweise bis ins Lächerliche gehenden Selbstsucht Einzelner werden die Bruchstellen sichtbar, welche die vorherrschende Staatsideologie immer mehr von der gesellschaftlichen Wirklichkeit schied. Die zunehmende politische Disproportion sowie der Verlust der sozialen Symmetrie erweisen sich als Symptome einer tiefen Krise. So bestimmt sich aus dieser Perspektive die augusteische Erneuerung als Prozess der gesellschaftlichen und politischen Integration. Nicht nur den politischen und sozialen, den kultischen und ökonomischen Reformmaßnahmen verdankte der Princeps seine ungewöhnliche und beispiellose Machtstellung. Auch die Künstler und Kulturschaffenden reflektierten und verbreiteten – ohne dass es dazu eines zentral gesteuerten Propagandaministeriums bedurft hätte – die Errungenschaften der neuen Ära. Darüber hinaus gaben sie Anstöße, die neue Stilformen schufen, Geschmacksrichtungen maßgeblich beeinflussten, überhaupt ein neues Empfinden anregten. Sie taten dies so nachhaltig, dass Paul Zanker, um dieses Phänomen mit Blick auf Augustus plakativ zu unterstreichen, von der *Macht der Bilder* spricht.

Gewiss spiegeln nicht nur Monumente, Kunstwerke oder Bilder das Wirken des Princeps wider, dieses manifestierte sich ebenso anhand des für die Gegenwart und Nachwelt gesprochenen und geschriebenen Wortes. Wie nachhaltig die davon ausgehende Wirkung sein kann, bedarf keines Beweises. Ähnlich wie Plato der griechischen Philosophie, Cicero der lateinischen Beredsamkeit, Paulus dem frühen Christentum Grundlage und Gestalt gegeben haben, so lässt sich dies auch auf die uns hier beschäftigende Persönlichkeit übertragen. Der Geburtsname Gaius Octavius wurde von einem System von Namen überlagert, das aus einer Begriffskombination resultierte, *Imperator Caesar Augustus*, die auf die Wurzeln seiner Macht verwies. Der aus dem militärischen Bereich entlehnte Titel eines Imperators sprach die Basis seiner Herrschaft an: den Oberbefehl über die Legionen gepaart mit der Erinnerung an seine Sieghaftigkeit. Mit dem aus der julischen Familie stammenden Cognomen Caesar wurde an eine Dynastie angeknüpft, die mit der Aura der Ehrwürdigkeit und Tradition versehen war, aber auch das Charisma der Gottesnähe (Venus, Divus Julius) ausstrahlte. Die Bezeichnung Augustus schließlich erinnerte an das eigene überragende Leistungsvermögen. In den Worten Imperator Caesar Augustus verdichtete sich die Machtstellung des alle republikanischen Maßstäbe sprengenden Herrschers von Rom. Durch die Kombination der unterschiedlichen Bedeutungsfelder gelang eine erstaunliche Synthese. Sie verdeutlichte einerseits die wesentlichen Grundlagen der neuen Herrschaft (Militär, Dynastie, Religion), vermochte jedoch gleichzeitig positive Assoziationen wachzurufen: An der Spitze des Staates stand nun jemand, der das unbestrittene Oberkommando innehatte, dem die Anhängerschaft Caesars – und das war die bedeutsamste politische Gruppe des Reiches – gehorchte und der erfolgreich die Bürgerkriegssituation beendet hatte. Vom Ergebnis her betrachtet, konnte die Formel Imperator Caesar Augustus somit zum Synonym für Stabilität, Ordnung und Kontinuität werden und dabei die Grausamkeiten und Ungereimtheiten ihrer Genese vergessen machen.

## Octavians Weg zur Macht

Der klassische Vers des Dichters Accius (trag. 203): *Mögen sie mich hassen, wenn sie mich nur fürchten*, erhält im Verlauf der Biographie des Augustus die gegenläufige Bedeutung: „Sie sollen nur Gutes über mich reden, damit sie nicht auf den Gedanken kommen, mich zu fürchten“, so oder ähnlich hätte sich Augustus äußern können. Tatsächlich hat er mit der Lenkung der öffentlichen Meinung seine ungewöhnliche Karriere zementiert. Neben der Mobilisierung unverzichtbarer Ressourcen wie Geld, Soldaten, politische Anhänger und Klienten ist es immer wieder die passende politische Strategie, welche die verschiedenen Stationen seines Aufstiegs begleitete. Dies offenbarte sich bereits zu Beginn seines Wirkens, als er mit einer erstaunlichen Zielstrebigkeit nach der Ermordung Caesars zunächst dessen Namen annahm, danach die Vergöttlichung seines charismatischen Adoptivvaters betrieb, um sich der römischen Öffentlichkeit als dessen politischer Erbe zu empfehlen. Vorausgegangen war ein ungewöhnlicher Kraftakt: Er warb unter den Veteranen Caesars ein Heer an und marschierte nach Rom, ohne von irgendeiner staatlichen Stelle dazu beauftragt worden zu sein. Derartige Eigenmächtigkeiten ließen alle aufhorchen. Die Angriffe des Antonius – dieser apostrophierte ihn als einen Knaben, der alles nur seinem Namen verdanke – zeigen uns, dass dieses Manöver seine Gegner irritierte. Wie sehr sich all jene täuschten, die ihn unterschätzten, sollte sich spätestens im Verlauf des Jahres 43 v. Chr. zeigen, als das „enfant terrible“ der römischen Politik die Fronten wechselte und von der senatstreuen Cicerogruppe zu den Caesarianern überlief. Als mitten im Kampf gegen Antonius, den er im Auftrag des Senates führte, die Consuln Hirtius und Pansa (Schlacht bei Mutina) fielen, nutzte Octavian das Machtvakuum, indem er mit Hilfe seiner Armee den verdutzten Senat überrumpelte und sich unter Gewaltandrohung das Consulat verschaffte. Um ein Übergewicht seiner bisherigen Verbündeten zu verhindern – Brutus und Cassius hatten sich mittlerweile in den Besitz der Legionen der Ostprovinzen gebracht –, ließ er die Caesarmörder verurteilen und die Ächtung des Antonius, der bisher als Staatsfeind galt, aufheben. Die Geschlossenheit innerhalb des caesarianischen Lagers wurde durch den Schwenk Octavians zu Antonius gestärkt. Bald darauf schlossen sich ihnen die Militärbefehlshaber der westlichen Provinzen (Gaius Asinius Pollio, Lucius Munatius Plancus, Marcus Aemilius Lepidus) an. Im November des Jahres 43 v.Chr. erhielten – durch Senat und Volk legitimiert – Antonius, Lepidus und Octavian diktatorische Vollmachten. Die Triumvirn erließen daraufhin Proskriptionen zur Unterdrückung der Opposition und bereiteten sich nun vor, mit den Caesarmördern abzurechnen. Diese diametrale Kehrtwende von der Senatspartei zum *Caesarismus* ließ sich sehr einprägsam in zwei Worte einkleiden: Cicero und Rache (*ultio*). Die Attentäter hatten als Losungswort „Cicero" ausgegeben, als sie den Diktator umbrachten. Verband sich nun Octavian mit Antonius unter der Parole „Rache für Caesar", so stand Cicero im Weg. Die glänzendste Stimme Roms wurde das prominenteste Opfer der Justizmorde der Triumvirn, die mit dem Schwert in der Hand Rache an ihren Gegnern übten.

Im Herbst des Jahres 42 v.Chr. erlangten die Caesarianer nach der siegreichen Schlacht bei Philippi, die von Antonius geschlagen wurde und bei der Octavian als Randfigur agierte, ein erdrückendes Übergewicht. Danach war Antonius der führende Mann des Reiches, dem die Aufgabe zufiel, die Ostprovinzen zu verwalten. Die bald nach Philippi geprägten Concordia-Münzen deuten auf eine politische Neuorientierung hin. Nachdem durch die Rache an den Caesarmördern der *pietas* Genüge getan worden war, konnte die Neuordnung des Staates angegangen werden. Der Rachegedanke war nach der Errichtung des Triumvirats ein wirksamer Slogan gewesen, um die starke Anhängerschaft des verstorbenen Caesar zu mobilisieren. Octavian hat sich dieses Motivs später bedient und es geschickt ausgeschlachtet, es allerdings mit anderen Ereignissen in Verbindung gebracht. In dem vor der Schlacht bei Philippi gelobten Tempel für den rächenden Mars (*Mars Ultor*), der zusammen mit dem Augustusforum nach einer langen Bauzeit erst 2 v.Chr. fertig gestellt wurde, ist es steinerne Wirklichkeit geworden. Ovid, der die Einweihungsfeierlichkeiten in seinen „Fasten" festgehalten hat, berichtet über eine weitere Komponente des Beinamens Ultor (Rächer): Augustus gelang es im Jahre 20 v.Chr. nach langwierigen Verhandlungen, von den Parthern die Feldzeichen zurückzubekommen, die der unglückliche Feldherr Marcus Licinius Crassus im Jahr 53 v.Chr. in der Schlacht bei Carrhae verloren hatte. Dieser Vorgang wurde, nachdem die erhaltenen Feldzeichen in dem Tempel des Mars Ultor feierlich deponiert worden waren, von der augusteischen Propaganda als Beweis für die römische Weltgeltung hochstilisiert und als Rache uminterpretiert. Dadurch erhielt der Beiname des Gottes eine zweite, aktuelle und Augustus sicher genehmere Lesart. Am Orte der Erinnerung an eine der blutigsten Schlachten des Bürgerkrieges, der tausende von römischen Bürgern das Leben gekostet hatte und der von Augustus mit verursacht worden war, sollte nun die Erinnerung an einen außenpolitischen Erfolg haften.

Dass Augustus ein handfestes Interesse hatte, die mit dem Reizwort Rache für Caesar verbundenen Ereignisse vergessen zu lassen, belegen die Ereignisse von Perugia, als er sich mit Antonius um die Kontrolle Italiens stritt und die Ratsherren der altehrwürdigen Stadt kaltblütig ermorden ließ (40 v. Chr.). Laut Sueton (Leben des Augustus 15) soll er damals geäußert haben: *Es muss gestorben werden.* Selbst in der leidgeprüften Bürgerkriegszeit galten derartige Vorkommnisse als Gipfel der Perfidie. Wie ist es Octavian angesichts solcher Gräueltaten gelungen, der öffentlichen Meinung zu beweisen, dass er kein machtbesessener „gewöhnlicher Terrorist" war, wie ihn Jochen Bleicken bezeichnet hat, sondern ein Staatsmann, dem das Wohl der Allgemeinheit ebenso viel bedeutete wie die eigene Karriere? Die Antwort kann nur lauten: durch eine unermüdliche propagandistische Kleinarbeit, die das Ziel verfolgte, Unerfreuliches zu kaschieren und im Gegenzug Erfolge einzuhämmern. Die Schrecken der Bürgerkriegszeit abzuschwächen, war sein Anliegen. Wie sehr man sich in Rom den Frieden herbeisehnte, lässt sich anhand eines um 40 v. Chr. abgefassten Gedichtes ermessen, in dem Horaz (16. Epode 1–14) die Folgen des inneren Zwistes in den dunkelsten Farben ausmalte: *Das zweite Menschenalter schon reibt sich auf in Bürgerkriegen, und durch seine eigenen Kräfte kommt Rom zu Fall. (Die Stadt), die weder die benachbarten Marser zu vernichten vermochten, oder die Etruskerschar des drohenden Porsenna, noch, wettstreitend, Capuas Tapferkeit, noch der blutige Spartacus, noch der treulos auf Umsturz sinnende Allobroger, sie, welche auch das wilde Germanien mit seiner blauäugigen Jugend nicht bezwang und der von unseren Vorfahren verfluchte Hannibal: Sie werden wir, ruchloses Geschlecht verfluchten Blutes, wir selbst zugrunde richten, und wilde Tiere werden wieder den Boden (der Stadt) in Besitz nehmen; der Barbar wird, weh!, auf ihren Aschenresten siegreich seinen Fuß setzen und über ihren Grund hoch zu Ross donnernden Hufschlags galoppieren.*

Die Beeinflussung der öffentlichen Meinung erreichte vor der alles entscheidenden Schlacht bei Actium 31 v. Chr. ihren Höhepunkt. Die skrupellose Veröffentlichung eines privaten Schriftstückes, des Testaments des Antonius, und die chauvinistische Ausdeutung seines Wortlautes lieferten die Stichwörter, aus denen Feindbilder geschaffen wurden. Wie die octavianische Propaganda Antonius verzeichnete, ist bei Cassius Dio (50, 5) nachzulesen: *Die Frau (Kleopatra) hatte ihn (Antonius) so gefügig gemacht, dass sie ihn veranlasste, selbst die Rolle eines Gymnasiarchen bei den Alexandrinern zu übernehmen. Sie erhielt von ihm den Titel Königin und Herrin, bekam eine römische Leibwache und die Soldaten schrieben Kleopatras Namen auf ihre Schilde (...). Sie ließ sich in einer Sänfte tragen, während Antonius sie zu Fuß zusammen mit ihren Eunuchen begleitete. Sein Hauptquartier nannte er Königspalast, (...) kleidete sich auf eine Art, die den römischen Sitten widersprach (...), man musste den Eindruck gewinnen, dass er von ihr durch irgendeinen Zauber verhext worden sei.*

Gemäß der offiziellen Version der Ereignisse war der Actische Krieg nicht gegen

Antonius, sondern gegen Kleopatra geführt worden, womit er als auswärtige Unternehmung galt, wie die kurz nach 29 v. Chr. entstandene „Georgica" des Vergil belegt. Dementsprechend charakterisierte Vergil die Auseinandersetzung als Schicksalskampf. Die Götter, der Senat, das Volk und Octavian fochten gegen Antonius und Kleopatra. Als nach der Ausschaltung des Antonius die kampfbetonten Parolen ihre Aktualität einbüßten, wandte man sich moderaten Botschaften zu, die den Wiederaufbau der verwüsteten Länder und die Befestigung des mit dem Schwert gewonnenen Friedens verkündeten. Beabsichtigt wurde damit, die Erinnerung an den hohen Blutzoll, mit dem man den Frieden erkauft hatte, abzuschwächen: *pax* und *securitas* sowie die Verheißung eines *aureum saeculum* waren die zentralen Begriffe, daneben gesellte sich die *concordia* (Versöhnung). Allerdings sollte sich die *clementia* (Milde) des Augustus von der seines Adoptivvaters unterscheiden, da diese vielfach als Herrscherattitüde empfunden worden war. Auf die Betonung seiner republikanischen Grundsätze legte Octavian größten Wert. Dies kam in der inszenierten Senatssitzung vom 16. Januar 27 v. Chr. zum Ausdruck, als er dem Senat und Volk von Rom seine bisherigen Machtbefugnisse zurückgab. Im Gegenzug wurde er durch die Übertragung des proconsularischen Imperiums und die Verleihung des Namens Augustus aufgefordert, die Leitung der Staatsgeschäfte wahrzunehmen. Von nun an mehrten sich die Beschlüsse, die seine Machtstellung erhöhten, die durch einen gefügigen Senat und eine kontrollierte Volksversammlung bestätigt wurden: häufige Bekleidung des Consulats, volle *tribunicia potestas* und *imperium proconsulare maius* 23 v. Chr., *cura annonae* 22 v. Chr., *pontifex maximus* 12 v. Chr., *pater patriae* 2 v. Chr. Niemals zuvor hatte eine derartige Kumulation von Macht in einer Person stattgefunden.

## Zur Ideologie des Principats

Augustus' Tatenbericht (*Res gestae*) ist für das Selbstverständnis des Principats von zentraler Bedeutung, weil darin das latente Spannungsverhältnis zwischen republikanischen Ansprüchen und faktischer Alleinherrschaft, welches das politische Leben nach Actium beherrschte, zum Ausdruck kommt. Bereits der erste Satz drückt dies aus: *Im Alter von neunzehn Jahren habe ich als Privatmann aus eigenem Entschluss und aus eigenen Mitteln ein Heer aufgestellt, mit dessen Hilfe ich den durch die Willkürherrschaft einer bestimmten Gruppe versklavten Staat befreite.*

Bemerkenswert ist weniger, dass der Verfasser das persönliche Profil so ungebührlich herauskehrte, sondern der sich ankündigende Stilwandel. Man könnte in einer solchen Formulierung einen Hauch von Selbstgefälligkeit erkennen. Doch stellt die Altersangabe nicht nur einen Bezug zu dessen außergewöhnlicher Tat her, sondern sie vermittelte gleichzeitig eine mit dem Lebensalter des Augustus verwobene Datierungsangabe. Die Regel, dies durch Erwähnung der eponymen Consuln zu tun, wurde hier durchbrochen. Ferner erscheint der Gleichklang am Anfang und am

Schluss des Textes mit Vorbedacht gewählt: Augustus' Lebenslauf wurde zur Epoche stilisiert. Deren Grenzen ergeben sich durch die Datierungsangaben an den Polen der *res gestae.* Dass der Anfang und das bald bevorstehende Ende seines politischen Wirkens (zum Zeitpunkt der Redaktion des Textes war er 76 Jahre alt) in einer Zählweise angegeben wird, die von seiner Geburt aus rechnete, war bezeichnend. Nicht die Geschicke des Staates bestimmten und absorbierten die Lebensläufe seiner Bürger, sondern die *res gestae* des ersten Bürgers waren es, die den Bezugspunkt setzten und die Richtung angaben, innerhalb deren sich das Schicksal der *res publica* erfüllte. Davon zeugen die eingestreuten Possessivpronomina: unter meinem Kommando, unter meinen Auspizien, in meinem Auftrag, aus meinem Machtbereich, aufgrund meiner Kompetenzen usw. Sie verdeutlichten jedem Leser, in welchem Verhältnis Augustus zum Staat stand.

Anlässlich seiner Tätigkeit als Friedensstifter rühmte sich Augustus: *Den Tempel des Janus Quirinus, der nach dem Willen unserer Vorfahren geschlossen werden sollte, wenn im ganzen Herrschaftsbereich des römischen Volkes, zu Wasser und zu Lande ein durch Siege gefestigter Friede eingekehrt sei – was nach der Überlieferung vor meiner Geburt, seit der Gründung der Stadt, überhaupt nur zweimal der Fall gewesen sein soll – diesen Tempel hat nun der Senat unter meiner Regierung dreimal zu schließen angeordnet* (Augustus, Res gestae 13). Erneut begegnet uns ein Verweis auf seine Geburt, die hier in Beziehung gesetzt ist zum Anfang der römischen Geschichte und als Epochengrenze dient. Dass ein im Bewusstsein dieser kriegserfüllten Zeit so sensibles Thema wie der Friede mit diesem Hinweis periodisiert wurde, machte aus seiner Biographie eine Größe sui generis. Horaz und Vergil haben die Schließung des Janustempels im Jahre 13 v.Chr. gebührend gefeiert. Die „Aeneis" zeigt uns, wie Zeitgeschichte – und die war hier gleichbedeutend mit den Taten des Augustus – mit der mythischen Vergangenheit in Verbindung gebracht und dadurch verklärt wird. Sinnfälliger hätte man kaum die Folgen der eigenen politischen Wirksamkeit in den Fluss des Geschichtsverlaufs einordnen können. Die daraus resultierende Einschätzung des eigenen Werdegangs als historische Determinante sprengte das überlieferte Selbstverständnis der Adelsrepublik an einer neuralgischen Stelle.

Dass offensichtlich niemand Anstoß an solchen Formulierungen genommen hat, ist ein Indiz dafür, wie sehr monarchische Denkweisen begannen, sich im Alltag durchzusetzen. Nimmt man aber an, dass selbst hinter solchen Sätzen die geschickte Regie des Augustus stand, so wäre dies ein Hinweis dafür, mit welcher Akribie der Wandel zur Autokratie vorbereitet wurde. Es fällt auf, welch großen Raum die Verbeugungen gegenüber den republikanischen Institutionen in den „Res gestae" einnehmen. Häufig entbot er dem Senat seine Reverenz, indem er sich als getreuer Erfüller seines Willens darstellte oder Volksbeschlüsse geflissentlich ausführte. Er wollte als pflichtgetreuer Amtsträger gesehen werden, um so vergessen zu machen, dass er den Staat wie seine eigene Landparzelle bestellte. Dies ist der Grund dafür, dass die Gegenüberstellung des republikanischen Bekenntnischarakters der Schrift mit den

Stellen, an denen sich monarchisches Selbstbewusstsein Bahn bricht, ein Spannungsverhältnis offenbart, das die politische Brisanz der neuen Herrschaft verdeutlicht. Das Monarchische dominierte, und dies nahmen die Zeitgenossen mehr oder minder widerwillig zur Kenntnis. Man fügte sich ins Unvermeidliche, würdigte durchaus die Vorteile der Principatsregierung, vergaß aber deren Schattenseiten nicht.

In diesem Zusammenhang kam dem Jahr 27 v. Chr. Bedeutung zu. Mit der großen Geste der Rückgabe der *res publica* an Senat und Volk von Rom ermöglichte der Princeps der römischen Aristokratie die Mitarbeit am neuen Staat. Ab diesem Zeitpunkt ließ sich eine wichtige Änderung beobachten. Der Princeps legte sich große Zurückhaltung auf, hörte bald auf, seine Person und seine Taten durch Bauten und Worte zu verherrlichen und überließ dies nun anderen: dem Senat, den Städten und Körperschaften, den Privatleuten. Das auf breiter Ebene vernehmbare Lob des Augustus bildete eine feste Begleiterscheinung der Epoche. Die Macht des Princeps äußerte sich darin, dass die aus fremder Feder stammende Zustimmung zur augusteischen Herrschaft eine breite Öffentlichkeit erreichte und somit das kollektive Bewusstsein beeinflusste, während kritische Stellungnahmen wenig Gehör fanden. Der hohe Blutzoll der Bürgerkriege, der Preis für die augusteischen Ambitionen, geriet in Vergessenheit. Die Segnungen der neuen Friedensordnung wurden dagegen gepriesen und in ständige Erinnerung gerufen. Wie sah die Bilanz aus? Lassen wir Tacitus sprechen, so war die Angst vor neuen Bürgerkriegen stärker als der Drang nach Freiheit. Indem sich die Generationen nach Augustus sein Axiom der Machterhaltung zu Eigen machten, zeigen uns die Ausführungen des Tacitus, wie sehr die Wirkung der augusteischen Gedankengänge über ihren Schöpfer hinaus in Geltung blieb.

Nikolaos von Damaskus (I 1), ein Zeitgenosse des Augustus, äußerte sich über den Princeps folgendermaßen: *Die ganze Menschheit wendet sich voller Ehrfurcht an den Augustus. Die Städte und Provinziallandtage verehren ihn mit Tempeln und Opfern; denn das entspricht seiner Größe. Auf diese Weise danken sie ihm überall für seine Wohltaten.* Eine solche Lobeshymne, die aus dem Munde eines im hellenistischen Osten beheimateten Menschen stammte, war nicht besonders auffällig. Seit Jahrhunderten gehörte es in dieser Weltgegend zum guten Ton, Potentaten zu preisen oder gar kultisch zu verehren. Was im Bewusstsein der Römer als Schmeichelei (*adulatio*) gelten konnte, war im Sprachgebrauch der hellenistischen Kultur über die Hofetikette hinaus Bestandteil der Umgangsformen geworden. Davon unterschied sich die römische Denkwelt grundsätzlich. Zwar waren einzelne *nobiles* in der Republik Gegenstand der Lobpreisung gewesen, aber zum einen blieb sie die Ausnahme, und zum anderen galt diese primär einer mit der Person untrennbar verwobenen denkwürdigen Tat oder Leistung. Zurückhaltung und Hintanstellung der eigenen Individualität zwecks größerer Verherrlichung der Bürgerschaft waren schicklich. Ein Abweichen davon galt als unangemessen und prätentiös. Allerdings waren diese Prinzipien im Verlauf des 1. vorchristlichen Jahrhunderts merklich aufgeweicht worden. Die Betonung der eigenen Verdienste erreichte teilweise groteske Formen. Die Dynamik und

Uneinigkeit der republikanischen Nobilität erzeugten eine Konkurrenzsituation, die es einem Einzelnen auf Dauer enorm erschwerte, sich über alle anderen zu erheben. Eines ihrer auffallendsten Charakteristika war die Redefreiheit, genauer: die Unbefangenheit, mit der die Mitglieder der Führungsschicht miteinander umgingen. Wie schonungslos dies zu geschehen pflegte, belegen zahlreiche Beispiele aus der Spätphase der Republik. Die Freimütigkeit des Umgangstons spiegelte das Selbstbewusstsein einer Gesellschaftsschicht wider, die sich als Trägerin der Rechtsordnung ansah, deren einzelne Glieder sich als prinzipiell gleichberechtigt empfanden und in der sich jeder Einzelne besser dünkte als seine Mitbewerber. Eine solche strukturelle Konkurrenzsituation schuf Konflikte im Übermaß. Die Gerichtsrede, die Invektive, Volks- und Senatsansprachen bildeten die Angriffswaffen, aber auch die Ventile, um Ärger über erlittene Zurücksetzungen oder Freude über errungene Erfolge zu kanalisieren. Die Herabwürdigung des Konkurrenten gehörte ebenso zum Alltag wie die Vergabe von Lob an die eigene Adresse oder an die der Verbündeten. Standesdünkel und Selbstbewusstsein musste man den römischen Senatoren nicht erst einimpfen, die meisten von ihnen besaßen ein Höchstmaß davon. Daraus wird verständlich, mit wie viel Eifersucht jede Überhöhung eines Mitgliedes dieser Elite beobachtet wurde. In der Krisenzeit der Republik stiegen die Empfindlichkeiten noch mehr. Das Postulat, die aristokratische Gleichheit gegenüber den Machtanmaßungen Einzelner zu erhalten, bestimmte weitgehend das politische und soziale Verhalten der Nobilität. Sinnfällig wurde dies an der Rezeption des mitten im Bürgerkrieg von Caesar wohl berechneten Programms der Schonung der Gegner. Die *clementia Caesaris* wurde zum Erkennungszeichen der Autokratie. Caesar hatte sie während des Bürgerkrieges propagiert und zum Prinzip seines politischen Handelns erhoben. Wie die Betroffenen reagierten, zeigt das Schicksal des Cato Uticensis: Von der Gnade des Siegers abhängig zu werden, empfanden manche als Kränkung. Gemessen an den früheren Reden vor römischen Magistraten oder Richtern wirkte der Appell an die Milde des Siegers, wie er in einigen Verteidigungsreden Ciceros vorkommt, die der Consular vor dem im Bürgerkrieg siegreichen Caesar hielt, panegyrisch; die angeschlagene Tonart erinnerte an die Art und Weise, wie man sich gegenüber Monarchen verhielt. Eine einschneidende Beeinträchtigung des freien Wortes begleitete die sich verfestigende Principatsherrschaft. So beklagte sich Tacitus zu Beginn seiner „Annalen", wie die „überhand nehmende Schmeichelei" die talentiertesten Historiker davon abhielt, sich mit der augusteischen Zeit zu befassen. Die Tabuisierung der jüngsten Vergangenheit machte selbst innerhalb des Kaiserhauses nicht Halt. Claudius' Absicht, die Zeit der Bürgerkriege historisch zu behandeln, vereitelten seine Mutter Antonia und seine Großmutter Livia, zwei Exponentinnen der Principatsideologie. Die Senatsdebatte, die nach dem Tod des Augustus stattfand und in deren Verlauf Tiberius die Regierung übertragen wurde, hat Tacitus als Musterfall der *adulatio principis* gestaltet. Die knechtische Atmosphäre des hohen Hauses soll Zeugnis dafür ablegen, dass die Rücksicht auf den Princeps und nicht Sachargumente die zu treffenden Entscheidungen bestimmten.

## Der neue Staat

Ziemlich weit wagten sich die Dichter in der Verherrlichung des Princeps vor. Mehrmals rückte Horaz Augustus in die Nähe der Götter. Trotzdem bildete sich keine Hofdichtung heraus. Als die versprochene *restitutio* der *res publica* nach der Herrschaftskonsolidierung ausblieb, breitete sich bei den meisten Intellektuellen Ernüchterung aus. Die Anerkennung, die Augustus zuteil wurde, entsprach der Überzeugung, dass sein Wirken eine Friedensphase ermöglicht habe, die aber sehr teuer erkauft wurde. Spannungen durchzogen das politische Leben analog zu der im Umgang mit dem Princeps sich einbürgernden Tonart. Auf die Bezeichnung *dominus*, mit der Augustus gelegentlich angeredet worden war, reagierte er empfindlich und verbat sich eine solche Titulierung, weil Sklaven ihre Herren so ansprachen. Ähnlich verhielt sich Tiberius, der denjenigen, die ihn *dominus* nannten, einen scharfen Verweis erteilte.

Dennoch gab es Bereiche, in denen sich die Stimmungslage der monarchischen Realität reibungslos anpasste. So schrieb etwa Vitruv (Arch. Praef. 2, 3) in seinem dem Princeps gewidmeten Prolog des „Traktates über Architektur" (27 v. Chr.): *Nun habe ich bemerkt, dass du dich nicht nur um das allgemeine Wohl und die Stadtverwaltung, sondern auch um die Zweckmäßigkeit der öffentlichen Bauten kümmerst, weil der Staat durch dich nicht nur um Provinzen bereichert wurde, sondern auch um öffentliche Bauten, deren Würde und Großartigkeit der Majestät des Reiches entsprechen. (…) Da ich mich dir wegen dieser Wohltat, die mich zeitlebens von Not befreit, verpflichtet fühle, habe ich begonnen, diese Bücher für dich zu verfassen. Denn ich sah, wie viel du bereits gebaut hast, derzeit baust und wie du dich in Zukunft um die öffentlichen und privaten Bauten kümmern wirst, damit sie von der Größe deiner Taten bei der Nachwelt Zeugnis ablegen.*

Die Zeitgenossen des Augustus erlebten immer wieder die Heraushebung des Princeps über alle anderen Bürger. Besonders die großen Monumentalinschriften zeigten dies jedermann in anschaulicher Weise. Während republikanische Magistrate bei ihren Bauten nur das betreffende Amt nannten, in dessen Ausübung sie die Bautätigkeit veranlassten, finden wir in den Bauinschriften des Augustus neben seinem Namen stets die vollständige Titulatur: Seine Consulate, seine tribunizische Amtsgewalt, seine imperatorischen Akklamationen, sein Oberpontifikat, seine vielfältigen Ehrentitel (etwa: *pater patriae*) wurden pflichtgemäß aufgelistet. Die Funktion einer solchen Mitteilung war nicht, Zeugnis abzulegen für eine bestimmte Tat oder Leistung, die den Urheber mit Stolz erfüllte, sondern dem übermächtigen Herrscher eine Huldigung darzubringen, ähnlich wie man sie den Göttern erwies. Es ist kein Zufall, dass Augustus Gegenstand göttlicher Verehrung auf zahlreichen Inschriften wurde.

Mit der Berufung auf die Sohnschaft des vergöttlichten Gaius Julius Caesar hatte Augustus seine Laufbahn begonnen. Der damit verknüpfte Anspruch auf die Nachfolge Caesars schloss neben der politischen die religiöse Sphäre ein. Die Konstituie-

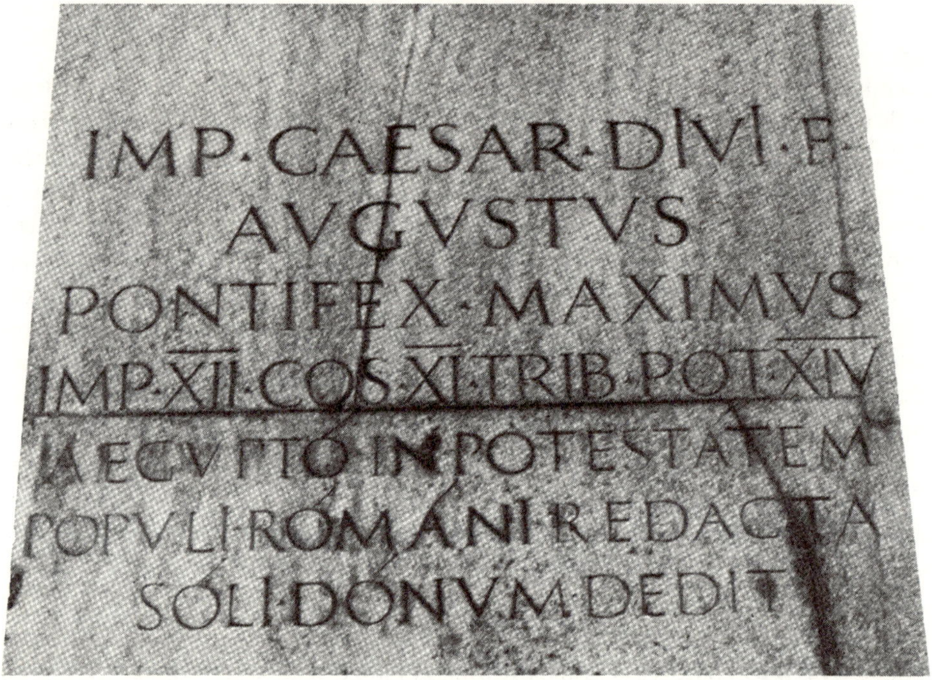

Herrschertitulatur des Augustus:
IMP(erator) CAESAR DIVI F(ilius) I AUGUSTUS I PONTIFEX MAXIMUS I IMP(erator) XII CO(n)S(ul) XI TRIB(unica) POT(estate) XIV I AEGUPTO IN POTESTATEM I POPULI ROMANI REDACTA I SOLI DONUM DEDIT

rung des Principats wurde von einem parallel dazu sich vollziehenden Ausbau seiner priesterlichen Stellung begleitet. Daneben ist auch ein Prozess der kultischen Verehrung des Princeps zu beobachten, der mit der Divinisierung endete. Die Sakralisierung des Augustus begann bereits im Jahre 36 v. Chr., als ihm die *sacrosanctitas* eines Volkstribunen verliehen wurde, was die Unverletzlichkeit seiner Person garantierte. Deren Bedeutung kann nicht hoch genug veranschlagt werden. Die Regierungszeit der Augustus nachfolgenden Principes pflegte man mit der Verleihung der Rechte des Volkstribunats zu datieren. An dieser Stelle lässt sich das Ineinandergreifen von Politik und Kult deutlich fassen. Die *sacrosanctitas* machte die Person des Princeps unantastbar. Das tribunizische Initiativrecht gab dem Staatsmann die Möglichkeit, Politik aktiv zu gestalten. Mit dem Vetorecht vermochte er, all das zu verhindern, was gegen seine Interessen gerichtet war. Soweit wir wissen, musste Augustus nie davon Gebrauch machen.

Bald nach Actium fingen die Provinzen an, den friedensstiftenden Princeps kultisch zu verehren. In Rom selbst hielt man sich mit Ehrungen nicht zurück. Senat und Volk schlossen ihn in ihre Gebete ein, widmeten ihm bei privaten und öffentlichen

Gastmählern Trankspenden und beschlossen ferner, seinen Namen in das altehrwürdige Lied der Priesterschaft der Salier aufzunehmen. Die Einbeziehung des Herrschers in die Fürbitten der verschiedenen religiösen Kollegien – so wie es für die Arvalbrüder bezeugt ist – belegt die fortschreitende kultische Überhöhung des Princeps. Dass Augustus' Platz bei den Göttern war, zeigt sich etwa anhand des von Agrippa gestifteten Pantheon – eines in den hellenistischen Monarchien dem Herrscherkult dienenden Sakralbaus –, wo das Bildnis des Augustus nach der Absicht des Agrippa ursprünglich in die Tempelcella kommen sollte, auf Augustus' Anweisung aber dann neben der Statue des Stifters in der Vorhalle Aufstellung fand. Sehr eindrucksvoll kommt die religiös-sakrale Weihe, die den Princeps umgab, in den ihm gewidmeten Altardedikationen der Ara Pacis Augustae und der Ara Fortunae Reducis zum Ausdruck. In einer Ode, die Horaz zu dieser Zeit abfasste, wurde die Heimkehr des Augustus wie die Epiphanie eines Gottes geschildert. Augustus wurde von vielen Zeitgenossen als Gott verehrt. Im Gegenzug untersagte Augustus Ehrenbezeigungen gegenüber den Statthaltern in den Provinzen. Worte wie „Retter" oder „Gründer", die bislang auf Ehreninschriften für römische Magistrate reichlich vorgekommen waren, verschwanden allmählich. Augustus und die Mitglieder seiner Familie sollten offenbar vor einer Entwertung der ihnen zustehenden Ehrenbezeugungen geschützt werden.

Jahrzehntelang hatte man sich daran gewöhnt, die römischen Schutzgottheiten und den Princeps in einem Zusammenhang zu sehen. Viele Verhaltensformen, die man den Göttern gegenüber an den Tag legte, übertrug man nach und nach auf deren Schützling Augustus, der, ebenso wie die Götter, die Wohlfahrt des Reiches gewährleistete. Aufschlussreich dafür ist eine Notiz, die Sueton (Leben des Augustus 98) aufbewahrt hat: *Als er (Augustus) an der Bucht von Puteoli vorbeisegelte, versammelten sich die Reisenden und Seeleute eines alexandrinischen Schiffes, das gerade eingelaufen war, in weißen Kleidern und mit Kränzen auf dem Deck, brachten Weihrauchopfer dar und riefen Augustus ihre Segenswünsche und Lobpreisungen zu: Nur durch ihn lebten sie, könnten sie zur See fahren, Freiheit und Wohlstand genießen.*

Je länger seine Herrschaft dauerte, umso mehr gerieten die frühen Untaten des Octavian in Vergessenheit. In Erinnerung blieb jedoch die lang andauernde Friedenszeit, die sich positiv von der anarchischen Bürgerkriegszeit abhob. In der öffentlichen Wahrnehmung seines Wirkens korrespondierte der persönliche Machtzuwachs des Princeps mit einer fortschreitenden Stabilisierung der politischen Verhältnisse. Den Verlust an Freiheit (*libertas*) machte der Zugewinn an Sicherheit (*securitas*) wett. Der Princeps musste Sorge tragen, die politischen Verhältnisse zu konsolidieren, mit deren Hilfe er seine Machtposition legitimieren konnte. Dazu diente ihm die Kontrolle des Militärs, das ihm dank seines proconsularischen Kommandos weitgehend unterstand und das er durch Geschenke und Veteranenansiedlungen eng an seine Person binden konnte. Die in den gefährdeten Zonen des Reiches stationierten Legionen erfüllten Aufgaben der Grenzsicherung und konnten als innenpolitischer Ordnungsfaktor eingesetzt werden. Gemessen an dem Einfluss des Augustus auf die römische Armee könnte man seine Herrschaft als Militärmonarchie bezeichnen. Stellt man jedoch die Frage nach den Grundsätzen seiner Regierung, so ist dieser Aspekt nur einer unter vielen, wenn auch ein wichtiger. Will man mit einem Wort die Principatsherrschaft charakterisieren, so ergeben sich Probleme, die weniger in der Semantik heutiger Begriffe, als vielmehr in der Natur der Sache begründet liegen. Augustus' eigene Einschätzung beschreibt die vielschichtige Problematik folgendermaßen: *Ich habe an persönlichem Einfluss (auctoritas) alle übertroffen, an Amtsgewalt (potestas) aber habe ich um nichts mehr besessen als die Übrigen, die in dem jeweiligen Amt mir Kollegen gewesen sind* (Res gestae 34). Der Begründer des Principats hob die *auctoritas* als tragendes Moment seiner Herrschaft hervor, unterließ aber zu erwähnen, dass seine überragende Autorität Ergebnis eines historischen Prozesses war, in dessen Verlauf er sich die Schaltstellen der Macht im Staate bereits gesichert hatte. Von daher ist die Anspielung auf die gleichwertige *potestas*, die er mit seinen Amtskollegen teilte, zwar juristisch zutreffend, machtpolitisch aber eine Verdrehung von Ursache und Wirkung. Seine überragende Machtstellung beruhte nämlich auf einer beispiellosen Anhäufung republikanischer Amtsbezeichnungen und Befugnisse, die in der Verdichtung auf eine Person ihren ursprünglichen Charakter verloren, da sie die Machtmöglichkeiten des Betreffenden bis ins Unendliche steigerten.

## Kontinuität des Principats

Untersucht man die ideologischen Aspekte, die erstmals bei der Eidesleistung der westlichen Provinzen 32 v. Chr. angesichts der bevorstehenden Auseinandersetzung mit Antonius zum Tragen kamen, einen *consensus universorum* begründeten und danach ständig an politischem Gewicht gewannen, so entsprach der verfassungsmäßigen Seite der Principatsherrschaft eine kultische Dimension, die Augustus eine sakrale Weihe verlieh. Der in den Provinzen des Imperiums einsetzende Kaiserkult lag in der Logik dieser Tendenzen und knüpfte an die Traditionen der hellenistischen Monarchien an. Damit wurde der Princeps aus dem Adelskollektiv altrömischer Prägung herausgehoben. Doch weder Augustus noch seine Nachfolger haben jemals den Amtstitel eines Königs geführt. Am Weiterbestand der tradierten republikanischen Einrichtungen, die eine solche Machtstellung ausschlossen, hielten sie fest. Dadurch konnten sie den Vorwurf entkräften, eine Königsherrschaft (*regnum*) errichtet zu haben, die in Rom stets im Ruch einer Tyrannis stand. Dennoch blieb der monarchische Charakter von Augustus' Herrschaft unverkennbar und hier lag das Problem der Kontinuität des Principats. Sie konnte nicht allein durch Verweis auf eine bestimmte Person, sondern musste ebenso durch Bezugnahme auf die politische Sachlage, etwa das übergeordnete Interesse des Staates gerechtfertigt werden. Daher lautete das Argument der Principatsverfechter, dass die Gefährdung der staatlichen und gesellschaftlichen Ordnung die Fortführung der Principatsherrschaft erforderte.

Augustus von Prima Porta

Um der *securitas* Dauer zu verleihen, musste an die Nachfolge gedacht, die Frage nach der Kontinuität des Principats gestellt werden. Dynastiebildung und fortschreitende Sakralisierung des Princeps hingen eng zusammen. Auch diese Vorgänge wurden von dem gezielten Aufbau eines präsumtiven Nachfolgers begleitet. Der Betroffene wurde durch Verleihung der *tribunicia potestas*, durch Adoption in die Familie des Princeps und durch Aufnahme in die vornehmsten Kollegien des römischen Staatskultes in die künftige Aufgabe eingeführt. Der logische Wendepunkt dieses Prozesses war mit der Divinisierung des toten Princeps erreicht, was zugleich den Neuanfang und die Erneuerung des Principats markierte.

Zweifellos hat die außergewöhnliche Persönlichkeit des Augustus entscheidend dazu beigetragen, dass der Übergang der politischen Macht und der sie tragenden Rechtsordnung von der Nobilität auf den Princeps in annehmbaren Formen vor sich ging, welche die republikanische Etikette respektierten, und dass die Entmachteten sich damit einigermaßen abfanden. Mit der Designierung des Tiberius lebte das augusteische Principat weiter. Gemäß der herrschenden Ideologie, wonach das Principat eine Ausnahmesituation und Bürde sei, musste er vom Senat zur Übernahme der Nachfolge aufgefordert werden. Durchaus unbedrängt hatte Tiberius zuvor den prätorianischen Kohorten die Tagesparole ausgegeben und damit unmissverständlich zum Ausdruck gebracht, worauf seine Macht gründete.

Es gehörte zum politischen Stil der Republik, dass erfolgreiche Feldherren ihre Kriegsbeute in Monumente und Tempel investierten, um ihre Leistungen in einen sakralen Kontext zu stellen. Doch die Bauten blieben vergleichsweise bescheiden. Mit Sulla brach sich jedoch ein neuer imperialer Stil Bahn (Fortunatempel in Praeneste), der in der Baupolitik der Kaiser seine endgültige Gestalt fand. Insbesondere Augustus hat erheblich zu dieser Entwicklung beigetragen, indem er Maßstäbe setzte. Er ließ Tempel renovieren und errichtete riesige Anlagen. Die großen noch heute bewunderten Bauten wie das Pantheon, das Colosseum, die Wasserleitungen und Mietshäuser in Ostia oder am Trajansforum, die von der Ingenieurkunst Roms zeugen, stammen aus der Kaiserzeit. Was für die Architektur galt, traf auch auf die Kunst zu. Zwar war die Hauptquelle römischer Plastik schon lange griechisch gewesen, aber weder gab es eine stringente Rezeption noch war die Adaption griechischer Formen unangefochten. Augustus jedoch schuf im Rückgriff auf die Kunst des klassischen Athen ein eigenes imperiales Bildprogramm. In gewisser Weise kann man ihn als Schöpfer der Idee der „Griechischen Klassik“ bezeichnen. Mit dem Ende der Eroberungen sank das Angebot an griechischen Originalen, so dass man sich aufs Nachahmen verlegte. Eigene Leistungen erbrachten die Römer vornehmlich in der Porträtkunst, die auf den ersten Blick realistische Bilder berühmter Persönlichkeiten wiederzugeben scheint, bei genauerem Hinsehen aber hochstilisierte Porträts schuf, um die Dargestellten als Träger römischer Tugend (*virtus*) zu verewigen. Das traf besonders für die Kaiserbilder zu, für die zentral Typen geschaffen wurden, die dann wieder und wieder kopiert wurden, um den Kaiser im Reich bekannt zu machen. Gerne ließ sich der Kaiser als Feldherr darstellen, um an seine Sieghaftigkeit zu erinnern. Unzählige Porträtstatuen schmückten die Städte des Reiches und ließen keinen Zweifel daran, wie die Machtverhältnisse geordnet waren.

Das obige prachtvolle Standbild (der sogenannte Augustus von Prima Porta) befand sich im Landhaus der Livia, Augustus' Frau und Mutter des Tiberius, die vielleicht den Auftrag zu dessen Herstellung erteilt hatte. Die im Mittelpunkt der historischen Darstellung stehende Gestalt (Tiberius?) verstärkt die Wirkung der von Augustus in die Wege geleitete Rückgabe der römischen Feldzeichen, die im Jahr 53 v. Chr. nach der Niederlage des Crassus von den Persern erbeutet worden waren. Durch die Einbettung der Szene in seinen Brustpanzer wird die Tat als Leistung der Dynastie ausgegeben. Damit soll der Betrachter der kunstvoll gestalteten Statue das Charisma des augusteischen Hauses spüren. Nicht von ungefähr wird die majestätische Haltung des Abgebildeten zum Modell für die Herrscherdarstellungen der nachfolgenden Principes.

# Das Kaiserreich im 1. und 2. Jahrhundert

## Einführung

Die zwei Jahrhunderte, die auf die Begründung des augusteischen Principats folgten, erlebten die fortschreitende Integration der von Rom eroberten Anrainerregionen der Mittelmeerwelt zu einem zentral geleiteten, sich ständig ausdehnenden, prosperierenden Weltreich. Diese für die spätere politische, soziale und kulturelle Prägung Europas wirkmächtige Epoche wird durch die Konsolidierung und den Ausbau der städtischen Zivilisation und Kultur, durch die wachsende Romanisierung insbesondere der westlichen Provinzen, die sich dadurch immer mehr einander anglichen, sowie durch die Anpassung der Principatsverfassung an die an der Peripherie des Reiches entstehenden neuen Herausforderungen charakterisiert.

Blickt man auf die politische Geschichte, so sind die sich abwechselnden Herrscherhäuser das auffälligste Merkmal dieser Zeit. Den Anfang machte die julisch-claudische Dynastie (14–68), deren untereinander verwandte Vertreter von den stadtrömischen patrizischen Familien der Julier und Claudier abstammten. Sie waren entweder durch natürliche Familienbande oder durch Adoption mit Augustus beziehungsweise mit seiner Gattin Livia verwandt. Mit den Flaviern (69–98) bestieg die erste außerhalb Roms beheimatete italische Familie den Thron der Caesaren. Danach kamen die sogenannten Adoptivkaiser an die Reihe, die gemäß der vorherrschenden Ideologie nach dem Prinzip der Auswahl der Besten an die Regierung gelangten, das heißt von ihrem jeweiligen Vorgänger durch Adoption in die Herrscherfamilie aufgenommen und damit für die Nachfolge designiert wurden (98–180).

Das frühe und mittlere Kaiserreich wird durch ein weitgehendes Ausbleiben von Bürgerkriegen und durch die Behauptung der Reichsgrenzen gekennzeichnet. Ferner sind die Verbreitung eines einheitlichen Rechtssystems, die Förderung einer staatlichen Wohlfahrtspolitik sowie der Aufschwung der traditionellen Kulte Kennzeichen dieser Epoche. Obwohl das Aufkommen des Christentums zunächst wenig daran ändert, melden sich die ersten Stimmen, die in der neuen Lehre eine Gefahr für das Imperium erblicken.

Ein zivilisatorischer Aufschwung wird in der sogenannten „silbernen Latinität“ im letzten Drittel des 1. und ersten Drittel des 2. Jahrhunderts erreicht (Seneca, Martial, Juvenal, Plinius, Tacitus, Sueton). Die Kultur des Imperiums wird unter den Adoptivkaisern von der intensiven Begegnung griechischer und römischer Intellektueller, dem Miteinander von lateinischer und griechischer Literatur sowie der Blüte der sogenannten Zweiten Sophistik und verschiedener Fachwissenschaften (Medizin: Galen; Geographie, Astronomie, Mathematik: Ptolemaios; Rechtswissenschaft: Gaius) geprägt. Zugleich ist eine bis dahin unerreichte Verbreitung und Popularisierung von Bildungsgut jeder Art unter den wohlhabenden und politisch maßgeblichen Schichten der Reichsbevölkerung erkennbar.

## Von Tiberius zu Domitian

Der Tod des Augustus (14 n. Chr.) hinterließ ein Machtvakuum in der Leitung des Reiches. Alle hatten sich zu sehr an seine Herrschaft gewöhnt, um ernsthaft an eine Wiederherstellung der Republik zu denken. Viele ihrer Verfechter waren in den Bürgerkriegen gefallen. Für die Zeitgenossen war die *libera res publica* nicht viel mehr als ein Begriff, da die meisten sie nicht mehr erlebt hatten, wie Tacitus in der Einleitung seiner „Annalen" bemerkt. Diese vorgegebene Lage und eine sorgfältige Vorbereitung der Herrschaftsübernahme ermöglichten es Tiberius, Augustus' Adoptivsohn, ohne Schwierigkeiten die Nachfolge seines gefeierten Vorgängers anzutreten.

Vergleicht man die Kaiserzeit mit der republikanischen Ära, so fällt zunächst auf, dass sie aufs Ganze gesehen der dramatischen Akzente entbehrte, die vor allem die späte Republik charakterisierten. Die Befindlichkeit des Reiches war im Inneren durch sozialen Frieden und wirtschaftliche Prosperität gekennzeichnet sowie durch Stabilität in der Außenpolitik, die zeitweilig in den Hintergrund trat. Die von der augusteischen Propaganda verkündete *pax Augusta* blieb das Gütezeichen der gesamten Epoche. Die Gemüter erhitzten sich in erster Linie an den Individuen, die sich in der Nachfolge des Augustus abwechselten, deren unterschiedlichen Charaktere und Persönlichkeitsstrukturen den jeweiligen Regierungsstil entscheidend mitprägten.

Tiberius (14–37) war ein fähiger Herrscher, der sich als tüchtiger Feldherr und Administrator bereits unter Augustus bewährt hatte. Er meisterte die außenpolitischen Herausforderungen an Rhein und Donau, setzte die notwendigen inneren Reformen durch, verhielt sich peinlich korrekt im Umgang mit dem Senat, ärgerte sich aber über dessen Servilität und mied daher Rom immer häufiger. Auf seine Person und Regierung fällt trotz der überwiegend positiven Seiten dennoch ein Schatten. Dies liegt in erster Linie in der tendenziösen Bewertung seiner Leistungen durch Tacitus begründet, des Historikers der frühen Kaiserzeit, der aus seiner principatskritischen Einstellung sowie seiner Abneigung gegen Tiberius keinen Hehl machte (Tacitus, Annalen VI 50 f.), wobei die Majestätsprozesse (seit dem von Augustus erlassenen Gesetz, der *lex Julia de maiestate*, galt Kritik am Princeps als Hochverrat) zum negativen Bild beitrugen. In seinen letzten Regierungsjahren zog er sich immer mehr nach Capri zurück und überließ seinem Prätorianerpräfekten Sejan die Verwaltungsgeschäfte, zögerte aber nicht, ihn zu beseitigen, als dieser allmächtig zu werden drohte. Wie kein anderer Herrscher machte Tiberius wenig Aufhebens von seiner Person und verzichtete auf Populismus und übertriebene Selbstdarstellung. Seine nüchterne, sparsame und effiziente Regierung hat das System des Principats entscheidend stabilisiert.

Die Amtszeit seines Nachfolgers Caligula (37–41) endete mit einer Katastrophe, da der mit vielen Vorschusslorbeeren bedachte Regent die in ihn gesetzten Erwartungen bitter enttäuschte. Nach vier Jahren krisengeschüttelter Regierung, die durch einen gesteigerten Machtanspruch sowie durch Extravaganz, Verschwendungssucht und Erfolglosigkeit gekennzeichnet waren, wurde Caligula das Opfer einer Palastrevolte. Als sich dann im Senat Stimmen regten, die eine Restitution der Republik forderten, ergriff die Garde (*Prätorianer*) die Initiative und proklamierte den letzten Verwandten des ermordeten Herrschers zum Kaiser.

So kam Claudius (41–54) auf den Kaiserthron. Er war ein älterer, kränklicher Mann, der unter dem Einfluss seiner Frauen (Messalina, Agrippina) stand. Er ließ gute Ansätze einer geordneten Regierungsarbeit erkennen, bemühte sich besonders um die Rechtsprechung und um den Ausbau Ostias zum Hafen von Rom. Unter seiner Herrschaft verstärkte sich die Bürgerrechtsverleihung besonders in den gallischen Provinzen, womit die Romanisierung des Westens erhebliche Fortschritte verbuchen konnte. Mit ihm erlangten die Freigelassenen (*liberti*) seiner Umgebung einen maßgebenden Einfluss. Sie bildeten das Rückgrat einer nach Ressorts aufgeteilten, an modernen Maßstäben gemessen allerdings noch sehr rudimentär arbeitenden Kabinettsregierung. Unter dem militärisch völlig ungeeigneten Claudius wurde der römische Machtbereich um Britannien, das als neue Provinz eingerichtet wurde, ebenso wie um Mauretanien, Thrakien, Lykien und Judäa arrondiert.

Auf Claudius folgte auf Betreiben seiner ehrgeizigen Gemahlin Agrippina der von ihm adoptierte Nero (54–68). Nach den ersten äußerst erfolgreichen fünf Jahren seiner Herrschaft, die unter dem Einfluss des stoischen Philosophen Seneca sowie des Prätorianerpräfekten Burrus standen, mehrte sich die Kritik an der neronischen Politikgestaltung, wobei die Ermordung seiner Mutter Agrippina eine Zäsur setzte. Seine künstlerischen Vorlieben, die auf seinen Griechenlandreisen besonders zutage traten, stießen auf das Unverständnis seiner römischen Umgebung, die eine andere Erwartungshaltung vom Auftreten des Princeps hatte, der sich gerne als Sänger und Wagenlenker feiern ließ. Der wachsenden Abneigung gegen seinen eigenwilligen Regierungsstil begegnete der Kaiser mit Gewalt, wodurch die Zahl seiner Gegner stieg. Die Majestätsprozesse häuften sich, und so erhielt Neros Regierung eine autokratische Prägung. Außerdem riss ein verheerender Brand der Stadt Rom ein tiefes Loch in die Staatskasse. Die Mittel für den Wiederaufbau hoffte man durch die Niederschlagung des jüdischen Aufstandes zu beschaffen. Mitten im Jüdischen Krieg mehrten sich die Zeichen der Unzufriedenheit. Eine in den westlichen Provinzen aufkeimende Militärrevolte machte der Herrschaft Neros ein Ende. Das auf verwandtschaftliche Beziehungen zu Augustus zurückgehende julisch-claudische Kaiserhaus erlosch mit Neros Selbstmord.

In den zwei Generationen nach Augustus entbrannten einige schwere Krisen. Dass dennoch das Principat weiter bestand, liegt in erster Linie an der Solidität der von

Augustus gelegten und von Tiberius gefestigten Fundamente und auch daran, dass die Städte Italiens und der Provinzen, die eigentlichen Kernzellen des Reiches, von den Extravaganzen etwa eines Caligula kaum betroffen waren. Die Opfer der autokratischen Neigungen der Herrscher stammten aus dem relativ kleinen Kreis der stadtrömischen Aristokratie, der Zugang und Kontakt zum Kaiser hatte. Trotz eigenwilliger Persönlichkeiten an der Reichsspitze wurde der Großteil der alltäglichen Regierungsarbeit kaum beeinträchtigt. Sie wurde verrichtet und verantwortet durch eine Riege erfahrener, tüchtiger Feldherren und Administratoren, die als Garanten der Kontinuität des Systems galten. So erklärt sich, dass in dieser Epoche das Staatsgebiet ausgedehnt werden konnte und die Zufriedenheit der Provinzen mit der Reichsregierung stieg.

Auf den Tod Neros folgte ein kurzer, aber heftiger Bürgerkrieg zwischen mehreren Thronprätendenten (Galba, Otho, Vitellius), unter dem vor allem Italien zu leiden hatte. Dieser fand erst mit der Erhebung und Durchsetzung Vespasians seinen Abschluss (69–79). Das an den Grenzen des Reiches stationierte Heer ließ zum ersten Mal seine Ambitionen durchblicken, womit deutlich wurde, wo die tatsächliche Macht verankert war. Schon Augustus' Herrschaft war eine Militärmonarchie gewesen. Daher ist es verständlich, dass beim Entstehen eines Machtvakuums die Legionen als Klienten ihres jeweiligen Kommandanten dessen Thronansprüche tatkräftig unterstützten. Dem pragmatischen Vespasian gelang es, das seit Nero gestörte Verhältnis zwischen Kaiserhof und Senat wieder zu verbessern, die strapazierten Finanzen zu sanieren und die außenpolitische Handlungsfähigkeit zurückzuerlangen. Seine Herrschaft erinnerte an Augustus: Altrömische Wertvorstellungen, Sparsamkeit, Reformen im Inneren und die Behauptung der Grenzen waren seine wichtigsten Programmpunkte. Das unter seiner Regierung erlassene Gesetz (*lex de imperio Vespasiani*) regelte die seit Augustus üblich gewordene Übertragung von Ämtern und Befugnissen an den Princeps in systematischer Weise. Sie bildete die rechtliche Basis der künftigen kaiserlichen Herrschaft.

Vespasians Sohn Titus (79–81) zeigte als Kaiser dieselben positiven Ansätze, die seinen Vorgänger ausgezeichnet hatten, doch durch seinen plötzlichen Tod blieb seine Herrschaft letztlich eine Episode. Domitian (81–96), Titus' Bruder und Nachfolger, betrieb eine dynamische, erfolgreiche Außenpolitik. Er erweiterte die Grenzen des Reiches in Britannien und Germanien, wo er den Rhein-Donau-Limes anlegen ließ, und erwarb sich wie seine unmittelbaren Vorgänger große Beliebtheit bei den Soldaten, deren Sold und Dienstzeit verbessert wurden. In Rom stand seine Herrschaft jedoch im Zeichen einer starken Senatsopposition, die Domitians autokratische Neigungen (in der Religionspolitik neigte er zu Rigorismus, er ließ sich als *dominus et deus* ansprechen) bekämpfte und die wiederum vom Kaiser gewaltsam unterdrückt wurde. Schließlich wurde Domitian Zielscheibe einer Verschwörung. Mit ihm endete die Herrschaft der Flavier. Nun ergriff der erstarkte Senat die Initiative und ernannte aus seinen Reihen den angesehenen Senator Nerva (96–98) zum Princeps.

Die Epoche der flavischen Kaiser markiert die Verlagerung des Kaisertums von der Stadt Rom nach Italien. Vespasian stammte aus dem italischen Municipium Reate und war der Erste seiner Familie, der die Würde eines Senators erreicht hatte. Der Wandel in der sozialen und geographischen Herkunft des Kaiserhauses war aber weniger spektakulär, als man vielleicht annehmen könnte. Durch die Gewaltakte Neros waren zahlreiche Vertreter der republikanischen Nobilitätsfamilien beseitigt worden. Die meisten Senatoren hatten einen relativ neuen Adel aufzuweisen, und viele von ihnen kamen aus Italien und dem romanisierten Westen (Baetica, Narbonensis, Tarraconensis), was wiederum die wachsende Bedeutung der Provinzen in ihrem Verhältnis zu Rom widerspiegelte. Insofern war das flavische Kaiserhaus Exponent dieses Wandels. Diese Tendenz wurde durch den von Nerva für seine Nachfolge ausersehenen Princeps verstärkt, der als erster römischer Kaiser aus einer Provinz stammte.

## Adoptivkaiser

Das Adoptivkaisertum ist vielfach als die glücklichste Zeit der antiken Geschichte bezeichnet worden. Eine beeindruckende Reihe tüchtiger Herrscher wechselte sich drei Generationen lang auf dem römischen Kaiserthron ab. Hauptgrund für die treffliche Auswahl der Kandidaten war allerdings der biologische Zufall, dass bis auf Marc Aurel, der bezeichnenderweise das System durchbrach, Nerva, Trajan, Hadrian und Antoninus Pius keine männliche Nachkommenschaft besaßen. Den Reigen eröffnete der aus Hispanien stammende Trajan (98–117). Seine Herrschaft ist durch die Jovialität gekennzeichnet, die seine Person ausstrahlte. Die leidigen Majestätsprozesse, ein Krebsübel kaiserlicher Despotie, hörten unter ihm auf. Es gelang ihm, einem Vertreter der Militärelite, ein gutes Verhältnis zum Senat und den gesellschaftlich relevanten Gruppen des Reiches herzustellen. Seine innenpolitischen Maßnahmen zeigten sich erfüllt vom Geist der Liberalität und eines betont bürgerfreundlichen Stils (*civilitas*). In der Außenpolitik brach er mit dem augusteischen Grundsatz der Defensivstrategie und führte Feldzüge an der Donau und am Euphrat. Das Reich erreichte damals seine größte territoriale Ausdehnung. Die damit verbundenen gewaltigen Kraftanstrengungen zeigten dann auch die Grenzen der Belastbarkeit auf. Unter seinem Principat entstand die Provinz Dacia, womit umfangreiche Gebiete nördlich der Donau romanisiert wurden, im Osten gelang ihm aber kein durchschlagender Erfolg. Sein Nachfolger Hadrian war gezwungen, territoriale Korrekturen vorzunehmen. Dennoch hatte dies keine schwerwiegenden Konsequenzen. Nichts drückt den Gesamteindruck, den Trajans Regierung bei den Zeitgenossen und der Nachwelt hinterließ, besser aus als die ihm verliehene Ehrenbezeichnung eines *optimus princeps*. Mit einem solchen Titel war seit Augustus kein römischer Kaiser ausgezeichnet worden.

Die Wirkung Trajans wird anhand der abgebildeten Schlachtszenen sichtbar. Das Monument zeigt einen Teil eines größeren Reliefs, das Trajan gewidmet ist und sich

Großer Trajanischer Schlachtenfries: Rom, Konstantinsbogen

nun am Konstantinsbogen in Rom befindet. Wir sehen, wie der Kaiser in Begleitung der Virtus/Roma nach einem erfolgreichen Feldzug in die Stadt einzieht und als Friedensbringer gefeiert wird. Daneben wird eine Schlacht gegen die Daker dargestellt, die durch die Überlegenheit der römischen Soldaten siegreich endet. Die am Boden liegenden Feinde symbolisieren den Triumph der römischen Waffen. Die *virtus imperatoria* Trajans beruhte auf der reibungslosen Mitarbeit seiner Helfer. Damit wird ein Programm verkündet, das Jahrhunderte später von Konstantin als aktuell empfunden wurde. Dieser wollte in Trajans Fußstapfen treten (er ersetzte das Gesicht des *optimus princeps* durch sein eigenes), indem er durch die Übernahme der Szene in seinem im Zentrum Roms gelegenen Triumphbogen seinen Vorgänger ehrte. Auf diese Weise werden die Aktualität und der Modellcharakter Trajans für die späteren Kaiser eindrucksvoll dokumentiert.

Hadrian (117–138), wie Trajan von hispanischer Herkunft und mit ihm weitläufig verwandt, setzte zum Teil andere Akzente als sein gefeierter Vorgänger. Die expansive Außenpolitik wurde korrigiert und den tatsächlichen Machtmitteln angepasst. Im Inneren hatte Hadrian, der während seiner ausgedehnten Reisen einen Großteil der Provinzen aufsuchte, eine ähnlich glückliche Hand wie Trajan, wenn er auch nicht dessen uneingeschränkte Akzeptanz seitens der Senatsaristokratie erreichen konnte. Grund dafür war sein entschiedenes Vorgehen in der Phase seiner Herrschaftssicherung, das einige Senatoren das Leben kostete. In einem Punkt überragte er jedoch seinen Vorgänger: Wie kaum ein Kaiser vor ihm verfügte Hadrian über eine umfassende philosophische, griechisch orientierte Bildung, die ihn zeitlebens als einen aufrichtigen Freund und Bewunderer des Hellenentums auszeichnete. Das schon immer latent vorhandene Gefälle zwischen den westlichen, romanisierten Reichsteilen und dem griechisch geprägten Osten, das sich im Verlauf der späteren Kaiserzeit deutlich als Gegensatz herausbilden sollte, konnte durch Hadrian ausgeglichen und zumindest vorläufig überbrückt werden.

Antoninus Pius (138–161) verhinderte die von mächtigen Senatskreisen beabsichtigte Unterdrückung der Erinnerung an seinen Adoptivvater Hadrian (*damnatio memoriae*), weswegen er den Beinamen Pius erhielt. Er setzte den Reformkurs seines Vorgängers fort. Die Struktur der Verwaltung und der Rechtsprechung wurde ergänzt durch eine vielseitige Sozialpolitik. Die Rechtslage der Sklaven wurde verbessert und das System der staatlichen Fürsorge auf weite Bereiche ausgedehnt. Auf Wunsch Hadrians adoptierte der ausgeglichene und persönlich gewinnende Antoninus noch Marc Aurel und Lucius Verus, die nach seinem Tod in den ersten Jahren die Regierung gemeinsam führten. Erst nach dem Tod des Lucius Verus wurde Marc Aurel Alleinherrscher.

Im Geiste seiner Vorgänger erfüllte auch Marc Aurel (161–180), der sogenannte Philosoph auf dem Kaiserthron, seine Herrschaftsaufgaben. Seine vielseitige Persönlichkeit, die vor allem durch seine im Feldlager abgefassten „Selbstbetrachtungen" deutlich an Profil gewinnt, machte bereits auf seine Zeitgenossen einen tiefen Eindruck. In seine Regierungszeit aber fallen die ersten Anzeichen der sich ankündigenden Krise des Reiches. Die Folgen einer großen Seuche, die weite Bevölkerungsteile dezimierte, sowie der Einfall der Markomannen überschatteten sein Principat. So musste der Kaiser, gegen seine Neigung und seinen Willen, lange und blutige Grenzkriege führen, die – obwohl sie durchaus erfolgreich verliefen – dennoch an den Kräften des Reiches zehrten. Mit der Erhebung seines Sohnes Commodus zum Teilhaber und damit auch zum Nachfolger seines Principats durchbrach Marc Aurel die lange Reihe der Adoptivkaiser und kehrte somit zur dynastischen Herrschaftsfolge zurück, die in der Vergangenheit manche Enttäuschung verursacht hatte. Seine Regierung markiert den Endpunkt einer Epoche römischer Geschichte; die „goldenen Jahre" des Principats gingen mit ihm zu Ende.

## Alte und neue Provinzen

Mit der Regierung der Caesaren verknüpft sich aufs Engste die Vorstellung vom räumlichen und organisatorischen Umbau des Imperium Romanum. Die rechtliche und administrative Vereinheitlichung der gewaltigen Ländermasse, die sich von Britannien bis zum Euphrat, von der Libyschen Wüste bis zur Donau erstreckte, die Reformen in der Verwaltung der Provinzen, die neuen Impulse, die Handel, Verkehr und Wirtschaft erhielten, sowie die Formulierung der Grundsätze der Außenpolitik stellten bedeutsame Leistungen dar, die über Jahrhunderte Geltung behielten. Bereits Augustus hatte die territoriale und verwaltungstechnische Neuordnung des Reiches veranlasst. Die Einteilung der Provinzen in kaiserliche, die den Großteil der Armeen beherbergten (Ägypten, Syrien, Germanien usw.), und senatorische, die weitgehend entmilitarisiert waren (Africa, Asien, Baetica, Narbonensis), war der erste Schritt auf dem Weg zur Etablierung einer sachgemäßen Reichsregierung. Denn die Führungsschicht der Republik hatte nicht erkannt, dass die Provinzen wertvolle Bausteine einer künftigen Reichsordnung darstellten, sondern sah in ihnen lediglich Ausbeutungsobjekte zur Befriedigung ihres enormen Finanzbedarfs. Die Bedrückung der Untertanen schuf Konflikte im Übermaß und verschlechterte die Beziehungen zwischen Rom und seinen abhängigen Territorien. Während der Principatszeit wich die Misswirtschaft der republikanischen Provinzialverwaltung einer nach festen Grundsätzen ausgerichteten Verwaltungspraxis, die den Interessen der Regierten entgegenkam. Dazu gehörte die Besoldung der Statthalter, was den Schutz der Provinzialen vor Ausbeutung erhöhte. Als ebenso vorteilhaft erwiesen sich die jahrelang prolongierten Statthalterschaften, weil sie eine größere Berechenbarkeit der Verwaltungstätigkeit ermöglichten. Die Macht des Princeps gewährleistete die ständige Kontrolle der Statthaltertätigkeit, die dadurch ihre frühere Willkür verlor. Darüber hinaus erhielt der *ordo equester* Zugang zur Laufbahn der Provinzverwaltung. Die aus dem Ritterstand stammenden *procuratores* – die vornehmste, nur Rittern vorbehaltene Stelle war die des *Praefectus Aegypti* – bildeten die Säulen des römischen Regierungssystems. Daher ist der in Ost und West einsetzende Kaiserkult eine ehrlich empfundene Antwort der Reichsbewohner auf die Reformen der Provinzialverfassung, die ein neues Zeitalter in den Beziehungen Roms zu seinen abhängigen Territorien einleitete.

Doch die Aufmerksamkeit der Kaiser galt auch der Verbesserung der Infrastruktur. Der Ausbau der Verkehrswege zu Lande und zu Wasser, die von Rom ausgehend die entlegensten Regionen erreichten, war neben der inneren Stabilität die wichtigste Voraussetzung für die Entfaltung von Wirtschaft und Handel (Mittelmeer = *mare nostrum*). Auf gut ausgebauten Verkehrswegen gelangten die begehrten Erzeugnisse des Südens (Wein, Öl, Salben usw.) in den Norden, wo sie gegen andere Produkte (Pferde, Waffen, Holz usw.) Gewinn bringend getauscht werden konnten. Damit entstand ein das Mittelmeer und seine angrenzenden Regionen umfassender Wirtschaftsraum.

Trotz gelegentlicher innenpolitischer Machtkämpfe blieb in den ersten zwei Jahrhunderten des Principats die Lage an den Reichsgrenzen stabil. Punktuelle Eroberungszüge prägten das Bild der Außenpolitik dieser Epoche. Im Jahr 47 nahm Claudius Britannien in Besitz; unter Domitian kam der Nordteil der Insel hinzu und Hadrian und Antoninus Pius schützten die mittlerweile konsolidierte römische Provinz durch Wallanlagen gegen die Übergriffe der Picten und Scotten (Hadrians- beziehungsweise Antoninuswall). Nach der Niederschlagung des Bataveraufstandes am

Rhein (69) stellten die Römer eine Verbindung zwischen Rhein und Donau her. Ferner besetzten sie das Decumatenland (Südwestdeutschland) und sicherten die keltisch-germanischen Provinzen (Germania inferior, Germania superior, Raetia) durch einen Schutzwall (Limes). Der Begriff Limes bezeichnete ursprünglich einen den natürlichen Gegebenheiten des Geländes angepassten, befestigten Weg am Rande des römischen Machtbereichs. Bis gegen Ende des 1. Jahrhunderts markierten die aus Holz ausgeführten Wehrbauten gewöhnlich den Vormarsch der römischen Truppen jenseits des Rheins und der Donau. Sie dienten primär der Absicherung der strategisch wichtigen Aufmarschstraßen und bildeten den Ausgangspunkt aller römischen Militäraktionen gegen das freie Germanien. An eine feste, starre Grenz- oder Abwehrlinie, wie es die große Chinesische Mauer oder die Maginot-Linie waren, dachte man nicht. Nachdem aber die germanischen Provinzen eingerichtet – und das Konzept der Eroberung Germaniens bis zur Elbe nach der Niederlage des Varus im Teutoburger Wald (9) aufgegeben worden war –, wandelten sich die seit Domitian angelegten *limites* von offensiv gegen den Feind gerichteten Operationsbasen zu defensiven Stellungslinien. Die veränderte Funktion des Limes lässt sich aus seinem jeweiligen architektonischen Zustand ablesen. Die früheste Phase datiert aus flavischer Zeit (69–96). Die Römer schlugen zunächst eine Schneise in die Wälder und errichteten darauf einen Postenweg, der von hölzernen Wachtürmen kontrolliert wurde. Unter Hadrian lässt sich eine Neuerung beobachten: die Aufstellung eines Palisadenzaunes im Vorfeld der Straße. Seit der Mitte des 2. Jahrhunderts wurden an einzelnen Abschnitten die Holztürme durch Steinbauten ersetzt und später errichtete man an der rätischen Grenze statt der Palisade eine Mauer, die von einem Graben geschützt wurde.

Im Jahr 107 stieß Kaiser Trajan nach zwei blutigen Kriegen in Dakien nördlich der Donau vor, eroberte das weitläufige Land und errichtete auf dem Boden des heutigen Rumänien eine neue Provinz, die reich an Bodenschätzen war. In Afrika verlief die Grenze des römischen Herrschaftsgebietes am Nordrand der Sahara. Anfechtungen der römischen Herrschaft kamen hier kaum vor und gelegentliche Aufstände (Tacfarinas) wurden rasch unterdrückt und blieben ohne überregionale Wirkung. Dagegen war Judäa ein ständiger Unruheherd. Eine aggressive römische Eroberungspolitik in neronischer Zeit sowie der Gegensatz zwischen orthodoxen und hellenisierten Juden lösten eine Erhebung aus (66), die mit der Einnahme Jerusalems durch Titus und der Zerstörung des Tempels endete (70). Als im Jahr 132 eine erneute Revolte unter Bar Kochba ausbrach, griff Hadrian hart durch. Aus dem eroberten Jerusalem wurde die römische Kolonie Aelia Capitolina und am Tempelberg ließen die Römer ein Heiligtum der Jupiterverehrung errichten. Viele Juden wurden deportiert und der Zugang zu Jerusalem blieb ihnen verwehrt.

Anders gestaltete sich die Lage am Euphrat, denn dort stieß das Imperium auf das Partherreich, die einzige Großmacht, die den Römern ebenbürtig war. Wegen Armenien kam es immer wieder zu Auseinandersetzungen. Im Jahr 66 konnte Prinz Tiridates die Königskrone seines Landes aus den Händen Neros empfangen, womit die römische Oberherrschaft über das umkämpfte Armenien befestigt wurde. Wie an der Donau ergriff Kaiser Trajan hier die Offensive. Nach einer Reihe von Feldzügen konnte er Assyrien, Armenien, das nördliche Arabien und Mesopotamien annektieren. Doch bereits sein Nachfolger Hadrian musste auf die meisten Eroberungen verzichten. Marc Aurel war gezwungen, im Jahr 162 einen Ansturm der Parther abzuwehren. Nach einem langen und verlustreichen Krieg vermochte er die römische Position zu stabilisieren. Kaum war dieser Krieg zu Ende, entbrannte an der mittleren Donau ein noch bedrohlicherer Konflikt (166): Die Markomannen und Quaden überrannten die Grenzen und stießen bis zur Adria vor. Erst nach einem langen und mühseligen Krieg gelang es Marc Aurel, die eingedrungenen Scharen abzuwehren und diese Vorboten der Völkerwanderung aus dem Reichsgebiet zu vertreiben.

## Religion und römischer Staat

Nach der Ursache ihres Erfolges befragt, antworteten die Römer, dass es ihre *religio*, ihre Bindung an die Götter war, die ihre Größe ermöglicht hatte (Cicero, Über die Natur der Götter II 8). Im Verständnis der Römer waren Religion und Politik untrennbar miteinander verwoben. Ursprünglich bestimmten eine Reihe lokaler und regionaler Kulte das religiöse Leben der Stadt. Durch Kontakte mit der Außenwelt gerieten weitere Riten in den Gesichtskreis der Römer. Ihre allmähliche Übernahme in den offiziellen Staatskult war Abbild der im 4. Jahrhundert v. Chr. einsetzenden Expansion, die zugleich eine Erweiterung des kulturellen Horizonts mit sich brachte, insofern als die Duldung fremder Lebenswelten gefördert wurde. Doch diente die Integration auswärtiger Kulte primär politischen Rücksichten und weniger privaten Sehnsüchten. Der Einzug des Apollokultes, das Heimischwerden der kleinasiatischen Mater Magna oder die Verbreitung der orientalischen Mysterienreligionen, um nur einige Beispiele zu erwähnen, markierten stets bestimmte Phasen der römischen Großmachtbildung. Im ständigen Kreislauf des Gebens und Nehmens gab es eine sichtbare und eine verborgene Linie. Rom exportierte Soldaten, Provinzialadministratoren, Händler sowie bildungshungrige Aristokraten und importierte im Gegenzug Sklaven und Reichtümer, griechische Philosophie und Lebensart, hellenistische Technik und Wissenschaft, nicht zuletzt auch Kulte aus allen Gegenden seines Wirkungsraumes. Gerade mit dem letzten Punkt berühren wir eine weniger sichtbare Strömung, die sich jeder buchhalterischen Darstellung entzieht. Bekannt sind die großen, vom Staat offiziell geförderten Implantationen fremder Götterkulte, doch dürfen wir annehmen, dass es sich dabei lediglich um die Spitze des Eisberges handelte.

An der Herausbildung des römischen Pantheons lässt sich die Integrationsfähigkeit der römischen Religion ermessen. Die Förderung bestimmter Kulte war seit jeher auf

Opferzeremonie

das Engste verbunden mit der aristokratischen Familienpolitik und ihrem Machtkampf um die Vorherrschaft im Staate. Wenn die Fabier das etruskische Auguralwesen, die Scipionen den Mater-Magna-Kult begünstigten, die Julier den Aphrodite-Venus-Kult propagierten, Augustus die in Vergessenheit geratenen einheimischen Kulte belebte, unter den Antoninen Mithras blühte, unter den Severern orientalische Gottheiten Einzug hielten, Aurelian mit der Verehrung des Sol Invictus, Diocletian mit der Jupiter-Hercules-Devotion auf alten Grundlagen eine neue politische Theokratie inaugurierte und Konstantin dem Christengott zum Durchbruch verhalf, so erscheint jede Parteinahme führender Familien und Herrscher für einen Kult stets mit einer politischen Absicht verwoben. Am auffälligsten ist das dichte persönliche Geflecht, das Religion und Politik umgab. Senatoren waren gleichzeitig Politiker, Feldherren und Priester. Der Kaiser übte in seiner Eigenschaft als Pontifex Maximus die Oberaufsicht über die Kultkollegien aus. Gerade diese Häufung priesterlicher Würden bei den Trägern der öffentlichen Macht, die gleichzeitig Repräsentanten des Staatskultes waren, verlieh den Religionspraktiken eine besondere politische Sprengkraft. Die Einholung von Auspizien vor Beginn einer Amtshandlung, die Gelübde, die man bestimmten Gottheiten entgegenbrachte, um römische Siege zu verbürgen, machten die Götter zu Mitverantwortlichen für den erzielten Erfolg.

Gewiss gab es engere und weitere Grenzen, um das Verhältnis des Individuums zur Religion zu bestimmen. Was der einzelne Bürger im privaten Bereich tat oder glaubte, berührte den Staat nur dann, wenn offizielle Kultvorschriften beeinträchtigt wurden. Ansonsten mischten sich die Behörden in die privaten Kultpraktiken der Reichsbewohner nicht ein. Diese Haltung entsprang der römischen Kulttradition sowie der Eigenart des römischen Staates und seiner Religion, die nicht vom Glauben im metaphysischen Sinne, sondern vom Kultvollzug geprägt wurde. Der Gottesdienst war für das Leben der Menschen ein bedeutsamer Mittelpunkt. Kultfeiern fanden in der Öffentlichkeit statt. Festzüge, Prozessionen und Rituale zogen große Menschenmassen an. Neben Emotionen und Affekten, die hier mitspielten, gehörte auch eine eigene Bildersprache dazu, die Harmonie und Dankbarkeit, Verzweiflung und Selbstzufriedenheit, Sehnsucht und Hoffnung evozieren konnte. Die vielen Gottheiten boten auch mannigfache Identifikationsmöglichkeiten und gerade dies vermag bekanntlich ein Gefühl der Gemeinschaft und Geborgenheit zu erzeugen. Diese polytheistische Ausrichtung erlaubte ein großes Maß an Flexibilität, und so zeichnete sich der römische Staat durch prinzipielle Duldung aus. Wurde die Ausübung eines Kultes oder einer magisch-philosophischen Lehre unterdrückt, so ging man nicht gegen sie vor, weil sie fremd war, sondern weil man Aufruhr, Verschwörung oder Verbrechen vermutete, wie etwa beim Bacchanalien-Skandal des Jahres 186 v. Chr. oder beim Verbot des Isiskultes durch Tiberius. Es ging primär um die Sicherheit des Staates und um die Aufrechterhaltung der vermeintlich gefährdeten öffentlichen Ordnung.

Da die Römer schon früh ein farbenprächtiges Nebeneinander teils sich komplementär ergänzender Gottheiten erlebten, die ein buntes Geflecht von Aufgabenbereichen abdeckten, waren sie gegenüber fremden Kulten offen. Die Wurzeln für diese weitgehende Liberalität lagen einerseits im Fehlen einer von den politischen Entscheidungsträgern abgesetzten Priesterkaste, die sich zum Hort der strenggläubigen Observanz hätte emporschwingen können, andererseits im Wesen des staatstragenden Pantheons begründet, dessen Gottheiten keine Erlösungsbotschaft verkündeten. Die capitolinische Trias (Jupiter, Juno und Minerva) symbolisierte den Zusammenhalt des Staates. Apollo, Venus oder Mars etwa standen für Sieghaftigkeit. Personifizierte und divinisierte Tugenden wie Fortuna, Virtus usw. zogen eine ideologische Klammer um die privat-individuellen und die öffentlich-kollektiven Wertesysteme in Staat und Gesellschaft. Sehr einprägsam wurde dies in der Romrede des Aelius Aristides zum Ausdruck gebracht, in einer Passage, die wie eine Theogonie der Antoninenzeit wirkt (siehe unten S. 114).

Neben den offiziellen Staatsgottheiten spielten die Mysterienreligionen eine wichtige Rolle. Die Eleusinischen Mysterien, der Mithras-, Isis- oder der Kybele-Kult konnten sich einen festen Platz im religiösen Gefühlsleben der Bevölkerung sichern. Obwohl die Mysterienkulte exklusiv waren und nur einer kleinen Schar von Adepten Trost und Halt boten, existierte keine Unvereinbarkeit zwischen ihnen und dem traditionellen Götterpantheon. Die Anziehungskraft und Popularität der römischen Götter blieb gerade im 2. und 3. Jahrhundert, also zu der Zeit der intensivsten Ausbreitung der orientalischen Religionen im Römischen Reich, ungebrochen. Folglich kann von einer Abwendung vom traditionellen Kult nicht gesprochen werden, das Gegenteil scheint zuzutreffen: Die Flexibilität und Integrationsfähigkeit der römischen Religion vermochte einen Großteil der aus dem Osten eingeführten Kulte zu „verwestlichen“ und ihnen ein Heimatrecht unter dem Dach des offiziellen Kults einzuräumen.

## Trajan, *optimus princeps*

Den Puls der römischen Kulttradition zu Beginn des 2. Jahrhunderts fühlt man in besonderer Weise anhand der Korrespondenz zwischen Plinius, dem Statthalter von Bithynien und Pontus, und Trajan. Sie kreiste um die Behandlung der Christusgläubigen. In seiner Anfrage an die Zentralregierung berichtete er: *Mit denen, die mir als Christen angezeigt wurden, bin ich folgendermaßen verfahren: Ich habe sie gefragt, ob sie Christen seien. Gestanden sie, so habe ich ihnen unter Androhung der Todesstrafe ein zweites und drittes Mal dieselbe Frage gestellt, beharrten sie, so habe ich sie hinrichten lassen. Denn ich zweifelte nicht: Was immer sie gestehen mochten, so verdienten allein ihre Hartnäckigkeit und ihr Starrsinn Bestrafung. Andere, die einem ähnlichen Wahnsinn verfallen waren, habe ich, weil sie das römische Bürgerrecht besaßen, nach Rom geschickt. Wie es aber zu gehen pflegt, nahmen auf das gerichtliche Einschreiten hin bald die Anschuldigungen zu und kamen weitere Fälle zur Anzeige. Eine anonyme Anklageschrift wurde vorgelegt, die zahlreiche Namen enthielt. Die leugneten, Christen zu sein oder es je gewesen zu sein, habe ich entlassen zu können geglaubt, sobald sie, nach meinem Vorgang, die Götter anriefen und deinem Bild, das ich mit den Götterstatuen zu diesem Zweck hatte herbeischaffen lassen, mit Weihrauch und Wein opferten, außerdem noch Christus lästerten (...). Andere von den Denunzianten Genannte gaben erst zu, Christen zu sein, widerriefen aber gleich darauf (...). Sie alle haben ebenfalls deinem Bild sowie den Götterstatuen gehuldigt und Christus gelästert (...). Ich fand nichts anderes als minderwertigen, maßlosen Aberglauben. Daher setzte ich das Verfahren aus, um eiligst deinen Rat einzuholen* (Plinius, Briefe 10, 96 f.).

Indem Trajan das von Plinius eingeleitete Verfahren guthieß, bekräftigte er, dass die christlichen Praktiken einen Straftatbestand darstellten. Doch seine Antwort enthielt darüber hinaus weitergehende Verfahrensvorschriften: *Du hast, mein Secundus, als du die Fälle derer untersuchtest, die bei dir als Christen angezeigt wurden, ein völlig korrektes Verhalten eingeschlagen. Denn es lässt sich nichts allgemein Gültiges verfügen, das sozusagen als feste Norm gelten könnte. Fahnden soll man nicht nach ihnen; wenn sie aber angezeigt und überführt werden, muss man sie bestrafen, so jedoch, dass einer, der leugnet Christ zu sein, und dies durch die Tat, das heißt durch Vollzug eines Opfers für unsere Götter, unter Beweis stellt, aufgrund seiner Reue zu begnadigen ist, wie sehr er auch in der Vergangenheit verdächtig sein mag. Anonyme Anzeigen dürfen freilich bei keiner Anklage berücksichtigt werden. Denn das wäre ein äußerst schlechtes Beispiel und entspräche nicht dem Geist unserer Zeit* (Plinius, Briefe 10, 97).

Entscheidend war die Anweisung, Nachforschungen bezüglich der Zugehörigkeit zur Christengemeinde zu unterlassen. Weiter verfügte der Kaiser, dass wenn es zu Anzeigen kommen sollte, die Betroffenen ihre Unschuld durch den Vollzug einer Opferhandlung beweisen konnten, womit er auf die von Plinius verlangte Verfluchung Christi verzichtete. Ferner verbot Trajan die Beachtung anonymer Denunziationen und schließlich endete das Reskript mit einem Bekenntnis, das als Magna Charta seines Principats gelten kann: Ein allzu inquisitorisches Verhalten seitens des Staates werde dem Geist der Epoche nicht gerecht. Diese Grundsatzerklärung verdeutlicht das Agieren eines umsichtigen Herrschers. Rechtsstaatlichkeit und nicht Gewaltanwendung sollte das Auftreten der Institutionen bestimmen. Im Gegensatz zu der Aufgeregtheit des Plinius zeigt sich Trajans Reaktion von Gelassenheit erfüllt. Sie schien getragen von jener souveränen Sicherheit, die nur jemand ausstrahlen konnte, der von der Rechtmäßigkeit seiner Handlungsweise überzeugt war.

Wieso konnte der Kaiser so großzügig gegenüber einer Gruppe sein, die im allgemeinen Bewusstsein als subversiv galt? Die Antwort kann nur lauten, dass er in den Christen weder eine ernsthafte Herausforderung der römischen Religion, noch eine staatszersetzende Kraft erblickte, denn andernfalls hätte der energische Herrscher keinen Augenblick gezögert, die Autorität des Staates unbeschadet zu halten. Seine Haltung wird erst begreiflich, wenn wir das gängige Vorurteil ablegen, dass die römischen Behörden von Anfang an eine regelrechte Christenverfolgung veranstaltet hätten. Diese verformte Sicht vermittelte ein apologetisches Schrifttum, das die Ausbreitung der neuen Lehre als eine von Blutzeugen (Märtyrer) geprägte Aufopferungsgeschichte erblickte. Waren die julisch-claudischen und flavischen Kaiser tatsächlich solch rabiate Christenverfolger, wie die im 4. Jahrhundert schreibenden Kirchenväter suggerierten? Hier sind Vorbehalte angebracht. Die zeitnahen Stimmen, wie etwa Origenes, äußern sich zurückhaltender darüber, was durch die Rezeption von Trajans Instruktionen verständlich erscheint. Es gibt eine Quelle, die als Beleg für eine Verfolgung angeführt wird: die Offenbarung des Johannes. Die im Zentrum der Schrift stehende Tierfigur ist immer wieder mit Nero oder Domitian identifiziert worden, woraus man ein Indiz für eine heftige Christenverfolgung ableitete. Doch dem ist zu widersprechen. Der Verfasser der Schrift spendete keineswegs Trost an die durch die Verfolgung eingeschüchterten Christen Kleinasiens. Er wollte vielmehr den inneren Zusammenhalt jener Gemeinden stärken, die Gefahr liefen, auseinander zu brechen, nicht weil sie bedrängt wurden, sondern weil sie den Lockungsangeboten des heidnischen Kultbetriebs erlagen. Es war ein Abfall vom Christentum, was den Verfasser der Schrift alarmierte. Dies wird durch den Aufschwung der traditionellen Religion in der Region bestätigt, der sich in der Abhaltung prachtvoller Kultfeste, in der Intensivierung des Tempelbaus und des Kaiserkults manifestierte. Nicht der römische Staat hatte Angst vor den Christen, sondern die christlichen Vordenker zeigten sich durch die wachsende Attraktivität der traditionellen Religionspraktiken beunruhigt.

Das von Trajan angeordnete Verfahren brachte eine substanzielle Verbesserung der Lage der Beschuldigten. Die Behörden durften nur dann aktiv werden, wenn eine begründete Anzeige vorlag. Wurde jemand als Christ denunziert, so musste der Ankläger an der Verhandlung teilnehmen. Vermochte der Angezeigte durch den Vollzug des Opfers die Haltlosigkeit der Vorwürfe zu entkräften, dann kam der Denunziant wegen Falschaussage vor Gericht und riskierte so die Höchststrafe. Damit lag das Schicksal des Anklägers in der Hand des Angeklagten. Man kann sich vorstellen, wie rasch die Denunziationen zum Versiegen kamen. Die großzügige Behandlung abweichender religiöser Minderheiten war bemerkenswert, weil Trajan als Verfechter der traditionellen Religion galt, der ähnlich wie Augustus innerhalb seines Palastes keine fremden Rituale förderte. Daraus wird ersichtlich, dass die Einhaltung der bestehenden Kultvorschriften keine Aggressivität gegenüber fremden Kultformen nach sich zog. Gerade diese Stimmungslage erlaubt uns, die komplexe kultisch-soziale Realität der Epoche zu erkennen, die das vorherrschende, konsolidierte politisch-religiöse System widerspiegelte.

Die Erfüllung des Rituals dispensierte von der Strafverfolgung, denn durch den Vollzug wurden die Bande mit der Götterwelt geknüpft und erneuert. Gleichzeitig sah man im Opfer einen Akt der Solidarisierung mit der politischen Gemeinschaft. Es ging nicht um die Erforschung der individuellen Glaubensüberzeugung, sondern um die Abgabe eines öffentlichen Bekenntnisses zum römischen Staat. Die auf den ersten Blick vorhandene Unverträglichkeit zwischen Christuskult und römischer Religion ist dennoch zu relativieren. Trotz grundlegender Divergenzen entwickelte sich im Alltag ein Modus Vivendi zwischen den miteinander lebenden und aufeinander angewiesenen unterschiedlichen Kultgruppierungen, der gelegentlich Grenzen zu sprengen vermochte. Die monotheistische Ausschließlichkeit des Christengottes konnte seine Anhänger nie von synkretistischen Ritualen abhalten, ebenso wenig wie die bestehende Strafandrohung seitens des Staates die Ausbreitung des Christuskultes verhindert hat.

# Wirtschaft und Gesellschaft in Republik und Kaiserzeit

## Einführung

Günstige klimatische Bedingungen, fruchtbare in Fluss- und Küstennähe gelegene Böden ermöglichten einen von den umliegenden urbanen Zentren aus betriebenen intensiven Ackerbau (Tibertal, Campanien, Baetistal, Medjerdatal, Rhônetal, Niltal usw.). Diesen relativ begrenzten Flächen standen in den abgelegenen Regionen ausgedehnte Areale gegenüber, in denen sich eine extensive Weidewirtschaft entfaltete (Apennin, Iberisches Gebirge, Zentralgallien, Balkan etc.). Beide unterschiedlich besiedelten Lebensräume bildeten die Grundlage für die Wirtschaftsverfassung der mittelmeerischen Provinzen des Römischen Reiches.

Die Rahmenbedingungen für die ökonomische und soziale Entwicklung dieses Großraumes blieben über Jahrhunderte hindurch erstaunlich stabil. Gleich bleibende Produktionsweisen sowie nahezu unveränderte gesellschaftliche Netzwerke sorgten für eine agrarisch geprägte, auf die Stadt hin orientierte Wirtschaftsform, die zwischen Subsistenz und marktgerichteter Produktion pendelte. Das Alltagsleben auf dem Lande zu Zeiten der Republik unterschied sich kaum von den Bedingungen der Kaiserzeit. Einen gewissen Wandel verzeichneten zahlreiche Städte, die in den relativ gesicherten Verhältnissen der frühen und mittleren Kaiserzeit einen urbanistischen Aufschwung erlebten.

Die Masse der Bevölkerung oberhalb der nach wie vor zahlreich vorhandenen Sklaven bestand in den ländlichen Regionen aus Kleinbauern, Pächtern und Kolonen; in den Städten aus Gewerbetreibenden, Freiberuflern und verarmten Lohnarbeitern (Proletarier). Die Mobilität in den oberen Gesellschaftsschichten nahm zu. Neben dem Ritterstand breiteten sich Aufsteigerschichten aus, hier kam den Freigelassenen große Bedeutung als Träger der dynamischen wirtschaftlichen Entwicklung der Kaiserzeit zu. Sie bildeten die neue, außerhalb der senatorischen und curialen Eliten stehende staatstragende Schicht, die sich stets an den überlieferten Wertnormen der Aristokratie orientierte.

## Landwirtschaft

Die Landwirtschaft bildete während der gesamten römischen Geschichte die Grundlage der Ökonomie. Seit frühester Zeit bewirtschafteten freie Bauern mit ihrer *familia* bescheidene Ackerflächen, deren Erträge gerade den Eigenbedarf deckten (Subsistenzwirtschaft). Die spätere römische Überlieferung nennt hierbei die als Existenzgrundlage kaum ausreichende Ackerfläche von 2 bis 4 *iugera* (0,5–1 ha) als übliche Feldgröße. Die enorme Ausweitung des römischen Herrschaftsgebietes seit dem 4. Jahrhundert v. Chr. rief in mehrfacher Hinsicht einen Wandel hervor. Zunächst gelangten die Familien der Oberschicht über die Okkupation der von besiegten Gegnern konfiszierten Territorien (*ager publicus*) in den Besitz großer Landflächen; die wachsende Zahl an Sklaven (Kriegsgefangenen) ermöglichte die Bewirtschaftung dieser Latifundien in größeren Wirtschaftseinheiten. Vor allem aber bewirkten die jahrelangen Feldzüge den Verfall beziehungsweise die Verschuldung der kleinen Höfe, der Basis der römischen Wehrorganisation. Der Aufstieg Roms zum Mittelpunkt Italiens wie überhaupt die zunehmende Urbanisierung der Halbinsel schufen derweil die großen Absatzmärkte für eine am Überschuss orientierte landwirtschaftliche Produktion, die im Umfeld dieser städtischen Zentren zur Ausbreitung von gewinnorientierten spezialisierten Gutsbetrieben (für Oliven, Wein, Gartenbau, Geflügel- oder Fischzucht etc.) führte. In den abgelegeneren, fluss- oder seefernen Gebieten der Halbinsel, vor allem den Bergregionen, vermochte sich das kleine freie Bauerntum hingegen während der gesamten Antike unter kärglichen Bedingungen zu behaupten. Andernorts zogen von ihren Landstücken verdrängte Bauern nach Rom und bildeten das städtische Proletariat, oder aber sie gerieten in zunehmende Abhängigkeit von Großgrundbesitzern: Seit der mittleren Kaiserzeit setzte sich der Kolonat, die Hörigkeit und Fixierung des Bauern an die Scholle, zunehmend durch.

In das 2. Jahrhundert fällt – insgesamt gesehen – auch die größte Blüte der römischen Wirtschaft, die unter der *pax Romana* dem überwiegenden Teil der Bevölkerung der Mittelmeerwelt einen relativen Wohlstand brachte. Einzelne Reichsteile (vor allem in Nordafrika und Syrien) weisen allerdings auch im 3. und 4./5. Jahrhundert noch eine dynamische ökonomische Entwicklung auf. Die Spätantike hingegen kennzeichnet nach der tief greifenden Krise des Imperiums im 3. Jahrhundert (Bürgerkriege, Soldatenkaiser) sonst ein umfassender wirtschaftlicher Niedergang, der sich angesichts der vielfältigen militärischen Belastungen auch durch drastische staatliche Maßnahmen (Zwangserblichkeit von Berufen, bäuerliche Schollenbindung, Lohn- und Preisdekrete, Steuererhöhungen, Münzverschlechterungen) nicht wirksam aufhalten ließ und mit zur Auflösung des Römischen Reiches beitrug.

Zahlreiche soziale Probleme wurden allerdings weniger durch Kompromisse oder Maßnahmen im Inneren als vielmehr mit Hilfe der militärischen Expansion in Italien und dann im westlichen und östlichen Mittelmeerraum gelöst. Die Ausweitung des römischen Territoriums durch die Unterwerfung der etruskischen Nachbarstädte, die Vorherrschaft im Latinerbund und seine gewaltsame Ausdehnung gestatteten seit der Mitte des 5. Jahrhunderts v. Chr. die kontinuierliche Anlegung von Kolonien (als Militärstützpunkte) auf latinischem beziehungsweise annektiertem Boden, die landlose römische Bürger aufnahmen und so zum Abbau sozialer Spannungen beitrugen. Landwünsche der Plebejer wurden daneben auch durch Viritanassignationen (Landzuweisungen an Einzelpersonen) befriedigt. Seit dem 2. Römisch-Karthagischen Krieg vermochte der römische Bauernstand allerdings die unaufhörlichen militärischen Belastungen kaum mehr zu tragen; mit der Verarmung weiter Bevölkerungskreise setzte nun eine Phase sozialer und politischer Desintegration ein, in der auch der traditionelle staatstragende Konsens der römischen Elite zerbrach, und bot der gewaltsamen Eskalation im sogenannten Jahrhundert der Bürgerkriege (133–30 v.Chr.) Raum. Beginnend mit den Gracchen, die mit großen Landverteilungsaktionen noch einmal das traditionelle Instrumentarium zur Behebung der wachsenden sozialen Spannungen in Rom einzusetzen versuchten, wurde das politische Leben zunehmend vom Machtstreben einzelner Politiker (Marius, Sulla, Pompeius, Caesar) und von Parteibildungen beherrscht, die sich für die Verfolgung ihrer persönlichen Ambitionen der Unterstützung einzelner gesellschaftlicher Gruppen versicherten. Neben der stadtrömischen Plebs war es vor allem die Heeresklientel der großen Feldherren, deren Interessen – die Abfindung mit Landzuteilungen in fruchtbaren Landstrichen – hierüber Berücksichtigung fanden und eine kontinuierliche Kolonisationstätigkeit, in Italien wie in den überseeischen Provinzen, in Gang hielten.

Neben diesen Gruppen verlangten insbesondere auch die römischen Waffengefährten während der zurückliegenden Eroberungskriege, die latinischen Verbündeten und die italischen *socii* (Bundesgenossen), eine angemessene Berücksichtigung. Ihrer Forderung nach Gewährung des vollen römischen Bürgerrechts wurde erst nach dem Bundesgenossenkrieg (91–89 v.Chr.) nachgegeben; damit war nahezu ganz Italien im vollen Sinne römisch, wurde aber nach wie vor von einem aristokratisch-stadtstaatlichen Regiment, dem Senat, regiert. Die Bürgerkriege mit ihren Proskriptionen (Verfolgungen innenpolitischer Gegner, vor allem senatorischen und ritterlichen Ranges), Konfiskationen und parteipolitisch motivierten Ergänzungen des Senats trugen zum Zerfall des traditionellen *ordo senatorius* bei und zogen ebenso die Oberschichten der italischen Städte (*ordo decurionum*; Stadträte: *decuriones*) schwer in Mitleidenschaft, während zugleich zahlreiche soziale Parvenüs Zugang zu diesen Ständen fanden.

## Handwerk, Handel

Unmittelbare Folge der römischen Weltreichsbildung war der enorme Aufschwung, den Handwerk und Handel erlebten. Die Errichtung einer zunehmenden Zahl von Tempeln und anderen Großbauten in Rom seit dem 5. Jahrhundert v.Chr. bezeugt neben etruskischen und griechischen künstlerischen Einflüssen vor allem die rasante Entwicklung und Spezialisierung des römischen Handwerks, das jedoch überwiegend in Kleinbetrieben organisiert blieb. Selbst überregional absetzbare Erzeugnisse (wie die arretinische *terra sigillata*) wurden kaum in Großbetrieben (Manufakturen) gefertigt; solche gewannen erst in der Spätantike und hier unter staatlicher Direktive (zum Beispiel Waffenherstellung) eine gewisse Bedeutung. Warenproduktion und -austausch stießen allerdings aufgrund der Transportbedingungen ohnehin auf Grenzen, die eine Intensivierung des Handels über größere Strecken erschwerten. Der Landtransport war – ungeachtet des (für militärische Zwecke errichteten) römischen Straßensystems – überaus kostspielig und für Massengüter ungeeignet, der Seetransport aufgrund von Seeräuberei und unzulänglicher navigatorischer Kenntnisse riskant. Die Märkte blieben so in ihrer Bedeutung oft regional beschränkt. Rom, das große Konsumzentrum, das Menschen und Produkte aus dem ganzen Mittelmeerraum anzog, genoss – ebenso wie Konstantinopel in der Spätantike – eine Sonderstellung.

Hauptsächlicher Nutznießer der römischen Expansion waren die Familien des *ordo senatorius*, aber auch die Angehörigen des *ordo equester*, des Ritterstandes. Erstere vermochten sich als Consuln oder Prätoren in den Feldzügen durch Kriegsbeute zu bereichern – ein wesentlicher Grund für die Bereitschaft des Senats zu immer neuen Kriegen, sofern solche nicht von den Consuln selbst in der Hoffnung auf Beute vom Zaun gebrochen wurden. Statthalterschaften in den eroberten Provinzen versprachen diesem Kreis gleichfalls Bereicherungsmöglichkeiten. Mit der Ausdehnung des Imperiums ging eine Akkumulation der Reichtümer der Mittelmeerwelt in den Händen der schmalen römischen Elite einher.

Für die Entwicklung von Handel, Produktion und Finanzleben in Rom bedeutete die Wirtschaftsethik der reichen senatorischen Oberschicht ein Hindernis. Ganz auf repräsentativen Konsum ausgerichtet investierte sie kaum in Kapital bildende Wirtschaftszweige, sondern eher unproduktiv in Landbesitz, der allein als standesgemäße Einnahmequelle angesehen wurde. Handelsaktivitäten der Oberschicht wurden nur über Mittelsmänner abgewickelt; seit 218 v. Chr. (*lex Claudia*) war Senatoren der Besitz von Schiffen, die größer waren als ihr Eigenbedarf es erforderte, verboten. Die wirtschaftlich aktivste gesellschaftliche Gruppe waren die Ritter (*equites; ordo equester*), die – aus dem wohlhabenden Bauerntum hervorgegangen – keinen entsprechenden Beschränkungen unterlagen und daher kapital- und gewinnträchtige Bereiche des Wirtschaftslebens monopolisierten. Die römische Expansion erschloss ihnen als Steuerpächter (*publicani*), organisiert in Gesellschaften (*societates*), die Eintreibung der Provinzialsteuern (Tribute) auf eigene Rechnung. Die Auspressung der überseeischen Gebiete, wie zuvor ihre Plünderung während der Eroberungszüge durch römische Feldherren und Heere, führte so gewaltige Reichtümer nach Rom. In gleicher Weise pachteten ritterliche *publicani* auch Aufgaben der Heeresversorgung, des Transportwesens, des Straßenbaus, der Ausbeutung von Bergwerken und Zöllen. Doch auch als Großhändler, Bankiers und Stabsoffiziere waren die Ritter tätig; in der späten Republik finanzierten sie die Karrieren und Wahlkämpfe zahlreicher Politiker (zum Beispiel Caesar).

Der im Zuge der Expansion sich in Rom anhäufende Reichtum und die zunehmende Integration der Republik in den hellenistischen Wirtschaftsraum revolutionierten auch das zuvor primitive, auf unhandlichen Metallbarren beruhende römische Geldwesen: Im 3. Jahrhundert v. Chr. setzt die römische Münzprägung in Silber (Denar) und Bronze (As) ein, um die wachsenden Ausgaben der Republik, vor allem für Soldzahlungen und Heeresversorgung, decken zu können. Auch der Handel, der zuvor überwiegend auf Tauschbasis betrieben wurde, profitierte von dieser Entwicklung.

Erhebliche Mengen der im Imperium umgeschlagenen und über große Strecken transportierten Massengüter, vor allem Getreide, Wein und Öl, wurden nicht über einen freien Handel abgesetzt, sondern gerade in der Kaiserzeit unter staatlicher Verwaltung akquiriert, transportiert und verteilt (*annona*), wobei sich diese hierbei oft privater Unternehmer bediente. Die Provinzialsteuern wurden in den fruchtbarsten Provinzen, die eine Überschussproduktion gestatteten (Sizilien, Südhispanien, Gallien, Afrika, Asien und Ägypten), überwiegend in Naturalien erhoben, um die politisch wichtigen Gruppen, stadtrömische Bevölkerung und Militär (in der Kaiserzeit etwa eine halbe Million Mann in Legionen und Hilfstruppen), mit diesen Grundnahrungsmitteln versorgen zu können. Auch die Ausbeutung und Nutzung wichtiger Rohstoffvorkommen (vor allem Erze und Metalle, aber auch Marmor) in den Provinzen (insbesondere Hispanien, Noricum, Thrakien, Ägypten) geschah unter staatlicher Kontrolle nach einem eher als Redistribution zu bezeichnenden System. Allein Luxusgüter, bei denen die Transportkosten nur eine untergeordnete Rolle spielten, wurden im Fernhandel nach den Prinzipien einer marktorientierten Wirtschaft vertrieben. Dieser Warenaustausch beruhte dabei (wie auch der Außenhandel des Imperiums) allein auf der Initiative und Risikobereitschaft einzelner Unternehmer; überregionale Handelsfirmen sind außerhalb des Systems der *annona* nicht nachweisbar. Die in den Inschriften und Gesetzestexten vielfach begegnenden Zusammenschlüsse von Händlern oder Schiffern in *collegia* oder *corpora* galten (wie die entsprechenden Vereinigungen der Handwerker) dagegen der Vertretung standesspezifischer Interessen gegenüber der römischen Verwaltung oder anderen, vornehmlich kultischen Aufgaben. So hat der römische Handel nie die organisatorischen Schranken seiner primitiven Strukturen ablegen können.

## Sklaven, Freigelassene

Das römische Wirtschaftsleben wurde – als Folge der Eroberungen – vor allem durch den enormen Zufluss von Sklaven, die als billige Arbeitskräfte in der Landwirtschaft, im Gewerbe und den städtischen Haushalten zur Verfügung standen, geprägt. Als *instrumentum vocale* waren sie ohne jegliche persönlichen Rechte uneingeschränktes Eigentum ihrer Herren, die sie ausbeuten, verkaufen oder auch töten konnten. Das schlimmste Los hatten wohl die Sklaven in den Bergwerken. Über ihren Alltag schrieb Diodor (V 36 ff.): *Die Sklaven, die im Bergbau beschäftigt sind, bringen ihren Besitzern unglaubliche Einkünfte. Sie selbst aber müssen unterirdisch graben, bei Tage wie bei Nacht, gehen körperlich zugrunde und viele sterben infolge der übermäßigen Anstrengung – denn Pausen in der Arbeit gibt es nicht; Aufseher zwingen sie mit Schlägen, die furchtbaren Leiden zu ertragen, bis sie elend ihr Leben aushauchen.*

Es wird geschätzt, dass in der ausgehenden Republik in Italien etwa 3 Millionen Sklaven (bei einer angenommenen Gesamtbevölkerung von 7,5 Millionen) lebten. Die Ausweitung der Sklavenwirtschaft, besonders nach dem Ende des 2. Römisch-Karthagischen Krieges, und die oft erschreckenden Lebensbedingungen der Sklaven jedenfalls auf den riesigen Landbesitzungen der Oberschicht in Süditalien und Sizilien führten allerdings bald zu großen Revolten (136–132 und 104–101 v.Chr. in Sizilien; 74–71 v.Chr. unter Spartacus ausgehend von Süditalien, um schließlich auf die ganze Halbinsel überzugreifen), die von römischen Heeren erst nach schweren Niederlagen und mit äußerster Brutalität niedergeworfen werden konnten. Mit dem Ende der römischen Expansion im Osten unter Augustus versiegte auch der Nachschub an preiswerten Sklaven; der Nachwuchs in Gestalt von *vernae* (hausgeborene Sklavenkinder) und sonstigen Quellen (Import aus nichtrömischen Gebieten, Kindesaussetzung) vermochten dies nicht auszugleichen. Freie Arbeitskräfte gewannen so auch auf den Großgütern (*latifundia*) in der Kaiserzeit wieder an Bedeutung.

Die römischen Agrarschriftsteller (Cato, Varro, Columella) geben einen Einblick in die Bewirtschaftungsformen senatorischer Eigentümer auf ihren Landgütern und vor allem auch in die zugrunde liegende Wirtschaftsmentalität dieser Kreise, über die auch Cicero informiert: Allgemein wurden Handel und Handwerk als sozial disqualifizierende Erwerbsweisen von der römischen Elite abgelehnt; nur die Landwirtschaft galt als standesgemäß beziehungsweise einem freien Mann angemessen. Senatorische Vermögen bestanden so überwiegend aus (meist breit gestreutem) Landbesitz, der allerdings – anders als es das altrömische Tugendideal (*mos maiorum*) vorzeichnete – nicht eigenhändig, sondern in der Regel unter der Anleitung von Verwaltern (*vilici*, meist selbst Sklaven) von Sklaven bewirtschaftet beziehungsweise – nach dem Rückgang der Sklavenwirtschaft – direkt oder unter *conductores* als Großpächtern auch an Kleinpächter (*coloni*) vergeben wurde. Die vorherrschende Abneigung, über gezielten Kapitaleinsatz entsprechend höhere Erträge aus dem Landbesitz zu erzielen, stattdessen vielmehr unter Vermeidung von finanziellen Risiken sich eher mit bescheidenen, aber sicher kalkulierbaren Renditen zu begnügen, ist bezeichnend für das ökonomische Selbstverständnis der römischen Elite, die eher zu einem Rentier-Dasein als zu (unstandesgemäßem) aktivem Wirtschaftsverhalten neigte. Kosten sparende Autarkie der Landgüter hatte so Vorrang vor der Ausbildung einer gewinnträchtigeren, stärker arbeitsteiligen Wirtschaftsweise.

Nachdem die Ritter Lebensstil und Wertvorstellungen der senatorischen Oberschicht weitgehend übernommen und auch Zugang zum *ordo senatorius* erhalten hatten, trat in der Kaiserzeit eine neue gesellschaftliche Gruppe als Motor des Wirtschaftslebens hervor: In den Städten, vor allem Rom, sieht man nun ehemalige Sklaven als Freigelassene (*liberti*) überall in Gewerbe und Handel tätig. Im urbanen Raum erhielten Sklaven von ihren Herren als Ansporn für höhere Produktivität oft größere wirtschaftliche Spielräume und Aussicht auf spätere Freilassung (*manumissio*), durften mit einem *peculium* (Kapital) teils auf eigene Rechnung oder gegen Beteiligung

Grab eines Freigelassenen. Grabrelief des L. Vibius und seiner Familie

ihres Eigentümers (*dominus*) wirtschaften und sich schließlich mit ihren Ersparnissen freikaufen – ohne allerdings deshalb in der Folge frei von finanziellen oder anderen Verpflichtungen gegenüber ihrem *patronus* und dessen Nachkommen zu sein. Gerade in Handwerk und Gewerbe, aber auch im Klein- und sogar Großhandel (hier als Agenten ihrer Patrone) arbeiteten *liberti* und vermochten teilweise phänomenale Reichtümer zusammenzutragen und etwa auch ihrerseits Sklaven, Land und anderes zu erwerben. Manche von ihnen nahmen eine Vertrauensstellung am Kaiserhof ein und vermochten so einen beträchtlichen politischen Einfluss zu gewinnen. Persönlich aufgrund ihrer unfreien Herkunft von allen Ehrenstellungen (*honores*) des öffentlichen Lebens wie Ämtern und Priesterschaften ausgeschlossen und nur im Rahmen des Kaiserkultes zu priesterlichen Funktionen zugelassen (als *augustales*), konnten sie doch ihren Söhnen und Enkeln die Voraussetzung für einen sozialen Aufstieg bis in die Spitze der römischen Gesellschaft verschaffen. Die römische Gesellschaft der Kaiserzeit erlebte auf diese Weise ein beachtliches Maß an vormals ungekannter sozialer Mobilität.

## Rolle der Frauen

In der patriarchalisch geprägten Gesellschaft Roms standen die Frauen sozial, politisch und ökonomisch im zweiten Glied. Sie alle vereinte die Vorstellung, dass sie nie die Vollkommenheit von Männern erlangen konnten. Sie galten als schutzbedürftig, weil sie körperlich schwach waren, ihren Gefühlen ausgeliefert und empfindlich für die Einflüsterungen anderer. Aus diesem Grund standen sie lebenslang unter der Vormundschaft (*tutela* oder *manus*) von Männern. Allerdings war der Grad an Bevormundung, den sie erlebten, stark abhängig von der gesellschaftlichen Schicht, der sie angehörten, ihrem eigenen Alter und der Relevanz der Familie, der sie entstammten. Zwischen den einfachen Sklavenmädchen und den wohlgeborenen Matronen lagen Welten. Frauen verfügten unter Umständen über gewaltige Vermögen wie Domitia Lucilla, deren Enkel sogar Kaiser wurde. Aus allen Frauen ragten schließlich die Mitglieder der kaiserlichen Familie heraus. Obwohl nach römischem Verständnis keine Frau Anteil an der politischen Herrschaft (weder aktives noch passives Wahlrecht) haben durfte, übten diese beträchtlichen sozialen und schließlich auch politischen Einfluss aus, weil der politische und private Bereich in Rom eben nicht voneinander zu trennen war. Wie bei allen Frauen lag auch die wichtigste gesellschaftliche Bestimmung der Kaiserfrauen in der Reproduktion. Nur eine Hand voll Frauen, wie die vestalischen Priesterinnen, war – vor dem Aufkommen des Christentums – von dieser gefahrvollen Pflicht entbunden. Im ganzen Reich wurden mit erstaunlicher Kontinuität und Beharrlichkeit die weiblichen Ideale Keuschheit (*pudicitia*), Loyalität (*pietas* gegen Götter und Familie) und Geschick in den Künsten der Textilherstellung propagiert und auf den Grabinschriften der Frauen verewigt. Einehe galt als Ideal, aber tatsächlich waren die modernen Patchworkfamilien aufgrund von hoher Sterblichkeit und unproblematischen Scheidungsmöglichkeiten weit verbreitet.

Rollenkonformes Verhalten konnte in der Kaiserzeit den Frauen ein erhebliches Maß an Unabhängigkeit einbringen. So befreite der Kaiser diejenige, die drei Geburten nachweisen konnte, von der Verpflichtung, einen Vormund zu haben, um ihre geschäftlichen Angelegenheiten zu regeln. Ein anderer Weg, auch im öffentlichen Leben eine gewisse Rolle zu spielen, war die Übernahme eines Priesteramtes. Grundsätzlich wurde von den Frauen erwartet, dass sie zum Wohl der Gemeinschaft religiöse Verpflichtungen übernahmen. Aber die Bekleidung eines Priesteramtes beispielsweise im Kult der Kaiser und Kaiserinnen ermöglichte vornehmen Damen, als Gegenleistung für große Stiftungen an die Priesterschaft und die Gemeinde, wie es sonst nur Männern zustand, öffentlich mit einer Statue geehrt zu werden.

## Provinzialen

Die Konsolidierung der römischen Gesellschaft unter der außerordentlich langen Regierung des Augustus schuf die Voraussetzungen für die nun einsetzende dauerhafte Integration auch der außeritalischen Gebiete und ihrer Bewohner (Provinzialen) in das römische Gesellschaftssystem. Die Einführung einer einheitlichen Verwaltung, der Ausbau des Straßennetzes, die Verbreitung des Lateinischen als Amts- und (im Westen) als Umgangssprache sowie die Heranziehung der Provinzialen zum Heeresdienst bewirkte eine zunehmende Verbreitung römischer Vorstellungen im Imperium Romanum, das nunmehr die gesamte Mittelmeerwelt umfasste. Für diesen Prozess der Romanisierung, der Vereinheitlichung der Lebensverhältnisse und der Kultur sind vor allem zwei Elemente konstitutiv: die Verleihung des Bürgerrechtes und die Urbanisierung. Das römische Bürgerrecht (*civitas Romana*), ursprünglich ein kostbares Privileg, wurde zunächst sehr sparsam vergeben, meist den romtreuen Angehörigen der lokalen Eliten in den Provinzen, bald aber auch der dortigen Bevölkerung sukzessive verliehen. Das Edikt Kaiser Caracallas (*constitutio Antoniniana,* 212), das allen persönlich freien Einwohnern des Reiches das Bürgerrecht zuerkannte, bildete den Abschluss dieses rechtlichen Gleichstellungsprozesses aller Reichsbewohner.

Die von der Reichsverwaltung begünstigte Urbanisierung des Imperiums, vor allem des rückständigen Westens, durch die Verleihung von Stadtrechten (das heißt insbesondere dem Recht auf Selbstverwaltung nach römischem Muster) förderte die Angleichung der Lebensverhältnisse und bewirkte die Übertragung der bewährten römisch-italischen Gesellschaftsstrukturen mit ihrer Akzentuierung der über Großgrundbesitz und Reichtum verfügenden Familien als sozialer Oberschicht und politischer Führungselite. Vor allem dienten die wohl 1500 Städte der effizienten, da dezentralen und nur ein Minimum an Personal erfordernden Verwaltung des Reiches, das sich überwiegend aus städtischen Territorien zusammensetzte. Die hier aktiven und von Rom geförderten lokalen Eliten (Decurionen, Magistrate), die römischen Lebensstil und Kultur annahmen und propagierten, bildeten darüber hinaus das Potential, aus dem fähige Persönlichkeiten für höhere Aufgaben in der Reichsverwaltung rekrutiert werden konnten. Vornehme Provinzialen fanden dabei ihren Weg nicht nur in ritterliche Dienststellungen in Heer und Verwaltung, sondern etablierten sich und ihre Familien auch sozial in der Reichsaristokratie, die aufgrund des Aussterbens oder Rückzugs der alten Familien ständiger Ergänzung bedurfte. Die Integration der lokalen und provinzialen Eliten in die traditionellen römischen *ordines* (Ritter-, Senatorenstand) und ihre Zulassung auch zu den höchsten Funktionen und stadtrömischen Ämtern (Consulat, Priesterämter), mithin die Verbreiterung der sozialen und politischen Basis des römischen Herrschaftssystems ist als entscheidender Faktor für den jahrhundertelangen Bestand und politischen, sozialen und wirtschaftlichen Zusammenhalt des gesamten Mittelmeerraums und seiner angrenzenden Gebiete unter römischer Herrschaft anzusehen. Der wirtschaftliche und soziale Aufstieg der Provinzen gegenüber Italien, die Blütezeit der Städtekultur und der stete, diese Entwicklungen reflektierende Wandel in der Zusammensetzung von Senat und Ritterschaft als den soziopolitischen Schlüsselgruppen unterhalb des Kaiserhauses erwiesen sich als die grundlegenden Phänomene der gesellschaftlichen Entwicklung des Imperiums in der Principatszeit.

Von der Mitte des 3. Jahrhunderts an änderten sich demgegenüber die grundlegenden gesellschaftlichen und ökonomischen Rahmenbedingungen und setzten der Prosperität und vielfältigen sozialen Mobilität der Principatszeit ein Ende. Der politisch-militärisch erfolgreiche Versuch der Stabilisierung des Reiches führte über einen Ausbau der Verwaltung (Bürokratisierung), die Bindung weiter Bevölkerungskreise an die Scholle (Kolonat), Beruf oder Stand (Zwangserblichkeit) und über die systematische Mobilisierung aller Ressourcen zugunsten des expandierenden Militärapparates zu wachsendem steuerlichem und wirtschaftlichem Druck auf die stagnierende Bevölkerung und zur zurückgehenden Ertragsfähigkeit von Landwirtschaft, Handwerk und Handel. Nicht zuletzt die Städte und ihre Führungsschichten bluteten aus und verloren an Bevölkerung wie an Bedeutung.

Die römische Kaiserzeit war eine Epoche der städtischen Kultur. Eine Tendenz zur Vereinheitlichung, das heißt zur weitgehenden Aufhebung der regionalen Unterschiede und zur Angleichung der verschiedenen Provinzen und Reichsteile an die griechisch-römisch geprägte Zivilisation bestimmte am auffälligsten den Charakter dieser Epoche. Der Romanisierungsprozess konnte dort seine tiefsten Spuren hinterlassen, wo urbane Traditionen und ihre zivilisatorischen Folgen am schwächsten ausgebildet waren. Dies betraf vor allem die westlichen Gebiete des Imperiums (Hispanien, Südgallien, Afrika). Hier übernahm man gerne die lateinische Sprache, und die römische Lebensart konnte sich reibungslos durchsetzen. Etwas anders dagegen verlief diese Entwicklung in den östlichen Reichsteilen. Dort bestand seit langem ein dichtes Netz griechischer Siedlungen und Städte, die der römisch-lateinischen Kultur ebenbürtig, wenn nicht sogar überlegen waren. So blieb der Ostteil des Imperium Romanum griechisch geprägt. Die griechische Sprache und Kultur wirkten dort bis zum Ende des Altertums und darüber hinaus ungebrochen fort.

Ein wesentlicher Träger der Romanisierung waren die römischen Legionen. Ausgediente Veteranen blieben nach Ablauf ihrer Dienstzeit in der näheren Umgebung ihrer früheren Garnisonen, in deren Umkreis sich vielerorts zivile Siedlungen ausbreiteten, die Keimzellen vieler späterer Städte. Municipalbeamte aus den Provinzen sowie die in den Auxiliarformationen des Heeres dienenden Provinzialen erhielten nach Beendigung ihres Dienstes das römische Bürgerrecht.

## Urbane Lebenswelten

Vom 2. Jahrhundert v. Chr. an wird Rom die bestimmende Stadt der Alten Welt. Über ihren Stellenwert äußerte sich Cicero (An seine Freunde XI 12, 2) folgendermaßen: *Gib dich ihr ganz hin und lebe in ihrem unvergleichlichen Licht (...). Sich aus ihr zu entfernen, bringt üble Nachrede und Vergessenheit mit sich für jeden von uns, die wir fähig sind, zu Roms Ruhm durch unsere Arbeit beizutragen.*

Trotz seines fortschreitenden Bedeutungsverlustes, der sich während des 3. Jahrhunderts deutlich offenbarte, vermochte Rom eine entscheidende Rolle bis zum Ausgang des Altertums zu spielen. In gewissem Sinne war es Ausnahme und Regel zugleich. Einerseits war es politisch übermächtig, demographisch stark und städtebaulich äußerst bedeutsam. Doch so unvergleichbar Rom auch blieb, wurde es für viele Städte des Reiches zum Maßstab, den es zu imitieren galt.

Eine entscheidende Zäsur erlebte Rom, als infolge der Bürgerkriege die republikanische Staatsform zusammenbrach und Augustus und seine Nachfolger die Monarchie etablierten. Kein anderer Autor hat die Bedeutung dieses Wandels für das Stadtleben prägnanter erfasst als der im 2. Jahrhundert schreibende Juvenal (10. Satire 78–81). In der so eigentümlich römischen Literaturgattung der Satire hat er die Folgen dieses Transformationsprozesses geschildert: *Seitdem wir keinem mehr unsere Stimme verkaufen können, hat das Volk längst jedes Interesse (am politischen Leben der Stadt) verloren. Denn während es einst Befehlsgewalt, Liktorenbündel, Legionen, alles zu vergeben hatte, hält es sich jetzt zurück und wünscht sich dringlich zwei Dinge nur noch: Brot und Spiele.*

Ein Großteil der römischen Stadtbewohner führte ein von der Gunst der Mächtigen abhängiges Dasein. Um die Masse der Bevölkerung zur Loyalität gegenüber dem Kaiser anzuhalten, erhielt sie Nahrungsmittelspenden und gelegentlich Geldgeschenke. Die Kaiser scheuten keine Kosten, um durch Theateraufführungen, Gladiatorenkämpfe und sonstige Darbietungen die *plebs urbana* bei Laune zu halten. Gleichzeitig bot die Abhaltung solcher Feiern der vornehmen Stadtgesellschaft eine günstige Möglichkeit, sich selbst darzustellen. Standesunterschiede herauszukehren war eine beliebte Möglichkeit, das eigene Selbstbewusstsein zu erhöhen. Dafür gibt es zahlreiche Zeugnisse. Keines ist vielleicht so anschaulich wie ein Epigramm des Dichters Martial (Epigramme V 8). Darin wird eine Verfügung des Kaisers Domitian gelobt, wonach Angehörige des Ritterstandes, oberhalb der für Senatoren reservierten Ehrensitze, bevorzugte Plätze im Theater zugewiesen bekamen: *Endlich kann man wieder bequemer sitzen, jetzt ist die Würde des Ritterstandes wiederhergestellt, wir werden nicht mehr durch den Pöbel bedrängt und beschmutzt.*

Rom war übervölkert. Tausende von Menschen drängten sich auf engstem Raum im Zentrum der Stadt. Dort waren die Kaiserforen und Basiliken, dort standen die Theater, Thermen und der Circus Maximus, die repräsentativen Tempel hatten ebenfalls dort ihr Zuhause sowie zahllose Portiken, Kaufläden und die Stadtresidenzen der großen Herren, denen man als Klient täglich die Aufwartung machte. Doch es gab auch Schattenseiten. Die Mietskasernen (*insulae*) waren klein, überteuert und ständig vom Einsturz oder von der Feuergefahr bedroht. Der Straßenlärm war unerträglich. Die in Rom wohnhaften Schriftsteller werden nicht müde, Klagelieder auf die Defizite der Stadt anzustimmen. Wer aber Rom lobte, tat dies weniger wegen der Qualität seiner urbanen Infrastruktur, sondern aufgrund der überragenden Bedeutung der Stadt als Machtzentrale des Reiches.

Der architektonische Ausbau der Stadt Rom oblag der Fürsorge der Kaiser, denn sie war eine eminent politische Aufgabe. Die Baupolitik diente der Herrscherdarstellung. Sie reflektierte zugleich den durch den Übergang von der Republik zur Monarchie sich vollziehenden Mentalitätswandel, der sich in der Interaktion zwischen Kaiser und Stadtbevölkerung kundtat. Den Anfang machte hier Augustus: *Rom, dessen äußeres Ansehen damals noch nicht der Majestät seiner Weltherrschaft entsprach …, verschönerte er (Augustus) so sehr, dass er schließlich mit Recht sich rühmen durfte, er hinterlasse eine Stadt aus Marmor, während er eine Stadt von Backsteinen vorgefunden habe* (Sueton, Leben des Augustus 28). Das Beispiel fand außerhalb der Reichszentrale Nachahmung. Den vermögenden Bürgern der Provinzstädte bot die Verschönerung ihrer Heimatstadt eine Plattform zur gesellschaftlichen Profilierung. Indem sie für die Allgemeinheit Theater, Thermen, Markthallen oder Bibliotheken stifteten, erwarben sie Sozialprestige und öffentliche Wertschätzung. Letztere schlug sich im politischen Leben der Stadt nieder: Großzügige Spender wurden mit den höchsten lokalen Magistraturen betraut. Wie wichtig diese Akkumulation von Ehre und Anerkennung war, zeigen uns zahlreiche Inschriften, die eine wertvolle Quelle für die Bewertung des Selbstverständnisses der munizipalen Eliten bilden.

Über die Dichotomie von Zivilisation und Natur, wie sie sich in dem Gegensatz zwischen Stadt und Land äußerte, haben die antiken Autoren vielerlei Nachrichten hinterlassen. Der gelehrte Antiquar Varro (Res Rusticae III 1, 4) brachte es auf die Formel: *Die göttliche Natur hat uns das Land geschenkt, die menschliche Fähigkeit hat Städte geschaffen.* In der aristokratisch beeinflussten römischen Literatur gehörte die Lobpreisung des Landlebens zum guten Ton. Vergil (Georgica II 458 f.) sagte dazu: *Wie glücklich ist der Bauer, wenn er nur sein Glück erkennen würde! Fern von ihm die gesellschaftlichen Formalitäten der Stadt, der Luxus prachtvoller Bauten … nur sorglose Ruhe und ehrliche Einfachheit.* Wie keine andere Tätigkeit wurde die Landwirtschaft als gesellschaftsfähig empfunden. Auf den in den Städten konzentrierten Erwerbsformen des Handwerks und des Handels lastete der Ruch der Unvornehmheit. Es gibt dafür kein eindringlicheres Beispiel als die von Livius (Römische Geschichte III 26, 7–12) überlieferte Episode des Lucius Quinctius Cincinnatus, die den Weg vom Ackerpflug direkt ins höchste römische Staatsamt thematisiert. Der alte Cato brachte es auf die Formel: *Die Landwirte sind die tapfersten Männer und die tüchtigsten Soldaten; und der Erwerb, der ihnen erwächst, ist der frömmste und sicherste, und er wird am wenigsten missgönnt, und die Menschen sind am wenigsten bösartig, die in diesem Beruf beschäftigt sind* (Cato, De agricultura 1,4). Aus römischer Perspektive bestand kein unüberbrückbares Gefälle zwischen Stadt und Land. Beide Grundformen des menschlichen Lebens wurden komplementär gesehen und als sich bedingende Elemente gedacht. Die schroffe mittelalterliche Trennung von Stadt und Land (Stadtluft macht frei!) war in der römischen Antike unbekannt.

# Das Kaiserreich zwischen Krise und Konsolidierung

## Einführung

Während der etwa hundertjährigen Zeitspanne, die sich zwischen dem Ausgang des Adoptivkaisertums und der Begründung der konstantinischen Dynastie erstreckt (193–306), erlebte das Reich mehr Regenten als in den übrigen Jahrhunderten römischer Kaiserherrschaft zusammen. Die meisten von ihnen amtierten nur kurz, und viele starben eines gewaltsamen Todes. Die an den Grenzen des Imperiums stationierten Armeen erhoben damals massive politische Ansprüche, indem sie – unter Ausspielung ihres Einschüchterungspotenzials – ihre jeweiligen Kandidaten an die Spitze des Reiches zu setzen versuchten. Die Folge davon war ein permanenter Bürgerkrieg, den die Soldatenkaiser (sie werden so genannt, weil sie Truppenkommandeure waren, die ihre Herrschaft der Armee verdankten) mit äußerster Erbitterung gegeneinander führten, um Thron und Leben zu verteidigen.

Der Mangel an politischer Stabilität korrespondierte mit tief greifenden gesellschaftlichen Veränderungen. Wirtschaftskrisen und soziale Umwälzungen lassen sich als Ursache oder Folge der Autoritätskrise, die durch die Labilität der Herrschaftsverhältnisse entstand, interpretieren. Doch die Interdependenz greift weiter und erfasste auch die politische Verfassung des Reiches, den Kulturbetrieb und die Religionspolitik. Hinzu kam eine Erhöhung des Druckes auswärtiger Völker auf die Grenzen des Reiches, ohne dass es der Regierung gelang, sie dauerhaft abzuwehren. Am gefährlichsten war aber die Konsolidierung des persischen Reiches der Sassaniden an der Euphratgrenze, was der römischen Außenpolitik eine zusätzliche Hypothek aufbürdete.

Für kaum eine andere Epoche der römischen Geschichte ist die Überlieferungslage so dürftig wie für diese. Der Mangel an zeitgenössischen Autoren wird nicht durch spätere Nachrichten kompensiert. Erst ab der Regierungszeit Diocletians (284–305) fließen die Quellen etwas reichlicher. Mit der auf ihn zurückgehenden Errichtung der Vierkaiserherrschaft (Tetrarchie) entsteht eine neue Form von Politikgestaltung, die einen ungewöhnlichen Reformeifer erkennen lässt. Zusätzlich wird auch ein systematischer Versuch zur Gesundung der politischen und ökonomischen Defizite unternommen, der als zukunftsweisend bezeichnet werden kann.

## Von Commodus zu Alexander Severus

Aus rückschauender Perspektive erscheint das Principat als eine lineare Abfolge der einzelnen Kaiser, doch dies trifft nur teilweise zu. Es gab keine Instanz, der es von Amts wegen oblag, den Princeps zu bestimmen. Daher stand nach der Erringung der Herrschaft (dies konnte mit Hilfe des Senats, der Prätorianer, der Legionen, des Vorgängers oder der stadtrömischen Bevölkerung geschehen) der Wunsch nach Legitimation an erster Stelle. Dies traf für die Zeit des Septimius Severus besonders zu, als sich alle Träume eines senatsgebundenen Kaisertums definitiv zerschlagen hatten. Der mit Waffengewalt errungene Thron musste von einer breiten Zustimmung getragen werden, falls die Herrschaft Bestand haben sollte. Bereits im 1. Jahrhundert gab es Versuche, das Principat zu überhöhen. Diese Tendenz lässt sich am Ende des 2. Jahrhunderts verstärkt beobachten, als sich nach den Adoptivkaisern neue Formen der kultischen Einrahmung der kaiserlichen Regierung ausbreiteten. Die Profilierungsmöglichkeiten eines Princeps waren angesichts der vielfältigen Sachzwänge – wie Einbindung des Senats in die Verwaltung des Reiches, Erhaltung der Loyalität der Legionen, Befriedung der unruhigen Provinzen, Versorgung der stadtrömischen Bevölkerung – beschränkt. Hinzu kam die hohe Erwartungshaltung an die Arbeitskapazität des Princeps, der als Patron, Schlichter, Richter, oberster Priester oder Feldherr auftreten und dabei stets das Richtige tun musste. Wollte ein Kaiser die besondere Note seiner Regierung unterstreichen, so konnte er auf die Herrschaftsideologie und auf die Kultpolitik zurückgreifen. In beiden Bereichen war das Reservoir an Gestaltungsmöglichkeiten beträchtlich. Anpassung oder Unterscheidung lauten die Leitbegriffe, unter die man die einschlägigen Maßnahmen subsumieren kann. Neue Machthaber konnten ihren Herrschaftsanspruch in die Kontinuität ihrer (erfolgreichen) Vorgänger stellen oder (falls diese erfolglos gewesen waren) sich als Begründer einer neuen Tradition stilisieren. Die Auswahl ihrer Leitbilder und deren Instrumentalisierung als Sprachrohr der kaiserlichen Programmatik hatte eine legitimatorische Funktion.

Commodus (180–192) bewegte sich im Banne herkömmlicher Vorstellungen, wenn er sich als Nachkomme Jupiters und lebender Hercules darstellen ließ. Bereits Nero hatte vor seinem Palastneubau eine Kolossalstatue Apollos errichtet, die seine Züge trug. Commodus ging allerdings einen Schritt weiter und ließ sich als Gott (*deus*) anreden. Er tauchte in die kultische Gefühlswelt seiner Zeit völlig ein und benutzte sie zur Überhöhung seiner monarchischen Stellung. In seiner Regierung sind unübersehbare Ansätze wahrnehmbar, die kaiserliche Autokratie in ein religiös fundiertes System einzukleiden.

Aus den Machtkämpfen, die nach der Beseitigung des Commodus entbrannt waren, ging der aus Africa stammende Septimius Severus, der sich auf die an Donau und Rhein stationierten Legionen stützen konnte, als Sieger hervor (193). Seiner Tatkraft gelang es, die in Ost und West bedrohten Grenzen des Reiches erfolgreich zu

Septimius Severus

verteidigen. Um seine Söhne Caracalla und Geta an der Herrschaft zu beteiligen, wurde zuvor Clodius Albinus beseitigt, der Kommandeur der britannischen Legionen, dem einst als Dank für seine Loyalität eine Mitherrschaft versprochen worden war. Severus verfolgte zwei Strategien, um seinen Thronanspruch zu festigen. Er setzte sich gekonnt als erfolgreicher Feldherr in Szene, der das Reich um zwei Provinzen erweitert hatte (Osrhoëne, Mesopotamia). Seine Sieghaftigkeit als „Mehrer des Reiches" sollte ihn, der im Bürgerkrieg gesiegt hatte, auch für die Leitung der Regierungsgeschäfte und das Wohl des Reiches als den Richtigen ausweisen. Daneben brachte er in Umlauf, dass er von Marc Aurel adoptiert worden sei, knüpfte also eine dynastische Verbindung zu den Antoninen und Adoptivkaisern, was sich auch in einer Rehabilitierung Commodus' äußerte, der unversehens zum Bruder des amtierenden Kaisers avancierte. Wie öffentlichkeitswirksam Septimius Severus beide Stränge zu verbinden wusste, zeigte sich am 28. Januar des Jahres 198. An diesem Tag, dem einhundertjährigen Jubiläum des *dies imperii* von Kaiser Trajan, wurde sein älterer Sohn Caracalla zum Mitregenten (Augustus) erhoben und sein jüngerer Sohn Geta zum Nachfolger (Caesar) designiert. Gleichzeitig wurde die Eroberung der parthischen Hauptstadt Ktesiphon gefeiert, obwohl diese bereits im Vorjahr gelungen war. Solcherart verbanden sich Sieghaftigkeit und dynastisches Jubiläum zu einem doppelten Ehrentag.

Von großer Bedeutung waren die Frauen des severischen Kaiserhauses. Julia Domna, die syrische Ehefrau des Septimius Severus, ihre Schwester Julia Maesa und deren Töchter Julia Mamaea und Soaemia waren außergewöhnliche Persönlichkeiten. Sie erst brachten ihre Kinder und Enkel auf den römischen Kaiserthron: Caracalla (211–217), Elagabal (218–222) und Severus Alexander (222–235).

Mit Elagabal, der aus dem syrischen Emesa stammte, zog die religiöse Welt des Orients feierlich in Rom ein. Neu war, dass der Kaiser als ihr wichtigster Verfechter auftrat. Elagabal sah sich in erster Linie als Priester seines syrischen Sonnengottes, dem er eine Vorrangstellung in Rom einräumen wollte. Wenn auch sein Versuch, den traditionellen römischen Kult zu reformieren, indem er seinen Gott an die Spitze des römischen Pantheons stellte, erfolglos blieb, so wurde dennoch sichtbar, welche Möglichkeiten einem Kaiser in dieser Hinsicht zur Verfügung standen, falls er nicht wie Elagabal politisch scheiterte. Mit seiner Beseitigung endete die Episode eines syrischen Priesters auf dem römischen Kaiserthron. Sein Nachfolger Severus Alexander brach mit der Politik seines Vorgängers und stellte seine Regierung und Religionspolitik auf den Boden der römischen Tradition.

## Soldatenkaiser

Nach dem Tod des Severus Alexander (235) brach die größte Krise aus, die das römische Weltreich bis dahin erlebt hatte. Ihre Ursachen waren vielfältig. Wirtschaftliche Schwierigkeiten, Bevölkerungsrückgang, vor allem aber der Aufruhr der Nachbarvölker, gepaart mit einem Wandel der gesellschaftlichen und politischen Verhältnisse veränderten die Reichspolitik grundlegend. Ebenso umwälzend waren die Folgen der Autoritätskrise, die durch das Verschwinden der severischen Dynastie akut geworden war und die wichtigsten Bereiche des politischen Lebens lahm legte. So wurde das äußere Erscheinungsbild der Epoche durch sich ständig wiederholende Usurpationen bestimmt. Obwohl die meisten Kaiser des 2. Jahrhunderts gezwungen waren, sich außerhalb Roms in den Provinzen des Reiches aufzuhalten, verlor die Stadt nichts von ihrer Anziehungskraft als Mittelpunkt des Reiches. Sie blieb bis ins 3. Jahrhundert die bevorzugte Residenz der Kaiser. Diese Vorrangstellung ging ihr erst verloren, als in Folge der unzähligen Bürgerkriege und der Einfälle der Grenznachbarn die Randgebiete des Imperiums eine größere militärstrategische Bedeutung erlangten, womit eine Änderung der politischen Dynamik eintrat.

Die Verlagerung der Machtzentrale von Italien an die Peripherie des Reiches war zunächst eine Antwort auf die zunehmende Bedrohung der Grenzen durch auswärtige Völker (Alamannen, Franken, Goten, Sarmaten, Perser), aber auch eine Reaktion auf die instabilen innenpolitischen Verhältnisse. Da sich keine Dynastie auf Dauer etablieren konnte und die Herrschaft ständig wechselte, verlor die Reichspolitik ihre Solidität und Kontinuität, was besonders an der Zunahme der zentrifugalen Auflösungstendenzen abzulesen ist (Gallisches Sonderreich 259–273, Palmyra 262–274). Dadurch sank die kaiserliche Autorität, die bislang auf einem Konsens der führenden sozialen Gruppen beruht hatte, schließlich zu einer bloßen Funktion der dem jeweiligen Herrscher tatsächlich zur Verfügung stehenden militärischen Macht herab. Diese war in erster Linie durch ein Legionskommando zu erwerben. Dass fast nur Berufsoffiziere den Kaiserthron beanspruchten, war somit kein Zufall, sondern die logische Folge dieses Systemwandels. Vor diesem Hintergrund gewinnt die von Otto Seeck aufgestellte Behauptung, dass jeder beliebige Soldatenhaufen seinen legitimen Kaiser ausrufen konnte, historische Relevanz. Noch war die aus dem ideologischen Bezugsrahmen des republikanischen Stadtstaates erwachsende Idee der *res publica* für die späte Kaiserzeit in Geltung, obwohl sich faktisch durch die Herrschaftsübernahme eines jeden Kaisers, die letztlich auf den Schwertern der Soldaten ruhte, die *res publica* längst zu einer *res privata Caesaris* verwandelt hatte. Von daher wird die Anschauung verständlich, dass jede vom Militär veranstaltete Kaiserproklamation formalrechtlich gültig war, denn die wichtigste Legitimationsquelle der unter Umgehung des Senats meist tumultuarisch erhobenen Kaiser war die Armee. Sie symbolisierte insofern den Staat, als sie als einzige Institution die Integrität des Imperiums gewährleisten konnte.

Bereits auf Septimius Severus ging die Forderung zurück, die Soldaten gegenüber allen anderen Untertanen zu bevorzugen, da sie die zuverlässigste Garantie der Herrschaft einer Dynastie bildeten. Für die Spätphase des Imperiums sollte diese Aussage paradigmatischen Charakter erhalten. Dynastische Gedanken standen beim Heer ohnehin höher im Kurs als die aus Senatorenkreisen aufgekommene Vorstellung eines Adoptivkaisertums, das mittlerweile außerhalb jeder Reichweite geraten war. Die Truppen verlangten die Berücksichtigung ihres eigenen Thronkandidaten, und wo das nicht auf friedlichem Wege zu erreichen war, scheute man vor Gewalt und Bürgerkrieg nicht zurück. Der Begriff der Soldatenkaiser, den die Forschung der Epoche gab und der in gewisser Weise einen Kontrapunkt zu der Vorstellung vom Senatskaisertum bildet, kennzeichnet den Antagonismus zwischen Senat und Heer um die Vormachtstellung im Reich. Während die Flavier, erst recht die Adoptivkaiser und auch noch die Severer dem Senat ihre Reverenz erwiesen und trotz seiner fortschreitenden Entmachtung den Schein einer kollegial geführten Regierung wahrten, änderte sich dies seit der Thronbesteigung des Truppenführers Maximinus Thrax augenfällig (235–238). Der aus Thrakien stammende Kaiser war vor seiner Erhebung nicht einmal Senator gewesen, und Rom und dessen Führungsschicht spielten in seinen Vorstellungen eine untergeordnete Rolle. Dies war bei einigen seiner Nachfolger ganz anders. Die Gordiane etwa (238–244) stammten aus altem senatorischem Adel und pflegten gute Beziehungen zur römischen Aristokratie, die zur wichtigsten Stütze ihrer allerdings kurzen Herrschaft wurde.

Bei Kaiser Gallienus (253–268) wird das Kaisertum Bestandteil einer politischen Theologie. Seine geistigen Grundlagen wurzelten in einem Bekenntnis zum griechischen Universalismus. Darin zeigte sich der starke Einfluss, den der Neuplatonismus auf den Kaiser ausübte. Nicht ausschließlich die Anknüpfung an das konservative altrömische Programm seiner Vorgänger, sondern das Bewusstsein, dass ein humanitäres Kaisertum, wie es unter den Antoninen blühte, die bessere Option bot, bestimmte die Reichspolitik des Gallienus. Seine Regierung fiel in die dunkelste Zeit römischer Geschichte, die durch militärische Niederlagen und Abspaltungstendenzen gekennzeichnet war. Gallienus führte eine Militärreform durch. Die Schlagkraft des Heeres wurde durch berittene Eliteeinheiten optimiert. Damit schuf er eine wichtige Voraussetzung für die Stärkung der kaiserlichen Macht.

An Gallienus' Erneuerungsbemühungen knüpfte Kaiser Aurelian (270–275) an. Im

Gegensatz zu Gallienus wollte er keine Weltanschauung begründen, sondern die Befestigung der Reichseinheit durch eine religiöse Umgestaltung des Imperiums erreichen. Die Plattform dazu bot der weit verbreitete Sonnenkult. Aurelian, dem die Niederwerfung regionaler Abspaltungstendenzen (Gallien und der gesamte Osten drohten eigene Wege zu gehen) gelang und der die Wiederherstellung eines geeinten Reiches vollbrachte, hat seine Erneuerung auf einem Wege gesucht, der wie die Summe der Bemühungen der Vergangenheit anmutet und, wenn wir an Konstantin denken, in die Zukunft weisen sollte. Eine aufschlussreiche Parallele verbindet beide Biographien. Vor der Schlacht bei Emesa erlebte Kaiser Aurelian, eine Generation vor Konstantin, eine Vision. Die angerufene Gottheit erschien dem Kaiser und verhieß ihm den Sieg über seine Feinde. Kaiser Elagabal verpflanzte seinen syrischen Gott nach Rom. Elagabal verschwand und hinterließ wenig Spuren, der Sonnengott aber blieb und wurde in seinen diversen Erscheinungsformen überall verehrt. Der Gott Aurelians war jedoch mehr als das Steinidol Elagabals. In einigen intellektuellen Kreisen entstand eine Theologie, die ihn als Abbild des höchsten himmlischen Wesens deutete (Porphyrius). Diesem Sonnengott, der die mannigfaltigen solaren Riten in Ost und West in sich vereinigte, schuf Aurelian einen staatlichen Kult in Rom. Der *Deus Sol Invictus* sollte das auseinander fallende Reich zusammenhalten und gegen Bedrohungen abschirmen.

So unterschiedlich die einzelnen Regenten durch Herkunft, Bildung, Charakter, Eignung und Zielsetzung waren, eines blieb ihnen gemeinsam: Keiner vermochte eine dauerhafte Herrschaft zu behaupten, die er an seine Nachkommen vererben konnte. Ferner starben die meisten eines gewaltsamen Todes. Dutzende von Prätendenten wechselten sich auf dem römischen Kaiserthron ab. Von vielen von ihnen ist kaum mehr als der Name in der äußerst dürftigen zeitgenössischen Überlieferung in Erinnerung geblieben. Für die Biographien der zahlreichen Regenten besitzen wir nebst dem zeitgenössischen Geschichtswerk des Herodian vor allem die aus dem 4. Jahrhundert stammende „Historia Augusta". Letztere bietet eine Vitensammlung der einzelnen Herrscher, in der sich Aussagen zur Person, zum Charakterbild und zur Regierung eines Kaisers mit zahlreichen Anekdoten, Legenden oder bloßen Gerüchten zu einer biographischen Skizze von zweifelhaftem historischem Wert verknüpfen. So wie in der senatorisch bestimmten, moralisierenden Geschichtsschreibung der späten Republik und des frühen Principats, so wird auch hier ein Tugend-Laster-Kanon als Kriterium für die historische Beurteilung einer Herrscherpersönlichkeit zugrunde gelegt. Senatorische Geschichtstradition wirkte bis in die Spätantike ungebrochen fort und beeinflusste beispielsweise das Bild eines Maximinus Thrax negativ, der als kulturloser Barbar verurteilt wurde, oder erhöhte positiv die Leistungen der zur alten Aristokratie gehörenden Gordiane, die demgegenüber das Kontrastbild eines idealen Senatskaisertums abgaben.

## Innenpolitische Rückschläge

Im Trümmerfeld der fragmentarischen historischen Überlieferung des 3. Jahrhunderts beanspruchen Kaiser und Reichspolitik die Aufmerksamkeit der spärlich vorhandenen antiken Autoren. Wirtschaft, Gesellschaft und die sie beeinflussenden Kräfte des sozialen Wandels stehen hier in stärkerem Maße als sonst üblich im Schatten der Überlieferung. Einige wenige Reflexe der tief greifenden ökonomischen und sozialen Prozesse dieser Umbruchszeit kann man – abgesehen von dem kärglichen zeitgenössischen epigraphischen und numismatischen Material – nur anhand der späteren Quellen rückblickend einfangen. Diocletians Preisedikt, die im 4. Jahrhundert breiter gestreuten juristischen Quellen sowie die späteren Historiker und die Kirchenväter sind unsere Anhaltspunkte für die Rekonstruktion der Wirtschafts- und Sozialgeschichte der Epoche.

Auffälligstes Merkmal der wirtschaftlichen Depression, die im 3. Jahrhundert ihren Höhepunkt erreichte, war die Geldentwertung und der damit verbundene Rückfall in die Natural- und Tauschwirtschaft. In engem Zusammenhang damit stand der Rückgang der Steuereinnahmen, was wiederum ein deutliches Indiz für die sinkende Produktivität in zahlreichen Bereichen war. Dies blieb nicht ohne Auswirkungen auf die soziale Struktur der davon besonders betroffenen Provinzen. Den Preis für die ökonomische Krise hatten die bislang freien Mittel- und Kleinbauern zu entrichten, die von der Steuerschraube am schwersten ausgepresst wurden. Viele von ihnen begaben sich unter den Schutz mächtiger Landbesitzer, die – ähnlich wie mittelalterliche Grundherren – ihre Ländereien von Pächtern bewirtschaften ließen, die von ihnen abhängig geworden waren. Eine neue soziale Kategorie war damit im Entstehen begriffen: das Kolonat. Auch die Städte bekamen die Folgen der Krise deutlich zu spüren. Durch die Verringerung des Handelsvolumens, eine Folge des knappen Geldes und der politischen Unsicherheit, wurde dem städtischen Bürgertum seine wichtigste ökonomische Basis entzogen. Der Niedergang des Handwerks war damit vorprogrammiert. Hinzu kam, dass der Dienst an der Heimatgemeinde als Stadtrat (*decurio, curialis*), von jeher als eine hohe Auszeichnung empfunden, sich nun durch die drückenden finanziellen Lasten, die der Ratsherr aufzubringen hatte, in eine lästige Pflicht verwandelte, der man sich zu entziehen trachtete.

Die mangelnde Stabilität an der Reichsspitze als Ergebnis des raschen Kaiserwechsels und die damit einhergehende Unsicherheit im Alltag der Verwaltungspraxis spiegelten einen Strukturwandel wider, der die Grenzen der Belastbarkeit des Staates offenbarte. Die Folgen der großen Pest in der zweiten Hälfte des 2. Jahrhunderts – hohe Mortalität, gepaart mit Bevölkerungsrückgang und Barbareneinbrüchen, die seit dem 3. Jahrhundert nicht mehr abrissen – verstärkten die allgemeine Wirtschaftskrise. Seit dem Ende der großen Eroberungskriege stagnierte die Zahl der Sklaven, die einen der wichtigsten Produktionsfaktoren der römischen Ökonomie darstellten. Die freien Arbeitskräfte nahmen eine immer wichtigere Rolle im Produktionsprozess ein. Sie mussten vorwiegend die Lücken füllen, die durch den allgemeinen Bevölkerungsrückgang und die Abnahme der unfreien Arbeitskräfte entstanden waren. Zudem verschlang die Abwehr der wachsenden inneren und äußeren Gefährdung des Reiches immer größere Summen, so dass die Steuerlasten für die Reichsbevölkerung insgesamt drückender wurden. Es galt, den Finanzbedarf der römischen Heere zu befriedigen, die dazu übergingen, reichsfremde Germanen gegen Sold zu rekrutieren. Die wachsende staatliche Bürokratie verursachte zusätzliche Kosten. Aus diesem Kreislauf entwickelte sich ein dramatisches Rennen nach Geld und Sachwerten, um den steigenden Finanzbedarf der öffentlichen Verwaltungsinstanzen und Staatsorgane zu befriedigen. Eine Reihe von Gesetzen und kaiserlichen Edikten zeigt, dass man sich nach Kräften bemühte, mittels staatlich gelenkter Maßnahmen die Differenz zwischen Einnahmen und Ausgaben zu verringern. Einige Versuche gelangen, viele Bemühungen blieben aber erfolglos. Die Erblichkeit der Stände und der Berufe sowie die Bindung der ländlichen Bevölkerungsschichten an die Scholle stehen am Ende dieser Entwicklung. Sie war im 4. Jahrhundert weitgehend abgeschlossen. Doch überforderte dieser Anpassungsprozess die Leistungsfähigkeit der Regierenden und Regierten. Schließlich zeigten sich die Konturen eines erstarrten Staatsapparats, der durch seine eigenen Werkzeuge an den Rand der Insolvenz getrieben wurde.

## Lage an den Grenzen

Die inneren Strukturschwächen und Krisenerscheinungen wurden durch die Bürgerkriege im Gefolge der unaufhörlichen Usurpationen erheblich verschärft. Mit der permanenten Kriegslage im Inneren standen die gehäuft auftretenden Rückschläge in der Außenpolitik in Zusammenhang. Wenn im Verlauf des 2. Jahrhunderts das römische Grenzsystem seine Bewährungsprobe bestand, so war dies in erster Linie das Verdienst einer Reihe von engagierten und tüchtigen Kaisern – mit Trajan an der Spitze –, die einen Großteil ihrer Energie dieser Aufgabe gewidmet hatten. Anders war die riesige Territorialmasse des Imperiums nicht unbeschadet zu halten.

Von der zweiten Hälfte des 3. Jahrhunderts an wurden zunehmend beträchtliche Truppenkontingente von den Grenzen abgezogen, um sie in den zahlreichen innenpolitischen Kämpfen einzusetzen. Dies wiederum bot den in Stammesverbänden organisierten Grenzvölkern günstige Gelegenheiten zu Einfällen, die – wie die Züge der Alamannen nach Oberitalien oder die der Franken nach Gallien und Hispanien zeigen – Kerngebiete des Reiches ungehindert durchzogen. Ergebnis des verstärkten Völkerdrucks an den West- und Nordgrenzen war die Aufgabe des von Domitian angelegten obergermanisch-rätischen Limes. Damit gingen das rechtsrheinische Obergermanien und die nördlich der Donau gelegenen Teile Rätiens definitiv verloren (260). Ähnlich stellte sich die Lage an der unteren Donau dar, wo nach dem Ansturm der Goten und Sarmaten die von Trajan errichtete Provinz Dacia aufgegeben werden musste. Rhein und Donau wurden nach der erzwungenen Räumung der vorgelagerten Territorien die neuen, besonders gefährdeten Grenzen. Dass das Verteidigungssystem nicht völlig zerbrach, lag auch an der mangelnden Koordination der Aktionen der Grenznachbarn. Sie führten Plünderungszüge durch, verfolgten aber keine planmäßigen Eroberungen.

Die größte auswärtige Bedrohung kam aber aus dem Osten. Im Jahr 227 wurde die Herrschaft der arsakidischen Parther durch die der wesentlich gefährlicheren sassanidischen Perser abgelöst. Damit entstand am Euphrat ein neues Krisengebiet, denn die Sassaniden, die sich außenpolitisch auf die imperiale Tradition der altpersischen Achaimeniden beriefen, machten den Römern die Herrschaft über die östlichen Provinzen streitig. Als im Jahr 260 Valerian, der eine Expedition an der Ostgrenze durchführte, in persische Gefangenschaft geriet und umkam – die größte Demütigung, die je einem römischen Kaiser widerfuhr –, war ein Tiefpunkt in der römischen Geschichte erreicht.

Das in der Gestalt des Kaisers verdichtete Bild vom Gleichgewicht des *orbis terrarum*, das sich in den vergangenen Jahrhunderten herausgebildet hatte, schien plötzlich aus den Fugen geraten zu sein. Es war gar nicht lange her, dass ein griechischer Schriftsteller sich über die Herrschaft der Antoninen voller Enthusiasmus äußern konnte: *Denn die Götter, wie es scheint, sehen auf euch herab (die römischen Kaiser), erhalten gnädig euer Reich und verleihen euch die Gunst, es beständig zu besitzen. Zeus, weil ihr euch für ihn um den Erdkreis, seine vorbildliche Schöpfung, wie man sagt, trefflich kümmert, Hera, weil die Ehen rechtmäßig geschlossen werden, Dionysos und Demeter, weil ihnen die Feldfrüchte kein Unrecht leiden, Poseidon, weil ihm das Meer von Seeschlachten rein gehalten und von Handelsschiffen statt von Trieren befahren wird (…). Der alles sehende Helios entdeckte unter eurer Herrschaft weder eine Gewalttat noch ein Unrecht (…). Daher blickt er zu Recht mit höchstem Wohlgefallen auf euer Reich herab* (Aelius Aristides, Romrede 104 f.). Die Zeiten, in denen sich die Segnungen der römischen Weltordnung mit Hilfe positiver Assoziationen wie Frieden, Erfolg und Wohlfahrt umschreiben ließen, schienen nunmehr der Vergangenheit anzugehören. Wie sollte man sich in einer Welt zurechtfinden, in der das Symbol für Einheit, Recht und Gesetz auf so schmähliche Weise von der politischen Bühne abtrat, wie dies Kaiser Valerian tat?

## Diocletian und die Tetrarchie

Nach der kurzen Regierung des Carus (282–283), der bei der Belagerung von Ktesiphon starb, übernahm sein Sohn Numerian die Nachfolge. Als er die Armee aus dem Perserfeldzug zurückführte, fiel er in Nikomedien einem Mordanschlag zum Opfer, dessen Urheber der *Praefectus Praetorio* Aper gewesen sein soll. Daraufhin traten die Offiziere zusammen, um einen neuen Herrscher zu proklamieren. Die Wahl fiel auf Diocletian (284). Eine grausige Episode überschattete seine Thronbesteigung. Der neu ernannte Kaiser stieß den verdächtigen Aper mit dem Schwert nieder, womit er als Rächer Numerians auftrat. Gleichzeitig brachen an mehreren Orten Aufstände aus. Besonders explosiv war die Lage in Gallien, das von marodierenden Soldaten und Landarbeitern (Bagauden) heimgesucht wurde.

Angesichts dieser Herausforderungen entschloss sich der neue Herrscher, den erfahrenen Soldaten Maximian zum Teilhaber seiner Regierung mit dem Titel eines Caesar (regierender Kaiser in untergeordneter Stellung) zu erheben (285). Damit hatte Diocletian sowohl die schwierige Aufgabenlast verteilt, als auch mögliche Usurpationsabsichten eines potentiellen Konkurrenten vereitelt, indem er ihn an der Machtausübung beteiligte. Der Erfolg Maximians in Gallien, wo er in kurzer Zeit die aufständischen Bagauden niederringen konnte, veranlasste Diocletian, seinen bewährten Waffengefährten als Augustus, also als gleichberechtigten Mitkaiser anzuerkennen (286). Die Annahme der Beinamen Iovius für Diocletian und Herculius für Maximian brachte das Programm der neuen Regierung zum Ausdruck: Rückbesinnung auf die altüberlieferte Religion und Rechtfertigung der eingeführten Herrschaftsordnung durch Berufung auf Jupiter und Hercules, als deren Schutzbefohlene die Kaiser auftraten.

Trotz entschlossener Maßnahmen kam das Reich nicht zur Ruhe. Diocletian erkannte, dass nur weit reichende Reformen eine Besserung der Lage bewirken könnten, und so reifte in ihm der Gedanke, jedem Herrscher (Augustus) einen Helfer (Caesar) zur Seite zu stellen. Im Jahr 293 erhob Diocletian den tüchtigen Offizier Galerius zum Caesar; Maximian ernannte wiederum Constantius. Beide Caesaren ehelichten die Töchter ihrer jeweiligen Augusti und wurden von ihnen adoptiert. Offenbar sollten sie später die Augusti ablösen und ebenfalls einen Caesar als Nachfolger einsetzen. Für die Zweierherrschaft Diocletians und Maximians mochte das Beispiel des Marc Aurel und Lucius Verus Pate gestanden haben, für die nun eingerichtete Vierkaiserherrschaft (Tetrarchie) gab es aber keinerlei Vorbilder. Der Gedanke daran beschäftigte Diocletian schon lange. Sicher brachte ihre Realisierung dem Reich Vorteile, und die schienen den Ausschlag gegeben zu haben. Außerdem hatte er die ständigen Thronwechsel und Unruhen der Vergangenheit vor Augen, denen man nun durch eine geregelte Abfolge des Kaiserwechsels begegnen wollte. Die Tetrarchie war Diocletians Schöpfung. Sie trug seine Handschrift. Die Befugnisse der Tetrarchen umfassten die Kriegsführung, die Finanzhoheit, die Rechtsprechung sowie die Ernennung der höchsten Amtsträger des Reiches. Jeder von ihnen verfügte über einen eigenen Hofstaat, an dessen Spitze ein *Praefectus Praetorio* stand. Praktisch sah die Viererherrschaft so aus, dass jeder Regent ein bestimmtes Gebiet zugesprochen bekam: Diocletian überwachte meist von Nikomedien aus den Orient, sein Caesar Galerius erhielt die Donauprovinzen, Illyrien mit Griechenland und weilte häufig in Sirmium und Thessalonike. Maximian behielt sich Italien bis zur oberen Donau sowie Rätien und Africa vor. Er residierte in Mailand und Aquileia. Constantius verwaltete Gallien, Hispanien und Britannien. Seine bevorzugten Residenzen waren Trier und später York.

Tetrarchengruppe: Venedig, Piazza San Marco

## Aufbruch und Reformen

In Persien hatte mittlerweile Narses den Thron bestiegen, der seine Regierung mit der Besetzung Armeniens und Mesopotamiens einleitete. Diocletian beauftragte Galerius mit der Kriegsführung am Euphrat, die jedoch zunächst keine greifbare Wirkung erzielte. Den Winter 296/297 brachten beide Kriegsparteien mit der Rüstung zu. Dann begab sich Galerius nach Armenien, und dieses Mal blieb der Erfolg nicht aus. Der Perserkönig bat um Frieden. Der Vertrag, den Rom 298 mit Persien schloss, zeugt vom Augenmaß Diocletians, der die Perser nicht unnötig provozieren wollte, um keine Rachegelüste aufkommen zu lassen. Er begnügte sich mit Abtretungen am oberen Tigris und mit der Rückgabe der Stadt Nisibis. Danach herrschte über vierzig Jahre Frieden in dieser Gegend. Bis zum Kaukasus erstreckte sich der römische Einfluss. Von größter Bedeutung war jedoch, dass der König von Armenien Verbündeter des Römischen Reiches wurde. Außenpolitisch hatten die Tetrarchen ihre wichtigsten Ziele erreicht. Die Rhein-Donau-Linie im Westen wurde gesichert. Im Osten war der Perserkönig bezwungen. Im Inneren war Ruhe eingekehrt. Revolten wurden, wenn auch mit großer Mühe, niedergekämpft, Usurpationen wurden abgewehrt und verlorene Gebiete (Britannien) wieder dem Reich angegliedert. Nun konnte man die geplanten innenpolitischen Reformen in Angriff nehmen.

Die Stabilität des Reiches war auf lange Sicht nur aufrechtzuerhalten, wenn an den Grenzen Ruhe herrschte und die Armee in der Lage war, Aufstände im Keim zu ersticken. Durch die Schaffung der Tetrarchie hoffte man, die Soldaten als Kaisermacher auszuschalten. Die Tetrarchen mussten immer ihre militärische Befähigung unter Beweis stellen, um sich in kritischen Situationen auf die Loyalität der Soldaten stützen zu können. Daher bildete die Armee den Ausgangspunkt der Reformen. Es fand eine Vermehrung der Mannschaftsbestände sowie eine Umstrukturierung des gesamten Heeres statt. Die Mannschaftsstärke einer Legion wurde verringert, die Anzahl der Verbände aber erhöht. Bemerkenswert war der steigende Anteil von reichsfremden Hilfstruppen, die bald eine Schlüsselrolle spielen sollten.

Einschneidende Veränderungen erfuhr auch die innere Gestalt des Reiches. Bis in die Zeit der Tetrarchie war es eingeteilt in etwa 50 kaiserliche und senatorische Provinzen. Im Jahre 297 wies eine amtliche Zusammenstellung der Verwaltungseinheiten, das sogenannte Verzeichnis von Verona, rund 100 Provinzen aus. Zunächst wurde zwischen kaiserlichen und senatorischen Provinzen nicht mehr unterschieden. Ferner wurde die Sonderstellung beseitigt, die bisher Italien und Ägypten eingenommen hatten. Ziel der Provinzialreform war es, durch Dezentralisierung die Effizienz der Verwaltung zu erhöhen. Besonders die Rechtsprechung und die Finanzverwaltung waren davon betroffen.

Die spektakulärste wirtschaftspolitische Maßnahme der Tetrarchie war das Ende des Jahres 301 erlassene Höchstpreisedikt. Aus zahlreichen Inschriften und 140 Fragmenten aus verschiedenen Städten im Osten des Römischen Reiches gelang es, den

Text weitgehend zu rekonstruieren. Der Eingriff in den Wirtschaftskreislauf zielte darauf ab, die Preise einzufrieren und die allgemeine Kaufkraft anzuheben. Der Maximaltarif sollte verhindern, dass Besitzer von Edelmetallen plötzlich über erhöhte Kaufkraft verfügten oder das umlaufende Edelmetall den Markt überschwemmte und damit Preissteigerungen verursachte. Dass die Währungspolitik völlig gescheitert sei, wie Lactanz nahe legt, ist sicher übertrieben, obwohl das weitgesteckte Ziel der Preisstabilität nicht gelingen konnte, da eine Preiskontrolle gleichzeitig eine Steuerung der Produktion und des Warenvertriebs vorausgesetzt hätte.

Ein zentraler Aspekt der Religionspolitik betraf das Verhältnis zu den Christen. Seit Gallienus die Verfolgungsmaßnahmen seines Vaters Valerian aufhob (260), wurde die christliche Kirche in ihrer Mission und ihrer Entfaltung nicht mehr beeinträchtigt. Die Tetrarchen blieben zunächst bei der von Gallienus vorgezeichneten Linie. So holte Diocletian den Christen Lactanz als Rhetoriklehrer nach Nikomedien und ließ ihn in seiner Bibliothek arbeiten. Im Heer und in der Verwaltung stieg die Zahl der Christen an, was die Tetrarchen wohl als Illoyalität gegenüber der traditionellen Religion deuteten. Der Anstoß für die Änderung der Christenpolitik ist schwer zu ermitteln. Die christlichen Autoren Lactanz und Eusebios sind die wichtigsten Quellen für die nun folgenden Konflikte, deren Gründe in der kultisch-religiösen Einstellung der Tetrarchen zu suchen sind und die in der Verfolgung der Christen gipfelten (303–311).

Nach einer langen Regierungszeit beging Diocletian sein zwanzigjähriges Jubiläum gemeinsam mit Maximian in Rom (303). Zum ersten Mal seit rund hundert Jahren konnte ein Herrscher auf eine ungewöhnlich lange Regierungszeit zurückblicken. Sein Rombesuch war als ein prachtvoller Triumph geplant, in dem seine Siege zusammengefasst und in einem glänzenden Aufzug gefeiert werden sollten. Doch die Begegnung erfüllte die gegenseitigen Erwartungen nicht. Das Volk, das gehofft hatte, reich beschenkt zu werden, wurde enttäuscht, da die Spenden spärlich ausfielen. Die gegenseitigen Verstimmungen führten zur vorzeitigen Abreise. Danach befiel Diocletian eine schwere Krankheit. Er zog sich in seinen Palast in Nikomedien zurück, wo er für niemanden zu sprechen war. Als er die Leidenszeit überstanden hatte und sich wieder öffentlich zeigte, waren die Spuren unübersehbar. Sein Verhältnis zu Galerius verschlechterte sich zusehends. Dieser drängte auf seinen Rücktritt. Ein Jahr später war es so weit. Anlässlich eines Staatsaktes in Nikomedien legte Diocletian sein Amt nieder, während Maximian genötigt wurde, in Mailand ebenfalls dem Purpur zu entsagen (305). Die scheidenden Kaiser erhoben, wohl wie vorgesehen, Galerius und Constantius zu Augusti und gaben ihnen zugleich neue Caesaren. Galerius erhielt Maximinus Daia, Constantius Severus. Constantius behielt seinen gallischen Reichsteil, Severus wurde Italien, Africa und Pannonien zugewiesen, Galerius übernahm Illyrien, Thrakien und Kleinasien, und Maximinus Daia bekam den Orient. Während Maximian auf seine Güter nach Lukanien ging, nahm Diocletian seinen alten Namen Diocles wieder an und zog sich in seinen Palast nach Spalato zurück. Dort starb er

316 und wurde als nicht amtierender Kaiser unter die Götter aufgenommen, eine Ehrung, wie sie einem Privatmann noch nie zuteil geworden war.

Jede rückblickende Betrachtung der tetrarchischen Regierung muss die Reichskrise des 3. Jahrhunderts berücksichtigen. Einige tatkräftige Vorgänger (Claudius Gothicus, Aurelian, Probus) hatten das Werk der Restauration des Römischen Reiches begonnen, doch aufgrund der Instabilität der Verhältnisse (Usurpationen, Grenzunruhen, Wirtschaftskrisen) konnten nur begrenzte Fortschritte erzielt werden. Erst die Tetrarchie vermochte dem geschundenen Reich neben territorialer Unversehrtheit ein hohes Maß an Stabilität zu verschaffen. Erstaunlich an der neuen Herrschaftsauffassung war zunächst, dass die Regierungspraxis von zuerst zwei, dann vier Kaisern keine Abspaltungstendenzen hervorrief. Das Gegenteil trat ein. Die Macht des Staates erfuhr eine beträchtliche Stärkung. Unter Diocletians Leitung, der als Spiritus Rector der Tetrarchie höchstes Ansehen genoss, unterstanden die Ressorts (Verwaltung, Finanzen, Militär) der einzelnen Reichsteile den Mitgliedern des Kaiserkollegiums, die ihre Herrschaftsfunktionen in größtmöglicher Autonomie wahrnahmen. Die Tetrarchen erfüllten die in sie gesetzten Erwartungen: Eingefallene Völker wurden abgewehrt, innere Unruhen im Keim erstickt und Usurpatoren entmachtet. Dies gelang deswegen, weil alle vier Kaiser sich an Absprachen hielten, gemeinsam beschlossene Gesetze ausführten und koordinierte Maßnahmen umsetzten, die den politischen, wirtschaftlichen und militärischen Gesundungsprozess des Reiches zum Ziele hatten. Die Reform der Verwaltung wurde durch eine Vermehrung und zugleich räumliche Verkleinerung der Provinzen ermöglicht. Das Verteidigungssystem, das auf einem Zusammenspiel zwischen Grenztruppen und mobilen Einsatzverbänden beruhte, wurde durch die Aufstockung der Truppenbestände schlagkräftiger. Die gleichzeitig durchgeführte Reform der Bodenertragsteuer sicherte der Staatskasse die notwendigen Mittel für den Unterhalt des gestiegenen Bedarfes des Militär-und Verwaltungsapparates. Zugleich erlebte das Römische Reich, wie die Tetrarchen eine politische Theologie ins Leben riefen, die keine Anfechtungen seitens konkurrierender Gottheiten duldete, was die Christenverfolgungen hervorrief. Da dieser Konzeption zufolge den Tetrarchen ihre Autorität von den Göttern verliehen worden war, durfte sie nicht durch die Unzuverlässigkeit menschlichen Handelns in Frage gestellt werden. Dies bedeutete, dass nicht mehr das Heer den Kaiser erhob, sondern dass dieses Recht der Proklamation eines Herrschers ausschließlich den legal eingesetzten Tetrarchen oblag. Doch bereits ein Jahr nach der Abdankung Diocletians sollten anlässlich des plötzlich eingetretenen Todes des Constantius (306) die Bruchstellen der tetrarchischen Nachfolgeregelung offenbar werden. Das von der Truppe ausgeübte Vorrecht der Kaiserproklamation ließ sich durch kein noch so ausgeklügeltes Konzept außer Kraft setzen.

# Das spätrömische Reich

## Einführung

Während der Regierung Konstantins des Großen hält das bisher bedrängte Christentum Einzug in die polytheistisch bestimmte Mittelmeerwelt, gleichzeitig wandelt sich deren Struktur und Ausrichtung. Die Tragweite dieser Prozesse erkennt man an den politischen, sozialen, wirtschaftlichen und religiösen Veränderungen, die den Charakter des spätrömischen Reiches entscheidend prägen. Es sind drei miteinander verbundene Dynastien, die konstantinische (303–363), die valentinianische (364–392) und die theodosianische (379–423), die in dieser Umbruchszeit die Geschicke des Reiches leiteten.

Die Neuordnung des Hofes und der Verwaltung, die Neugliederung und Anpassung des Heeres an die Finanzbedürfnisse des Reiches, der Einbau des Christentums in Staat und Gesellschaft sowie die zunehmende Dualität zwischen der Ost- und Westhälfte des Reiches bilden Schwerpunkte der Innenpolitik. Die Verteidigung der Rhein- und Donaugrenze gegen den Ansturm fremder Völker und die Regelung der Beziehungen zur persischen Großmacht sind die wichtigsten Aufgaben der Außenpolitik. Die Wirtschafts- und Sozialpolitik pendelt hin und her zwischen Erstarrung und Aufbruch. Phasen der Erholung und Dynamik wechseln sich mit Phasen der Rezession ab.

Die Aufsehen erregenden kirchenpolitischen Entwicklungen, die dazu führen, dass das Christentum als die maßgebliche Religionsgemeinschaft des Reiches die Räume für die traditionellen Kulte immer mehr verengt, sind quellenmäßig gut dokumentiert. Wir verfügen über Zeugnisse der Beteiligten (Athanasius, Ambrosius, Symmachus). Dank des Geschichtswerks des Ammianus Marcellinus und der Gesetzessammlungen aus dem Codex Theodosianus lassen sich die Umrisse der Reichspolitik rekonstruieren. Einen Eindruck vom regen, kontrovers geführten geistesgeschichtlichen Diskurs dieser Epoche erhalten wir aufgrund der Aufzeichnungen des Kaisers Julian, Libanios', Themistios' und der Kirchenväter. Die überaus reiche kulturelle Produktion vermag jedoch nicht darüber hinwegzutäuschen, dass Originalität und Qualität etwa in der Literatur nur noch in Ausnahmefällen ihre Geltung gegenüber prunkhaft-hohlem Stil oder schierer Kompilation behaupten können. Doch beweisen zahlreiche Innovationen, etwa im Kirchenbau, und das Aufkommen der Kirchengeschichtsschreibung, dass auch in dieser Spätzeit noch Werke von bleibendem Wert entstehen konnten.

Konstantin

## Von Konstantin zu Theodosius

Mit Konstantin verbinden sich die entscheidenden Weichenstellungen des spätantiken Reiches: Die Fortsetzung der Heeres- und Verwaltungsreform, der Entwurf einer neuen Herrschaftsideologie, die Gründung Konstantinopels und schließlich die Anerkennung des Christentums mögen als Stichworte dafür genügen. Doch vieles von dem, was als Merkmal der Epoche gilt und rückblickend betrachtet wie eine Einheit aussieht, weswegen es mit dem Sammelbegriff diocletianisch-konstantinische Reformen bezeichnet wird, erweist sich bei näherem Betrachten als durchaus diskontinuierlich. Bereits Konstantins Weg zum Thron war alles andere als vorgegeben. Er durchbrach nach dem Tod seines Vaters Constantius die Nachfolgeregelung der

Tetrarchie, als die Soldaten ihn am 25. Juli 306 zum Augustus erhoben. Es war keine Konsultation mit den regierenden Kaisern vorausgegangen. Sofort begab sich Konstantin nach Gallien, um den Reichsteil seines Vaters zu übernehmen. Streitigkeiten zwischen den Herrschern über die Legitimität der von den Soldaten vollzogenen Proklamation waren unvermeidlich. Sie führten dazu, dass die tetrarchische Regierungsform in Gefahr geriet. Maximian kehrte aus dem Privatleben zurück, um mit seinem Sohn Maxentius, der sich nach dem Vorbild des Konstantin 306 in Rom zum Kaiser hatte ausrufen lassen, nochmals selbst zu regieren. In den folgenden Machtkämpfen kam es zu einem Bürgerkrieg, in dessen Verlauf Kaiser Severus, der vergeblich versucht hatte, Maxentius zu entthronen, umkam (September 307). Die Usurpationswirren des 3. Jahrhunderts schienen sich zu wiederholen. Schon 307 war Diocletian gebeten worden, die Tetrarchie neu zu ordnen. Er selbst weigerte sich, auf den Thron zurückzukehren, berief aber eine Kaiserkonferenz ein, um die verfahrene Lage des Reiches zu bereinigen. Zuerst zwang er Maximian zur erneuten Abdankung, Maxentius wurde jede Anerkennung versagt und Konstantin musste sich mit dem Caesartitel begnügen. Neuer Augustus des Westens wurde Licinius. Galerius übernahm die Führung in der neuen Tetrarchie. Im Kaiserkollegium wurde dadurch für eine kurze Zeit ein prekäres Gleichgewicht hergestellt und, was noch wichtiger war, ein neuer Bürgerkrieg verhindert. Aber die bald mit größerer Heftigkeit ausbrechenden Machtkämpfe zeigten, dass diese Lösung keinen Bestand hatte. Diocletian konnte kraft seiner überragenden Autorität das tetrarchische System vorübergehend retten. Doch schon bald kam es erneut zu schweren Auseinandersetzungen (Konstantin gegen Maximian 310, Konstantin gegen Maxentius 312, Licinius gegen Maximin 313, Licinius gegen Konstantin 317, 323). Im Jahre 324 gelang es Konstantin schließlich, durch einen Sieg über Licinius die Alleinherrschaft zu erringen und damit die konstantinische Dynastie zu begründen. Das Modell der Tetrarchie war endgültig gescheitert.

Von großer Bedeutung wurde die Einbeziehung des christlichen Gottes in diese Machtkämpfe. Kultangelegenheiten, seit alters unauflöslicher Bestandteil der *res publica*, erfuhren eine bisher unbekannte Dynamisierung. Damit vermehrten sich die Möglichkeiten der öffentlichen Diskussion von Glaubensinhalten. Theologie, Kirchenrecht und Personalfragen der priesterlichen Amtsführung wandelten sich von Sonderangelegenheiten einer am Rande der Legalität wirkenden Glaubensgemeinschaft zu staatsrelevanten Grundsatzthemen. Durch seine Stellungnahme für Christus nahm Konstantin die religionspolitische Initiative in die Hand und bestimmte zunächst die Modalitäten dieser Entwicklung. Nach seinem Sieg über Maxentius (312) war seine Haltung gegenüber seiner neuen Schutzgottheit von Fürsorge bestimmt. Er brachte seine Vorliebe durch eine symbolträchtige Geste zum Ausdruck: Auf dem Gelände der kaiserlichen Gardetruppen, deren Kaserne er abzureißen befahl, ließ Konstantin die Lateranbasilika errichten, die sich im Laufe der Jahrhunderte als Mittelpunkt der westlichen Christenheit behaupten sollte. Schließlich bevorzugte er nach der Erringung der Alleinherrschaft (324) die Christen in immer stärkerem Maße.

Komplexer wird das Bild, wenn wir unseren Blick auf die Zustände innerhalb der Kirche richten. Die mit der Mehrheitskirche sich heftig befehdenden Sonderkirchen, Donatisten oder Arianer, konnten nur mit Mühe und dank des kaiserlichen Ansehens auf die Einheit eingeschworen werden, doch ganz gelang dies nie. Mit dem Tod Konstantins veränderte sich das zu seinen Lebzeiten austarierte Stillhalteabkommen zwischen den widerstrebenden Tendenzen innerhalb des christlichen Lagers. Gegensätze wurden offener und schärfer ausgetragen, theologische Streitfragen gerieten zu machtpolitischen Kontroversen. Bald sollte sich zeigen, dass die Kirche unter Konstantins Regierung eine Ausnahmerolle gespielt hatte, was aus der Neuheit der Situation resultierte. Konstantin hatte sich als ihr Schutzherr empfunden und sie an seine Person gebunden. Aus einem Gefühl der Dankbarkeit gegenüber Konstantin wollten die maßgeblichen Kleriker nicht wahrhaben, wie sehr er als Schutzherr der Kirche in ihr mitregierte, ja als ihr sichtbares Oberhaupt auftrat. Seine außerhalb jeder Diskussion stehende Person verhinderte zu seinen Lebzeiten eine Definition des Verhältnisses von Kirche und Staat.

Der Vorrang der Politik blieb gegenüber Kultfragen erhalten. So ist es nicht erstaunlich, dass politische Kategorien wie Loyalität und Gehorsam Konstantins Einstellung in Religionsangelegenheiten mitbestimmten. Daher gerieten christliche Abweichler zunehmend in die Sphäre der Illegalität. Wenn sich dennoch Konstantins Maßnahmen selten von christlichem Gedankengut inspiriert zeigten, so hängt dies auch mit den Rücksichten zusammen, die ein Herrscher, der über ein in Religionsfragen gespaltenes Reich regierte, zu nehmen hatte. Jenseits der politischen Opportunität gab es jedoch einen Bereich, in dem sich seine Präferenzen deutlich widerspiegelten: die religiöse Erziehung der eigenen Kinder. Angesichts der herausragenden Stellung des Kaiserhauses war dies keine private Angelegenheit, sondern ein Faktor von öffentlichem Interesse. Mit der Berufung von christlichen Mentoren für die kaiserlichen Prinzen traf Konstantin eine politische Vorentscheidung.

Besondere Bedeutung kam der Gründung eines neuen Regierungssitzes am Bosporus an der Nahtstelle zwischen Orient und Okzident zu. In geographischer und strategischer Hinsicht bot sich die Stadt Byzanz geradezu an. Wie ein hellenistischer Monarch wählte Konstantin seine neue Residenz, die nun auch den Namen der Dynastie in aller Welt verkündete. Hier sollte die eigentliche Machtzentrale des Reiches entstehen, dessen Schwerpunkt ohnehin im Ostteil lag. Nach seinem italischen Vorbild erhielt sie einen Senat und später auch einen Stadtpräfekten. Die christlich gewordene Herrscherdynastie war dem Osten des Reiches stark verhaftet. Konstantinopel wurde ihr christlich geprägtes Symbol.

Unter den drei Söhnen Konstantins des Großen setzte sich Constantius II. durch. Seine Brüder Konstantin II. und Constans bekämpften sich heftig. Schließlich fiel der siegreiche Constans 350 einer Militärrevolte zum Opfer. Nach einem blutigen Bürgerkrieg überwand Constantius II. im Jahr 353 Magnentius und errang die Gesamtherrschaft. Diese Kämpfe banden eine größere Anzahl Truppen, die an den Grenzen fehlten, was die Alamannen und Franken dazu nutzten, um ins Reich einzufallen. Constantius II. übertrug seinem Vetter Julian die Aufsicht über die Rheingrenze, um selbst den Donauraum und die Euphratgrenze schützen zu können. Julian errang beachtliche Erfolge (357 Sieg über die Alamannen bei Straßburg) und wurde 360 von seinen Soldaten zum Augustus ausgerufen, nachdem diese einen Befehl Constantius' II. zur Verlegung an die persische Front verweigert hatten. Noch vor der Entscheidung verstarb Constantius II. überraschend (361). Julian, der dem Christentum abschwor und zur Restauration der überlieferten Religion aufrief, unternahm einen Perserfeldzug, auf dem er 363 im Alter von 32 Jahren fiel und dem Reich Gebietsverluste einbrachte.

Im Jahr 364 wurde der Offizier Valentinian vom Heer zum Kaiser erhoben. Er behielt den Westteil des Reiches und übergab den östlichen Teil seinem jüngeren Bruder Valens (365). In ihrer Regierungszeit kündigten sich die Anfänge der Völkerwanderung an: Durch den Druck der Hunnen baten die Goten um Aufnahme ins Reich und boten als Gegenleistung militärische Dienste an. An der unteren Donau zeichnete sich ein Kräftemessen ab. Valens bat das Westreich um Hilfe, wartete jedoch deren Eintreffen nicht ab, sondern lieferte am 9. August 378 bei Adrianopel eine Schlacht, die verloren ging und ihn das Leben kostete.

Das Westreich wurde seit 375 durch die minderjährigen Söhne Valentinians (Gratian, Valentinian II.) regiert, die nach der Katastrophe von Adrianopel den bewährten Feldherrn Theodosius zum Herrscher des Ostens auserkoren. Theodosius schloss mit den eingefallenen Goten einen Vertrag (382), der ihnen Wohnsitze südlich der Donau zuwies, und beendete so den Krieg. Diese Etablierung eines autonomen germanischen Verbandes im Reich sollte in der Zukunft als Präzedenzfall beträchtliche Auswirkungen haben. Theodosius entwickelte sich rasch zum mächtigsten der drei Kaiser. Er nahm die Usurpation des Maximus, der 383 den Herrschaftsbereich Gratians übernommen hatte, zunächst hin, doch durch die Flucht Valentinians II. und dessen Mutter aus Italien (387) zum Handeln gezwungen, bereitete er der Regierung des Maximus ein Ende (388). Theodosius musste sich mit einem weiteren Konkurrenten herumschlagen: mit Eugenius, dem Thronkandidaten des germanischen Heermeisters Arbogast. In der Entscheidungsschlacht am Frigidus 394 standen sich Armeen gegenüber, die mehrheitlich aus germanischen Truppen bestanden. Theodosius gewann die Schlacht und konnte die Herrschaft an seine Söhne Arcadius und Honorius vererben, doch die Weichen hin zur beherrschenden Stellung der germanischen Heermeister waren bereits gestellt.

## Kaiserhof und Verwaltung

Symbol des Reiches war das Kaiserhaus, dessen Funktion sich auf institutioneller Ebene gewandelt hatte. Am auffälligsten lässt sich dies am neuen, von Diocletian eingeführten und von Konstantin weiterentwickelten Hofzeremoniell beobachten. Der

Kaiser, der nun durch das Ritual der *adoratio* (Kniefall vor dem Herrscher) mit den Untertanen in Verbindung trat, versuchte, seiner Umwelt das Bewusstsein für seine exzeptionelle Stellung einzuschärfen. Nur unter Wahrung des zeremoniellen Schweigens (*silentium*) und mit verhüllten Händen (*manus velatae*) durfte sein Gegenüber sich ihm nähern. Sein Thron befand sich unter einem prachtvoll ausgestatteten Baldachin wie im Allerheiligsten eines Tempels hinter einem Vorhang (*velum*). Abgeschirmt von der Öffentlichkeit und innerhalb des Palastes kultisch verehrt, wurde der jeweilige Herrscher seiner Individualität immer mehr entkleidet, so dass ihm wenig Raum für persönliche Eigenheiten blieb. Er dürfte zunehmend als Verkörperung der höchsten Regierungsgewalt wahrgenommen worden sein. Obwohl wir über die Kaiser des 4. Jahrhunderts zahlreiche Zeugnisse besitzen, wissen wir kaum etwas über ihren privaten Bereich. Wenn nicht, wie im Falle Julians, Äußerungen vorliegen, die Einblicke in sein Innenleben, Temperament oder seine Gemütsverfassung erlauben, sind Kenntnisse über die Regierenden bestenfalls aus zweiter Hand zu erhalten. Dass Entscheidungen in der Umgebung des Kaisers fielen, ist bekannt, aber ihre Voraussetzungen und Folgen können wir nur aus der Betrachtung der Ergebnisse rekonstruieren.

Eine der wichtigsten politischen Umwälzungen war die von Diocletian bereits eingeleitete und unter der Regierung Konstantins und seiner Söhne vollzogene Trennung der Zivil- und Militärgewalt. Der *praefectus praetorio* wurde von seinen militärischen Funktionen entbunden und ausschließlich mit der Wahrnehmung ziviler Aufgaben betraut. Die zunächst vier, später drei Inhaber dieses Amtes (gallische, italische, illyrische und orientalische Präfektur) galten als die höchsten Würdenträger des Reiches. Gegen ihre Verfügungen gab es keine Appellation. Sie vertraten den Kaiser, abgesehen vom militärischen Bereich, vor allem in Fragen der Staatsverwaltung, der Justiz und des Steuerwesens – hier war die Versorgung des Heeres eine der Hauptaufgaben. Jede Präfektur umfasste mehrere Diözesen mit jeweils einem Vicarius an der Spitze, die sich wiederum in Provinzen gliederten, die von Statthaltern (*iudex, praeses, proconsul*) verwaltet wurden. Ausgenommen von dieser Regelung war zunächst Rom, dann Konstantinopel, deren höchste Amtsträger (*praefecti urbi*) direkt dem Kaiser unterstanden. Diesen grundlegenden Umwandlungen der Verwaltungsstruktur des Reiches entsprach die Neugliederung des Heeres, das in ein Grenzheer (*limitanei*) und in mobile Einsatzformationen (*comitatenses*) zerfiel. An der Spitze der Armee wirkten die Heermeister (*magistri militum*), unterteilt in *magister peditum*, Befehlshaber der Infanterie, und *magister equitum*, Befehlshaber der Kavallerie. Daneben gab es auch Feldherren am Kaiserhof (*magistri militum praesentalis*) und in den gefährdeten Grenzbezirken (*duces*). Die Ausdifferenzierung und Professionalisierung des Heeres sollte zukünftig dessen politische Bedeutung erhöhen. Hinzu kam, dass das Gros der Truppen aus reichsfremden germanischen und sarmatischen Stämmen rekrutiert wurde, was der Barbarisierung der Armee Vorschub leistete.

Durch Verleihung des Titels eines *comes*, durch Schaffung von Rangstufen, versuchte der Kaiser, die Senatsaristokratie an seinen Hof zu binden, der in den Mittelpunkt des Staates rückte. Den innersten Kern bildete die kaiserliche Wohnung. Selbst die Schlafräume des Kaiserpaares wurden gemäß orientalischer Tradition von Eunuchen (*cubicularii*) bewacht. Ihr Oberaufseher (*praepositus sacri cubiculi*) stand sogar den höchsten Reichsbeamten im Rang gleich. Durch seine Nähe zum Herrscher erlangte er großen Einfluss. Eine weitere Veränderung betraf die Umwandlung des *consilium principis* zu einem *sacrum consistorium*. Dieser Staatsrat mit dem *quaestor sacri palatii* an der Spitze vereinigte die Vorsteher der Palast- und Staatsverwaltung. Neu war ebenfalls die Würde des *magister officiorum*, dem die Hofämter, Kanzleien und Referate sowie die Palasttruppen unterstanden. Seine Befugnisse umfassten ferner die Aufsicht über die Staatspost, Waffenfabriken und die *agentes in rebus*, eine Art Sonderermittler in Hochverratsangelegenheiten. Große Bedeutung kam der Neugliederung des Finanzwesens zu. Seit Constantius II. nannte man es *sacrae largitiones*, weil die wichtigsten Haushaltsposten aus kaiserlichen Spenden bestanden, die Soldaten und Amtsträger neben der regelmäßigen Naturalverpflegung bei besonderen kaiserlichen Feiertagen erhielten. Der *comes sacrarum largitionum* war der Finanzminister des Reiches. Neben ihm wirkte der *comes rerum privatarum*, der das umfangreiche kaiserliche Vermögen, bestehend vor allem aus Domänenbesitz, verwaltete. Einblick in den bürokratischen Aufbau des spätrömischen Reiches erhalten wir durch die aus der Zeit um 430 stammenden *notitia dignitatum*, eine Art Staatshandbuch, das die zivilen und militärischen Ämter einschließlich der Truppenformationen verzeichnet.

In seiner Eigenschaft als oberster Feldherr, Richter und Gesetzgeber vereinigte der Kaiser die höchste staatliche Gewalt in seinen Händen. Wie er jedoch seine prinzipiell uneingeschränkten Machtmöglichkeiten einsetzen konnte, hing von der Bereitschaft der gesellschaftlich relevanten Kräfte zur Mitarbeit ab. Was nutzte die ganze Macht, wenn die Soldaten eigene Wünsche verfolgten oder die für die Steuereintreibung verantwortlichen Städte des Reiches wenig Neigung zur Kooperation mit der Regierungszentrale erkennen ließen, oder wenn gar einzelne Bischöfe oder Bischofssynoden der kaiserlichen Religionspolitik ablehnend gegenüberstanden? Aus diesen Gründen war die Regierung bestrebt, auf die maßgeblichen sozialen Gruppen Einfluss zu nehmen. Die Loyalität der Armee zu erhalten und eine einheitliche, vom Kaiser gesteuerte Religionspolitik durchzusetzen, waren wichtige Voraussetzungen dafür. Es galt unter allen Umständen, Abspaltungstendenzen im Heer und im Kultwesen zu unterbinden. Einheitlichkeit als Bedingung für innere Eintracht sollte den Regierungsablauf erleichtern. Sie hatte absolute Priorität. Gelang es nicht, sie auf Anhieb herzustellen, so griff man zu Reglementierungen, um sie nötigenfalls mit Gewalt zu erzwingen. Es sind gerade diese Züge, die dem spätrömischen Reich den Ruf, ein Zwangsstaat gewesen zu sein, eingebracht haben. Sie manifestieren sich in einer restriktiven Gesetzgebung voller Verbote und Drohungen. Sie äußern sich in den autoritären kaiserlichen Initiativen zugunsten der Vollendung der Glaubenseinheit, die stets Widerspruch erzeugten. Sie kommen ebenfalls in den Verordnungen zum Ausdruck, die das Ziel verfolgten, die Wehrkraft der Bevölkerung und die Finanzstärke des Reiches zu erhalten, aber oft das Gegenteil bewirkten. Allerdings wurde die deutlich erkennbare Bemühung der Zentralbehörden, ein kaiserliches Herrschaftsmonopol zu verwirklichen, durch die zahlreichen zentrifugalen Kräfte konterkariert.

## Außenpolitische Herausforderungen

Unsichere Verhältnisse herrschten an den Grenzen des Reiches. Durch eine Reihe von Machtdemonstrationen an Rhein und Donau war es zwar gelungen, sich der Mitwirkung von germanischen und sarmatischen Hilfstruppen zu versichern, doch damit war der Druck von den Grenzregionen nicht gewichen. Einer endgültigen Klärung bedurfte noch die Orientpolitik. In den letzten Jahren seiner Regierung plante Konstantin eine groß angelegte Militäraktion gegen die Perser, die aber durch seinen plötzlichen Tod nicht zur Ausführung kam. Sie wurde einige Jahre später (363) von Julian nachgeholt und endete mit einem Misserfolg, der noch schlimmer ausgefallen wäre, wenn die Kräfte Persiens eine offensive Westpolitik erlaubt hätten. Die Abschottung des Reiches war angesichts der langen Grenzen und der wachsenden Zahl unruhiger Nachbarn eine kaum lösbare Aufgabe. Sie konnte nur dann bewältigt werden, wenn ein einheitliches Vorgehen und eine entsprechende Koordination aller zur Verfügung stehenden Mittel gelang. Innenpolitische Machtkämpfe oder interne Zwietracht waren einer erfolgreichen Außenpolitik am meisten abträglich.

Die Räumung des einst von Trajan eroberten Dacien sowie die Aufgabe der rechtsrheinischen germanisch-rätischen Territorien im letzten Drittel des 3. Jahrhunderts bezeichnen in der Außenpolitik den Übergang von einer Ausdehnungs- zu einer Defensivphase. Von nun an war es nicht das Reich, das jenseits der Grenzen aktiv wurde. Goten und Sarmaten an der Donau, Alamannen und Franken am Rhein sowie Perser und Araber am Euphrat bedrängten und überrannten die grenznahen Provinzen und konnten nur mit äußerster Kraftanstrengung zurückgeworfen werden. Für die Militärstrategie des Reiches blieb dies nicht ohne Auswirkungen. Die als diocletianisch-konstantinische Heeresreform bekannte Umorganisation des Militärpotentials war eine Antwort auf diese Bedrohungslage. Durch größere Flexibilität und Einsatzbereitschaft der Eliteformationen erhoffte man sich bei möglichen Grenzeinbrüchen eine rasche Stabilisierung der Lage. Doch nicht allein durch Truppendislokation, sondern vor allem durch eine gesteigerte Fortifikationstätigkeit an den Grenzen, mancherorts zu regelrechten Festungen ausgebaut, versuchte man die Integrität der Provinzen zu wahren. Beide Faktoren waren die Rahmenbedingungen für die auswärtige Politik Roms gegenüber seinen wehrhaften Nachbarn. Noch mehr als Machtdemonstrationen halfen vor allem Verträge ein Gleichgewicht der Kräfte herzustellen. Es galt vor allem, eine Reihe aufrührerischer Stämme durch Geldzahlungen zu einer neutralen Haltung zu bewegen. Allerdings wurde diese Beschwichtigungspolitik immer schwieriger. In dem Maße, wie die inneren Probleme des Reiches zunahmen, verminderte sich seine Fähigkeit, seinen Bestand und seine Funktionsfähigkeit zu gewährleisten, und so nutzten die auswärtigen Völker die Schwäche des Reiches für ihre Ausdehnungsabsichten aus.

Im Jahr 357 forderte der Alamannenkönig Chnodomar Julian auf, das linksrheinische Gebiet (Elsass) abzutreten. Bereits seit Jahren hatten sich die Alamannen dort festgesetzt und betrachteten diese Gebiete als ihr rechtmäßig erworbenes Land. Doch Julian weigerte sich, die Forderungen der Alamannen anzuerkennen, und so kam es darüber zum Krieg. In der Schlacht bei Straßburg (357), die mit einem der letzten römischen Siege über die Germanen endete, konnten die Alamannen über den Rhein zurückgeworfen werden. Das Elsass wurde wieder römischer Besitz. Das Vordringen der Alamannen nach Westen, die zum ersten Mal eine Konföderation unter einheitlicher Leitung bilden konnten, vermochte das Römische Reich aufzuhalten. Doch einige Jahre später kam es unter Kaiser Valens, der die Schlacht nicht überlebte, zur Katastrophe von Adrianopel (378), ein Ereignis, das die Völkerwanderung in Thrakien einleitete und die Struktur des Reiches grundlegend veränderte. Scharen von Goten und anderen germanischen Stämmen gelang es nun, sich endgültig auf römischem Territorium zu behaupten. Die angesiedelten Germanen waren, obwohl sie von Theodosius im Gotenvertrag des Jahres 382 den Status von Verbündeten *(foederati)* erhielten, tatsächlich aber unabhängig und der römischen Jurisdiktion nicht unterworfen. Nach und nach entwickelten sich aus den Verbündeten die wahren Gestalter der Reichspolitik, da sie die Armee kontrollierten. Die Foederaten nahmen immer mehr Einfluss auf die Politik des Reiches und wurden so die Militärstütze des ausgehenden römischen Staatswesens.

## Sozialer Wandel

Ein Kennzeichen der spätrömischen Gesellschaft ist ihre immer schärfer werdende Zweiteilung in Erzeuger und Verbraucher. Der kaiserliche Hof, die umfangreiche Bürokratie und das Heer verzehrten fast die Gesamtheit der in den Städten und auf dem Lande über die Subsistenz hinaus erwirtschafteten Überschüsse. Die Mitglieder der städtischen Oberschichten waren für die Eintreibung der steigenden Steuerforderungen, die immer mehr in Form von Naturalabgaben entrichtet wurden, verantwortlich. Sie gaben den Steuerdruck nach unten weiter. Angesichts der notorischen finanziellen Schwäche breiter Bevölkerungsschichten wandelte sich die ehemals ehrenvolle Stellung eines Curialen in eine drückende Last, da sie für die von den Behörden veranschlagten Steuersummen mit ihrem Privatvermögen hafteten. Um über ein überschaubares Steueraufkommen zu verfügen, wusste sich die Regierung nicht anders zu helfen, als dass sie das Amt des Curialen für erblich erklärte. Damit wurden die städtischen Eliten, auf denen in früheren Zeiten Innovation und Dynamik beruhten, in ein Zwangskollektiv gepresst und zur Immobilität verurteilt. Druck erzeugte Gegendruck beziehungsweise den Wunsch nach Befreiung. Daher versuchten die Betroffenen, ihre Verpflichtungen loszuwerden, indem sie aus ihrem Stand ausschieden und um Aufnahme in den Staats-, Heeres- oder Kirchendienst baten.

Dagegen schritten die Behörden ein. Kaum ein Thema findet in der Gesetzgebung des 4. Jahrhunderts so viel Niederschlag wie die staatlichen Prohibitivmaßnahmen, die den Curialen für den Fall, dass sie ihren *ordo* verlassen wollten, Sanktionen androhten. Sie blieben offenbar ziemlich wirkungslos, sonst hätte man sie nicht so oft wiederholen müssen.

Mit ähnlichen Regelungen und Interventionen versuchten die Behörden, den Wirtschaftskreislauf, der bis dahin weitgehend durch die private Initiative in Gang gehalten worden war, zu lenken. Um bestimmte Produktions- und Dienstleistungszweige zu erhalten, wurden auf Erblichkeit beruhende berufliche Zwangskörperschaften (Vereinigung der Transportarbeiter, Bäcker etc.) geschaffen. Die Einschränkung der freien Berufswahl, die Verpflichtung der Kinder, die Berufe ihrer Väter auszuüben, brachte aufs Ganze gesehen keine Steigerung, sondern eine Lähmung der Ökonomie mit sich. Ein derartig gestaltetes dirigistisches System, das anstatt mit Anreizen zu winken mit Repressalien drohte, war nicht geeignet, die Produktivität anzukurbeln, um damit mehr Wohlstand zu erzeugen. Allerdings wäre es verkehrt, das Bild eines durchgehend krisengeschüttelten Wirtschaftssystems zu zeichnen. Es gab regionale Beispiele, die dem allgemeinen Trend widersprachen. Während in weiten Bereichen mit einem Niedergang der wirtschaftlichen Tätigkeit zu rechnen ist, erlebten andere eine bemerkenswerte Belebung. Es gab auch Erfolge zu vermelden. In der Geldpolitik gelang es, durch die Einführung des Solidus eine nach Gewicht und Metallgehalt im gesamten Reich anerkannte, einheitliche Goldwährung zu schaffen, womit ein hohes Maß an Stabilität gewonnen wurde.

Die Sozialstruktur des Reiches war von dieser Situation direkt betroffen, denn trotz Reformen klaffte die Schere zwischen Arm und Reich weit auseinander. Auf dem Lande war dies mehr zu spüren als in der Stadt. Die Mehrzahl der Bevölkerung arbeitete in der Landwirtschaft. Viele waren auf den Latifundien beschäftigt, die dem Kaiser, der senatorischen Aristokratie oder wohlhabenden Curialen gehörten. Auf diesen ausgedehnten Besitzungen drängte sich ein Heer von Kleinpächtern (*coloni*), die ihre Freizügigkeit eingebüßt hatten und nun an die Scholle gebunden waren. Da sie für die Ernährung der Bevölkerung zu sorgen hatten, waren auch sie ständig den Pressionen des Staates ausgesetzt. Es mehrten sich die Stimmen derjenigen, die dem unerträglichen Steuerdruck entgehen wollten und bereit waren, auf ihre Freiheit zu verzichten. Manche *coloni* traten sogar freiwillig in die Sklaverei ein, um sich so wenigstens ein Mindestmaß an Versorgung zu sichern. Die bedrückende Lage der Kolonen illustriert ein Auszug aus einem Gesetz aus dem Jahre 332, wo zu lesen ist: *Bei wem auch immer ein Kolone, der einem anderen gehört, aufgefunden wird, der soll diesen nicht nur an seinen alten Platz, woher er stammt, zurückbringen, sondern soll auch für ihn die Kopfsteuer für die entsprechende Zeit erstatten. Die Kolonen selbst, die auf Flucht sinnen, soll man, wie es Sklaven zukommt, mit eisernen Fesseln binden, damit sie gezwungen werden, die Pflichten, die ihnen als Freie zukommen, infolge ihrer Verurteilung zum Sklavenstande zu erfüllen. Wenn jemand ein Landgut veräußern will, darf er aufgrund persönlicher Vereinbarung keine Kolonen zurückbehalten, um sie in andere Gegenden zu überführen* (Codex Theodosianus V 17, 1).

Doch neben Bedrückung gab es auch Befreiung, neben Stagnation ist auch Aufbruchstimmung zu beobachten. Ein besonders eindrucksvolles Beispiel hierfür ist die selbstbewusste Akzentuierung des Einzelnen in seiner Beziehung zum Göttlichen gegenüber der in früherer Zeit geübten Zurückhaltung. Überall vernehmen wir, wie die Menschen dieser Epoche sich ihres Verhältnisses zum Jenseits bewusst wurden und dies voller Selbstwertgefühl in den unterschiedlichsten Formen zum Ausdruck brachten. Am radikalsten taten dies die Eremiten: Durch eine demonstrative Abkehr vom Alltag schuf das Mönchtum die Voraussetzung für ein neu geschärftes Bewusstsein von Öffentlichkeit. Gottessucher begegnen uns überall, in der Abgeschiedenheit der Wüste und in der dicht bevölkerten Großstadt, in den Barbierstuben und in den Akademien, im Priesteramt und auf dem Kaiserthron.

Auf eine Kurzformel gebracht, zeigt uns das spätrömische Reich einen von göttlichem Nimbus und Hofzeremoniell umgebenen Kaiser an der Spitze. Darunter wirken zahlreiche Amtsträger, eine aufgeblähte und nicht immer leistungsfähige Bürokratie sowie eine schwerfällige Heeresmaschinerie, deren Soldaten zwar die Integrität des Reiches gewährleisteten, aber auch einen Unsicherheitsfaktor darstellen konnten. Einige unermesslich reiche Aristokraten (*honestiores*), die ihren aufwendigen Lebensstil zur Schau stellten, vermochten ihren Besitz auf Kosten der Allgemeinheit zu vergrößern, während eine große Zahl ehemals vornehmer Familien aus den Städten ihren Status kaum halten konnte. Weite Kreise der Bevölkerung, die in den Städten und auf dem Lande unter kläglichen Bedingungen den Unterhalt aller erwirtschaften mussten (*humiliores*), fanden Trost in der christlichen Lehre mit der Verheißung eines neuen, ewigen Lebens. Immer häufiger und lauter meldeten sich Bischöfe zu Wort. Von Lust an dogmatischen Streitigkeiten erfüllt, führten sie der Öffentlichkeit vor, wie uneinheitlich das Christentum sein konnte, wobei jeder, der betonte, den richtigen Glaubensweg zu vertreten, genug Anhänger fand. Allerdings war eine solche Haltung kein Monopol der Kleriker. Jamblichos, das Haupt der neuplatonischen Schule, der von sich behauptete, von Pythagoras und Plato abzustammen, wurde nicht minder ehrfürchtig verehrt als jene Kirchenmänner, die im Ruf der Heiligkeit standen.

## Christlich-heidnischer Kulturbetrieb

Wie in vergleichbaren Umbruchszeiten erlebten damals Architektur, Literatur und bildende Kunst einen Entwicklungsschub. Davon profitierten nicht nur der Kulturbetrieb im engeren Sinn, der sich in den wissenschaftlichen Einrichtungen einiger Städte konzentrierte, sondern weite Landschaften und Personenkreise. Träger der Kultur waren nach wie vor die heidnischen Bildungsschichten des Senatorenstandes und der munizipalen Aristokratien. Doch lässt sich in zunehmendem Maße ein Eindringen des christlichen Klerus beobachten. Zum einen blieb ein Großteil der literarischen und künstlerischen Produktion der Tradition verpflichtet, doch wurden zum anderen neue, teils christlich beeinflusste Ausdrucksformen geschaffen, denen eine wachsende Akzeptanz beschieden war. Das Ansehen der alteingesessenen Rhetorenschulen von Alexandria, Antiochia, Athen und Rom war ungebrochen. Mit ihnen konkurrierte jedoch eine Reihe aufstrebender Bildungszentren in Autun, Arles, Trier, Sirmium, Konstantinopel, Nicomedia, Thessalonike, Ephesos etc., die als Standorte der Kaiserresidenzen oder wichtiger Bischofssitze zumindest zeitweilig Bedeutung erlangten. Gelehrte vom Rang eines Libanios oder Themistios genossen reichsweite Anerkennung. Um sie drängten sich große Schülerscharen, denn eine gründliche rhetorische Ausbildung war die Grundlage für eine Laufbahn in der öffentlichen Verwaltung oder am Kaiserhof. Einheit und Vielfalt konkurrierten sowohl in den christlich als auch in den heidnisch ausgerichteten Schul- und Lehrbetrieben miteinander.

Neben der reichsweiten Ausstrahlung der traditionellen Zentren der römisch-griechischen Einheitskultur bahnten sich bedeutende regionale, der Pflege der einheimischen Zivilisation verschriebene Bildungseinrichtungen ihren Weg. Lehrer und Schüler dieser Akademien, die sich ihrer landsmannschaftlichen Zugehörigkeit bewusst wurden, empfanden sich zunehmend als Ägypter, Pannonier, Gallier, Syrer etc. In Athen waren die Kurse sogar nach Ethnien aufgeteilt. Die Kirche zog nach. Die Verkündigung fand in der Sprache der jeweiligen Zielgruppe statt. Bibelübersetzungen ins Gotische, Koptische, Armenische etc. wurden verstärkt in Auftrag gegeben. Die Geschichtsschreibung blieb zwar eine Domäne der heidnischen Autoren (Ammianus Marcellinus, Aurelius Victor, Eunapios, Zosimos), wobei sich die Tendenz zu kurz gefassten Kompendien bemerkbar machte, doch kündigte die von Eusebios von Caesarea inaugurierte Gattung der Kirchengeschichte eine Akzentverschiebung an. Den am Kaiserhof wirkenden Berufsrednern erwuchs in den zunehmend Eingang findenden Bischöfen eine ernste Konkurrenz. Christliche Erbauungsschriften und Predigten verdrängten immer mehr die traditionelle, heidnisch geprägte Panegyrik.

Über alles Trennende gab es auch Verbindendes zwischen der christlichen und heidnischen Geisteswelt. So äußerte sich Eunapios von Sardes (Vita Sophistorum 23, 4, 3) über den ebenfalls heidnischen Gelehrten Aidesos: *Seine Verwandtschaft und Nähe zu den Göttern war so unfeierlich und familiär, dass er nur den Kranz aufs Haupt setzen und den Blick empor zur Sonne richten musste, um sogleich Orakelsprüche zu verkünden.* Nicht viel anders wäre die Charakterisierung ausgefallen, die ein christlicher Apologet über einen ebenfalls christlichen Heiligen verfasst haben könnte. Noch eindringlicher wirkt die von Porphyrios (Fragment 76) herrührende Gleichsetzung der christlichen Engel mit Gottheiten aus dem heidnischen Kult: *Denn wenn ihr behauptet, dass Engel bei Gott stehen, leidensunfähige und unsterbliche und in ihrer Natur unzerstörbare Wesen, die wir Götter nennen, weil sie der Gottheit nahe stehen, was streitet man sich da um Namen, oder muss man nicht hier lediglich einen Unterschied in der Benennung annehmen? Ob wir diese Wesen nun Götter oder Engel nennen, das macht keinen Unterschied.*

## Gewandeltes Politikverständnis

Fragt man nach dem Erbe Konstantins, so barg vor allem die Innenpolitik aufgrund der divergierenden Interessen der wichtigsten Einflussgruppen die Gefahr von Bürgerkriegen. Eindeutiger Gewinner war der christliche Klerus. In der Religionspolitik agierte Konstantin als Oberhaupt der Christen, doch wie sollte in Zukunft das Verhältnis zwischen Kaisertum und Kirche gestaltet werden? Letztere war keineswegs gefestigt, sondern in dogmatischen Grabenkämpfen zerstritten. Jede Entscheidung über theologische Fragen hatte weit reichende Folgen für die Reichspolitik, weil die römische Gesellschaft von einem Verchristlichungsprozess erfasst wurde und die Kirche zunehmend mit dem Staatsapparat verschmolz. Ein Kernpunkt dieses Prozesses war die Festlegung der Rolle des Kaisers in dem – neuen – monotheistischen Glaubenssystem. Nach wie vor blieb das Problem ungelöst, wie mit der überwiegend heidnischen Bevölkerung und den heidnischen Eliten umzugehen sei. Antworten darauf zu finden, war nicht leicht. Dies bekamen Konstantins Nachfolger zu spüren.

Zwar vermochte Constantius II. eine Reihe von Bischöfen um sich zu scharen, aber es war eben nur eine Gruppe, die nicht immer die Mehrheit darstellte. Diesen Mangel an Repräsentativität machte er durch Rückgriff auf seine kaiserliche Autorität wett. Die dabei angewandten Mittel reichten von der Überredung bis zum gewaltsamen Einschreiten gegen Abweichler.

Der römische Kaiser galt als Symbol der Reichseinheit. Die Ausübung seiner vielfältigen Funktionen hatte nicht nur eine formale, sondern auch eine inhaltliche Seite. Das Ergebnis war eine Flut von Vorschriften, die den Versuch darstellen, den kaiserlichen Willen durchzusetzen. Ein wesentlicher Teil der gesetzgeberischen Tätigkeit betraf die Religionspolitik, weil angesichts der vielen Abweichler der Bedarf an Einheitlichkeit besonders groß war. Die ergriffenen Maßnahmen lassen zwei unterschiedliche Phasen erkennen. Am Anfang stand die Bemühung, die Personalfragen zu lösen. Den richtigen Kandidaten auf den passenden Bischofssitz zu setzen, hatte zunächst Vorrang. Danach erfolgte die Durchsetzung einer einheitlichen Kirchenlehre. Machtpolitik und theologische Anliegen konnten dabei zusammengehen oder in

Widerspruch zueinander geraten. Nach Lösung der jahrzehntelang schwelenden Personalfragen wurde die Neigung des Herrschers, in die inneren Belange der Kirche einzugreifen, stärker.

Im Gegensatz zur Westkirche vermochte sich ein großer Teil der Ostkirche kaum gegen kaiserliche Interventionen zu wehren. Hier könnte die starke Stellung des Constantius II. aus der Widerspiegelung arianischer Anschauungen mit ihren abgestuften Hierarchien innerhalb der Trinität resultieren. Das System bot sich für Identifikationen an, die gemäß der strengeren monotheistischen, arianischen Formel eine Positionierung des Kaisers auf einer unterhalb Gottvaters befindlichen Ebene ermöglichten (etwa vergleichbar mit der des Sohnes). Wenn Christus wesensähnlich und nicht wesensgleich mit Gottvater war, zudem irgendwann geschaffen, also nicht vor aller Zeit vorhanden gewesen war, dann hätte ein außergewöhnlicher Mensch – wie etwa der Kaiser – ebenfalls die Gelegenheit, sich ihm anzugleichen. Die Annahme des Christentums verlangte nach einer Definition der sakralen Stellung des römischen Kaisers. Der arianische Streit hatte diese Frage aufgeworfen. Es entbehrt nicht der Folgerichtigkeit, wenn Constantius II. sich jener Richtung anschloss, die ihm den größtmöglichen sakralen Rang verhieß: nur wenig unterhalb der Spitze des Pantheons, da er als christlicher Kaiser diese, anders als seine heidnischen Vorgänger, nicht mehr einnehmen konnte. Der einzelne Herrscher geriet in eine prekäre Lage, zumal sein Standort im monotheistischen christlichen System grundsätzlich außerhalb der Trinität lag. Ferner vermochte er, obwohl noch *pontifex maximus,* auf die zu einem eigenständigen Sozialkörper fest gefügte christliche Bischofskirche nur bedingt Einfluss zu nehmen. Die Richtlinienkompetenz in der Religionspolitik, seit Augustus eine Domäne des Kaiserhauses, entglitt dem Herrscher zunehmend. Mit der Konzentration von Macht und Ansehen in den Händen einer Reihe charismatischer Bischofsgestalten bildete sich ein religionspolitisches Gegengewicht, das der Kaiser in Rechnung stellen musste. Wenn unter Konstantins Regierung Bischof Optatus von Mileve zum ersten Mal die Frage aufwarf, wo der Platz des Kaisers in der Kirche sei, so lässt dies bereits erkennen, dass dieser alles andere als geklärt war, das heißt tendenziell zur Disposition stand. Eine Generation später musste sich Constantius II. sagen lassen, dass er ein Häretiker sei, und bald sollte Bischof Ambrosius von Mailand Kaiser Theodosius aus dem Altarraum verbannen und ihm einen Platz außerhalb zuweisen.

Von der Haltung Konstantins während des Donatistenstreits sollte eine beträchtliche Wirkung ausgehen. Als er um Schlichtung ersucht wurde, verwies er die Angelegenheit an „Fachleute", das heißt an eine in Arles tagende Bischofssynode (314). Hatte er sich damals einer lästigen Angelegenheit entledigen wollen, so waren die Konsequenzen des damit gesetzten Beispiels epochal. In Zukunft nahmen Versammlungen von Fachleuten in Fragen der Theologie und des Kultwesens eine immer größere Rolle zu Lasten des Kaisers ein. Ähnliches geschah in Nicaea (325), als sich Konstantin mehr am Ergebnis als an der Art des Zustandekommens interessiert zeigte. Was als Lösung eines regionalen Problems begann, entwickelte mit der Zeit eine eigene Dynamik, die das traditionelle Selbstverständnis des Kaisertums in Religionsangelegenheiten veränderte. In dem Maße, wie dem Kaisertum Befugnisse abhanden kamen, erfuhren die Bischöfe einen Machtzuwachs.

Fast unbemerkt hielt ein neuer Grundsatz in der Reichspolitik Einzug: das Kriterium der Rechtgläubigkeit. Die altgläubigen Kaiser hatten Treue und Respekt gegenüber den staatstragenden Gottheiten (zum Beispiel die capitolinische Trias: Jupiter, Juno und Minerva) gefordert; nun verlangten die christlichen Herrscher immer mehr die ausschließliche Anerkennung des von der maßgeblichen Bischofspartei im Verein mit dem Kaiserhaus verkündeten rechten Glaubens. Die politische Sprengkraft dieser Vorstellung war gewaltig. Rechtgläubigkeit konnte sich zum politischen Leitfaden und zu einer wirkungsvollen Waffe verwandeln. War ein hoher Regierungsvertreter oder der Kaiser selbst nicht rechtgläubig, konnte ihre Autorität Schaden leiden und Zweifel an der Legitimität ihrer Ämter aufkommen. Dies war ein Novum. Zwar hatte das religiöse Bekenntnis eines Herrschers insofern eine besondere Bedeutung, als die von ihm bevorzugte Kultrichtung privilegiert wurde, aber sie galt nie als allgemein verbindlicher Maßstab. Zu der nun aufgekommenen Staatsreligion hatte es im Römischen Reich bislang nichts Vergleichbares gegeben. Die Anfänge dafür sind in der Regierungszeit des Constantius II. zu suchen, der Durchbruch gelang in theodosianischer Zeit, wobei zu bemerken ist, dass die Struktur des Christentums eine solche Entwicklung überhaupt erst möglich machte.

# Aufstieg und Durchsetzung des Christentums

## Einführung

Unter den prägenden Faktoren des römischen Weltreiches hat keiner eine solche Überlebensfähigkeit bewiesen wie das Christentum. Das Kaisertum, die Einheit des Reiches, die Heeres- und Verwaltungsorganisation sowie die urbane Prägung und ständische Gliederung wandelten sich oder gingen unter. Doch die christliche Kirche, ihre in der römischen Kaiserzeit entstandene und ausgeformte Lehre, ihre Organisation als Bischofskirche und ihr theologisches Selbstverständnis sind noch heute in weiten Teilen Europas lebendig. Dabei sah es am Anfang keineswegs nach einem Siegeszug aus. Die zunächst als jüdische Sekte wahrgenommene Glaubensgruppe musste erst während des 1. Jahrhunderts interne Klärungsprozesse überstehen, bis sie sich als eigenständige Religionsgemeinschaft konstituieren konnte. Misstrauen und Vorbehalte seitens ihrer Umwelt begleiten Mission und Ausbreitung der neuen Lehre im Römischen Reich.

Von der zweiten Hälfte des 3. Jahrhunderts an wurden die Christen reichsweit verfolgt und ihre Glaubensausübung in Frage gestellt. Das krisengeschüttelte Imperium erblickte in ihnen zeitweise den „inneren Feind". Ihr rigides Festhalten am Monotheismus schloss den Vollzug der traditionellen Kulthandlungen aus – und dies wurde für sie zum Verhängnis. Während der Regierungszeit Diocletians und Galerius' (303–311) erreichte diese Konfrontation ihren Höhepunkt. Doch aus der größten Bedrängung erwuchs unter Kaiser Konstantin die Errettung (312). Aus der ursprünglichen Duldung entwickelte sich Unterstützung und Förderung, die schließlich zur Privilegierung der christlichen Kirche und ihrer Repräsentanten führte. Damit war der Niedergang der altrömischen Religionen vorprogrammiert. Das polytheistisch gestaltete Reich wandelte sich zu einem christlich geprägten Staatswesen, das spätestens seit Theodosius (380) auf die uneingeschränkte Rückendeckung des weltlichen Arms zählen konnte.

In der theodosianischen Ära verstärkt sich die bereits seit der konstantinischen Dynastie angelegte Entwicklung zum Imperium Romanum Christianum. Nicht nur der Staat, sondern auch die römische Gesellschaft wird immer mehr von der Kirche erfasst, die in den Konvulsionen der Völkerwanderungszeit einen festen Halt und eine Klammer zwischen den romanischen und germanischen Bevölkerungsteilen bilden kann. Darüber hinaus vermag sie sich als die bestimmende Kraft in der Endphase des Römischen Reiches zu behaupten.

## Konfliktträchtige Anfänge

Die Gegenüberstellung des verhafteten Jesus von Nazareth (Christus) mit dem Vertreter der römischen Staatsmacht, Pontius Pilatus, wirkt wie das Vorspiel des sich nachträglich anbahnenden Konflikts zwischen Christentum und Imperium. Sofern die Evangelien Einblicke in die religionspolitische Dimension des Jesus-Prozesses gestatten, scheint diese Erstbegegnung von Missverständnissen und Irritationen geprägt gewesen zu sein. Die bemerkenswerte Unbeugsamkeit (*contumacia, obstinatio*) des beschuldigten Jesus, die der römische Statthalter als Renitenz deuten musste, war aus römischer Sicht Grund genug, um die Höchststrafe gegen jeden aufsässigen Provinzialen zu verhängen. Damit stellte Pilatus die Autorität des römischen Staates wieder her und hoffte, durch sein hartes Strafmaß ein abschreckendes Beispiel zu statuieren. Aus heutiger Sicht erscheint uns das gegen Jesus durchgeführte Gerichtsverfahren alle bedenklichen Merkmale eines „kurzen Prozesses“ aufzuweisen. Aber das wäre eine moderne Deutung, welche die Realität der provinzialen Herrschaftspraxis verkennt. Zwar gehörte Willkür nicht zum üblichen Vorgehen der römischen Provinzialbehörden, aber diese zeigten sich nicht zimperlich, wenn es darum ging, die *maiestas* Roms unbeschadet zu halten. Der tragische Ausgang dieser Begegnung – schließlich ließ ein ranghoher Repräsentant Roms den Stifter des Christentums ans Kreuz schlagen – hatte eine paradigmatische Bedeutung für die Behandlung der danach vermehrt auftretenden Christusgläubigen, die im Gekreuzigten den alttestamentlich geweissagten Gottessohn und Retter erblickten. Unterminierte ein Bekenntnis zu Jesus die Autorität des Staates und seiner der Götterverehrung dienenden Einrichtungen? Die auf Jesus sich berufende und nach seinem Tod entstandene christliche Gemeinde (Kirche) stand vor der Herausforderung, die kompromisslose Haltung ihres Religionsstifters nachzuahmen. Darin lag ein gewichtiges Problem, denn ein allzu absolut vorgetragener Anspruch des christlichen Bekenntnisses konnte von den Außenstehenden als bewusste Geringschätzung ihrer eigenen Kultbindungen verstanden werden. Wie sollte man eine neue Lehre verkünden, die zum Abfall von der bisherigen Religionsausübung aufforderte? Welche Probleme damit verbunden sein konnten, zeigt die Mission des Paulus in Ephesos, Thessalonike oder anderswo. In der Verkündigung der christlichen Lehre erblickte man eine Störung der öffentlichen Ordnung, deren Inhalte wurden gar als Bedrohung empfunden. Die Weigerung der Christen, die traditionellen und staatstragenden Gottheiten anzuerkennen, sah man als Angriff auf die Religion des Staates.

## Zwischen Bedrängung und Verfolgung

In der kirchlichen Tradition (Lactanz, Eusebios) gilt Nero als der erste Christenverfolger. Dieser nutzte die in der Bevölkerung Roms vorhandene fremdenfeindliche Stimmung für seine Zwecke, indem er den Christen die Schuld am Brand Roms im Jahre

64 gab. Die juristische Begründung für die Strafmaßnahmen bezog sich nicht auf ihre Zugehörigkeit zu einem bestimmten Kult, sondern auf den Tatbestand der angeblichen Brandstiftung – gemäß der verbreiteten Behauptung.

In die Zeit Trajans (98–117) fällt das Wirken des Plinius, der als Provinzstatthalter von Bithynien und Pontus mit dem Problem konfrontiert war, wie die Christen in seiner Provinz zu behandeln seien. Dies ist die erste erhaltene offizielle Erörterung der Christenfrage. Die Zugehörigkeit zu dieser Religionsgemeinschaft blieb zwar unter Strafe, aber die Prozessform erfuhr eine signifikante Regelung, welche die Beschuldigten gegen Willkür schützte (siehe oben S. 91). Während der ersten zwei Jahrhunderte hielt sich die Zahl der Märtyrer in Grenzen. Die christenfeindlichen Maßnahmen waren sporadisch, zeitlich diskontinuierlich und auf bestimmte Gebiete des Reiches beschränkt. Zu berücksichtigen sind auch jene zahlreichen Äußerungen von christlicher Seite, die nicht müde wurden, die Loyalität der Christen zu betonen. Ihre Bandbreite reicht von der Bereitschaft zur Anerkennung der kaiserlichen Autorität bis zur Verrichtung von Gebeten für das Wohl des Kaisers und des Reiches. Es war primär das Verhalten einzelner Christen, die durch öffentliche Auftritte ein bestimmtes Bild ihrer Glaubensgemeinschaft in positiver wie auch in negativer Hinsicht prägten.

Erschwert wurde die Lage des Christentums dadurch, dass es – anders als das ebenfalls monotheistische Judentum – keine alte und keine Stammesreligion war. Sein Missionsgebiet war die ganze Welt, und hier lag ein Grund für weitere Konflikte, denn das Imperium Romanum erhob ebenfalls Anspruch auf den gesamten Erdkreis und betrachtete ihn als sein Aktionsfeld. Was man den Juden nachsah, machte man den Christen zum Vorwurf. Schließlich waren diese von ihrer ursprünglichen Kultgemeinschaft abgefallen.

Seit Augustus stellte der überall im Reich stattfindende Kaiserkult eine bewährte Form der Kommunikation zwischen der Machtzentrale des Reiches und der provinzialen Gesellschaft dar. Zudem bedeutete der Vollzug des Rituals die Anerkennung der Kaiserherrschaft durch die Opfernden. Forderte ein Herrscher – wie Decius (249–251) – seine Untertanen auf, eine *supplicatio* (Opfer und Gebet) zu vollziehen, so tat er dies nicht, wie eine auf die Verfolgung der Christen einseitig fixierte Optik glauben machen möchte, um Dissidenten zu disziplinieren, sondern er handelte in der Absicht, einen Beweis der Solidarität von Seiten der Reichsbevölkerung zu erhalten. Es ging dabei primär um die Erlangung von Zustimmung, weniger um die Ausgrenzung der illoyalen Bürger. Durch eine derartig groß angelegte Mobilisierung sollte Konformität mit dem Kaiser demonstriert werden. Der Appell war aus der Sicht der Regierung notwendig, um den vielfältigen Bedrohungen (Einfall fremder Völker, wirtschaftliche Probleme), die das Reich erschütterten, durch einen Akt der inneren Geschlossenheit zu begegnen.

Kaiser Valerian (253–260) ging gezielt gegen die Christen vor. Zunächst wurden die Kleriker zur Zielscheibe der Verfolgung, wobei der Kaiser hoffte, die Kirche als Ganzes zu treffen. Später dehnte man den Opferzwang auf alle Gemeindemitglieder aus.

Die in den letzten drei Jahren seiner Regierung erlassenen Edikte lösten Martyrien aus, brachten jedoch keine Beruhigung der religionspolitischen Lage.

Unter der Regierung der Tetrarchie erreichte die Verfolgungspolitik des Staates ihren Höhepunkt und zugleich ihr Ende. Am 23. Februar 303 erschien das erste von vier Edikten, mit denen die Christen zu der althergebrachten Religion zurückgeführt werden sollten. Kirchen wurden abgerissen und die christlichen Schriften verbrannt. Ferner wurde die Entfernung der Christen aus dem staatlichen Dienst verfügt. Diese Maßnahmen stellten die größte Belastungsprobe dar, die Christen im Römischen Reich zu bestehen hatten. Eusebios erzählt, dass sich die Verfolgung zu einem regelrechten Krieg gegen die Christen ausweitete, in dessen Verlauf die Zahl der abgefallenen Christen (*lapsi*) ebenso wie die der Märtyrer in die Tausende ging. Diese Zahlenangaben dürften jedoch zu hoch sein. Hinzu kommt, dass Form und Intensität der christenfeindlichen Maßnahmen je nach Zeitpunkt und Landschaft unterschiedlich ausfielen. Unbestreitbar ist, dass die tetrarchische Verfolgung den massivsten Angriff auf die christliche Lehre darstellte.

## Behauptung und Ausweitung

Während in den ersten zwei Jahrhunderten Anfeindungen gegen die Christen eher selten vorkamen, das heißt die staatlichen Behörden in der Regel erst nach Erstattung einer Anzeige einschritten, änderte sich von der Mitte des 3. Jahrhunderts an die Stoßrichtung der Christenpolitik. Dass abgesehen von der Episode des Brandes von Rom in neronischer Zeit die Regierung keinen Anlass sah, sich um die Christen zu kümmern, überrascht nicht. Sie waren während des 1. und 2. Jahrhunderts – bis auf einige örtliche Ausnahmen – zu unbedeutend, um vom Staat zur Kenntnis genommen zu werden. Und doch vollzog sich gerade in dieser Zeit ihre Ausbreitung innerhalb der römischen Gesellschaft. Wie der gelegentliche Aufschrei einiger betroffener Staatsvertreter (Plinius) zeigt, konnten zwar die Christen regional gesehen ein Faktor werden, mit dem man sich auseinander setzen musste, aber der Staat tat dies – wie die charakteristische Antwort des Trajan zeigt – eher widerwillig und gezwungenermaßen. Man könnte etwas überspitzt formulieren: Solange das Christentum ein Minderheitsphänomen war, das zwar Teile der Gesellschaft befiel, den Staat aber verschonte, ließ es sich mit einem juristischen Instrumentarium niederhalten, das auf die Mitarbeit der nichtchristlichen Gesellschaft, das heißt auf ihre Animositäten gegen die Christen baute. Es kommt noch etwas anderes hinzu, was häufig unterschätzt wird. Die heidnisch geprägte Welt des 2. Jahrhunderts war beweglicher, gelassener und gegen Anfechtungen ihrer Grundwerte wirksamer gefeit, als es ein nur auf die Verfolgungsmaßnahmen fixierter Blick erkennen lässt. Als aber während des 3. Jahrhunderts eine ganze Reihe von politischen, sozialen und wirtschaftlichen Faktoren das Gesicht des Römischen Reiches veränderten, griff man das Christentum an, weil es innerhalb des Staates Fuß fasste, das heißt Anhänger in der Reichsverwaltung, beim Heer und am Kaiserhof gewann. Wie zahlreiche Inschriftenfunde nahe legen, unterstützten gerade die Militärkreise die restaurativen religionspolitischen Tendenzen mit besonderer Hingabe. Die illyrischen und pannonischen Kaiser machten sich das von Septimius Severus verkündete Programm der Erneuerung der römischen Religion zu Eigen. Diese Haltung war es, welche die im 3. Jahrhundert bestimmenden Führungsschichten in eine unüberbrückbare Gegnerschaft zum Christentum führen konnte.

Was verband der nichtchristliche Römer mit dem hinter dem Etikett *nomen Christianum* stehenden Bekenntnis? Die Einschätzung der Christen durch antike Autoren wie Tacitus oder Sueton etwa – von Celsus, Porphyrios und Gleichgesinnten ganz zu schweigen – bewegte sich zwischen Kopfschütteln und Abscheu. Sie waren keine Christenhasser, sondern lediglich voller Unverständnis gegenüber einer Lehre, die ihnen unverständlich blieb, deren Sprachregelung und Symbolik sie abstießen und deren Gefährlichkeit sie instinktiv erahnten. Es darf nicht verwundern, wenn überzeugte Verfechter der imperialen Sendung Roms die Aufrechterhaltung des traditionellen Götterpantheons propagierten und jeder Abweichung misstrauisch gegenüberstanden. Daher waren Christenfeinde in der frühen Kaiserzeit weniger von Hass gegen die neue Lehre erfüllt; ihre Abneigung entsprang vielmehr ihrer affirmativen Haltung zum Imperium. Jede Alternative war für sie undenkbar und hätte ohnehin an Hochverrat gegrenzt. Hinzu kommt, dass die Anerkennung des Christengottes nicht nur die bewährte, jahrhundertelang vorherrschende Eintracht innerhalb der Götterwelt (*pax deorum*) gestört, sondern auch nach einer neuen Konzeption von Politik verlangt hätte. So standen sich zwei Prinzipien mit verschiedenen Ausgangspositionen und Zielsetzungen gegenüber. Gab es einen Ausgleich oder siegte die eine Richtung über die andere? Vordergründig – und die späteren Ereignisse scheinen dies zu bestätigen – ist man geneigt, nicht von Versöhnung, sondern von Durchsetzung der christlichen Lehre mit anschließender Zerschlagung des Heidentums zu sprechen. Und obwohl dies in den Grundzügen richtig ist, kann man die Frage auch anders stellen: Wie sah das seit Konstantin siegreiche Christentum aus, und um welchen Preis vermochte es seinen Siegeszug zu vollbringen? Um allgemeine Anerkennung zu erreichen, musste sich das Christentum wandeln, sich der Umwelt weitgehend anpassen. Dies heißt, dass eine heidnische Prägung unvermeidlich war. Das hatte nichts mit Camouflage zu tun, sondern eher mit Assimilation an die Umwelt, auf die man wirken wollte. Bevor das Christentum unter Konstantin die Schwelle zur politischen Salonfähigkeit überschreiten konnte, musste es so umgestaltet werden, dass seine Botschaft, Lehre, Organisation und Symbolik verstanden und als akzeptabel angesehen wurden. Ohne dies zu wollen, trugen gerade die Gegner durch ihre Kritik und Verfolgung zu diesem Wandel bei. Zur Profilierung des Christentums leistete Diocletian ungewollt einen Beitrag. Seine Religionspolitik wurde von einer Serie von Prohibitivmaßnahmen begleitet, die den Abweichlern Gewalt und Leid androhten. Die verfolgten Christen wurden gezwungen, wenn sie nicht untergehen wollten, sich zu organisieren, neue Kraft zu schöpfen und den Kampf gegen die heidnische Militanz anzunehmen. Neben Rückschlägen gab es auch eine beträchtliche Stärkung der eigenen Position, als man der eigenen Standhaftigkeit und Widerstandsfähigkeit immer wieder gewahr wurde.

Christ zu sein war in vorkonstantinischer Zeit nicht einfach. Man lebte mit dem Risiko, angezeigt und verurteilt zu werden, immer wieder wurden Christusgläubige bedrängt. Vom Standpunkt des geltenden Rechts waren sie nicht geschützt, bei strikter Anwendung der Rechtssatzungen stand sogar die Existenz der Gemeinschaft auf dem Spiel. Dass sie dennoch weiter bestand, hängt mit der Natur der kaiserzeitlichen Gesellschaft zusammen. Das Römische Reich war ein Personenverband, was Auswirkungen auf sein Regierungssystem hatte. Gesetze konnten nur in Kraft treten, wenn die Mitarbeit der Individuen und gesellschaftlichen Gruppen, die in diesem Prozess involviert waren, reibungslos funktionierte. Je mehr Christusgläubige sich darunter befanden, desto mehr Widerstand hatte jede antichristlich inspirierte Politik innerhalb dieses Apparates zu überwinden.

Das Gedeihen des Christentums ist nicht nur durch eine Reihe günstiger Bedingungen wie etwa die religiöse und soziale Geborgenheit, die jede eingeschworene Gemeinschaft ihren Mitgliedern vermittelt, sondern auch durch Anfeindungen von außen befördert worden. Die Polemik seiner schärfsten Kritiker (Celsus, Porphyrios) zog die Apologetik nach sich, womit eine ständige Überprüfung und Korrektur der eigenen Position stattfand; die Verfolgung brachte Märtyrer hervor, und damit erwuchs das Exemplum der Selbstbehauptung und der Unüberwindbarkeit. Bei Konstantin und denjenigen, die in Religionsangelegenheiten ähnlich dachten, muss bald die Einsicht gereift sein, dass die mit so viel Aufwand und regierungsamtlicher Unterstützung betriebene Wiederbelebung der traditionellen Kulte ein Anachronismus war. Möglicherweise war ein Bewusstsein für das Scheitern des diocletianischen Religionskonzepts weit verbreitet. Und vielleicht hat gerade diese Stimmungslage die christliche Option gefördert, die wie eine Alternative wirken musste.

## Anerkennung als Staatsreligion

Die Entscheidung zugunsten des Christentums fiel durch die dezidierte Parteinahme der Reichsführung für die neue Glaubensrichtung. Ohne sie wäre seine rasche Ausbreitung und Durchsetzung undenkbar gewesen. Das Kaisertum spielte dabei die wesentliche Rolle. Bereits zu Beginn seiner Herrschaft (306) zeigte Konstantin, der Initiator dieser Entwicklung, eine bemerkenswerte Vorurteilslosigkeit gegenüber den in weiten Teilen des Reiches diskriminierten Christen. Diese äußerte sich zunächst darin, dass er ihren Gemeinden, sofern sie in seinem Reichsteil lagen, die freie Kultausübung gestattete. Im Jahr 311 v. Chr. hatte Galerius sein Toleranzedikt verkündet, das den Christen gestattete, Christen zu sein, und sie anhielt, für das Wohl des

Reiches und des Kaisers zu beten. Nach der Ausschaltung des Maxentius bekräftigte Konstantin zusammen mit Licinius im Mailänder Edikt des Jahres 313 die bereits praktizierte Duldung des christlichen Glaubens. Die Forschungsdebatte über die konstantinische Wende ist seit Jacob Burckhardts Zeiten von den Ansichten über die Taktik der kaiserlichen Politik geprägt. Konstantins Pragmatismus stand im Mittelpunkt der Kontroverse und verdeckte dabei einen zentralen Punkt seiner Politik, nämlich ihre spezifisch gestalterische Kraft. Im Verlauf seiner langen Regierung wird Konstantin von der Duldung zur Bevorzugung des Christentums schreiten.

Binnen einer Generation hatte die christliche Glaubensgemeinschaft den Sprung von der Illegalität zur anerkannten Kultgemeinschaft vollzogen. Der rasche Wandel löste einerseits Aufbruchstimmung aus, andererseits offenbarte er, wie überfordert alle Beteiligten waren. Jedenfalls blieben zahlreiche ungelöste Probleme. Wie sollte die Kirche, die so lange Zeit im Verborgenen wirken musste, mit den staatlichen Stellen zusammenarbeiten? Wie sollte das Verhältnis zu den nichtchristlichen Kultgemeinschaften gestaltet werden? Welche Lösungen gab es für die vorhandenen Streitigkeiten und Abspaltungstendenzen innerhalb der christlichen Kirche, und wer sollte als letzte Instanz darüber befinden? Nach der Zeit der Verfolgung und wegen der regionalen Unterschiede der Christengemeinden in allen Reichsteilen bestand in Fragen der Kirchendisziplin und der Festlegung einer verbindlichen Glaubenslehre erheblicher Bedarf. Dissens stand der Einigung der Kirche entgegen, und die Kaiser hatten seit Konstantin ein Interesse an einer berechenbaren, einheitlichen christlichen Kultgemeinschaft. Theologie war nun nicht mehr bloße philosophische Spekulation mit beschränkten Folgen, sondern erhielt durch die als Sozialkörper festgefügte Kirche eine bis dahin ungekannte politische und gesellschaftliche Relevanz.

Das Problem, das sich den Theologen bei der Definition des Wesens des christlichen Gottesbegriffs stellte, war nicht gering. Gefragt war nach der Substanz und Hierarchie der Trinität (Vater, Sohn, Geist). Sie mussten die monarchianistische Lehre, die Christus mit Gottvater gleichsetzte, mit der jüdischen Tradition, die Christus als Gottessohn nicht anerkannte, versöhnen und dabei Rücksicht auf die vorherrschende monotheistische Grundstimmung der christlichen Gemeinden nehmen. Das Ergebnis einer derart vielschichtigen Diskussion konnte nicht eindeutig sein. Kompromissformeln waren zu erwarten. Mit der Zeit bildeten sich verschiedene Strömungen heraus, die komplexe theologische Lösungsversuche anboten. Meist spiegelten sie zwei Prinzipien wider. Das eine betonte die Subordination des Sohnes gegenüber dem Vater, während das andere von einem Modell der Gleichheit beziehungsweise Identität innerhalb der Trinität ausging. Lange bevor der alexandrinische Priester Arius die Kontroverse verschärfte, waren schon zahlreiche Wortgefechte um diesen Themenkreis mehr oder weniger ergebnislos ausgetragen worden. Im Streit mit seinem alexandrinischen Bischof Alexander verfasste Arius ein an Origenes und Lukian von Antiochia ausgerichtetes Bekenntnis, das eine Absage an die monarchianistische Trinitätsdeutung enthielt. Arius' Kernaussagen lauteten, dass der Sohn vor aller Zeit geschaffen, keiner anderen Kreatur gleich, aber ebenso wenig wesenseins mit dem Vater sei. Der von Alexander verfügten Exkommunikation des Arius begegnete Bischof Eusebios von Nicomedia mit der ausdrücklichen Anerkennung des arianischen Credos. Was als theologischer Disput begonnen hatte und mit disziplinarischen Maßnahmen niedergehalten worden war, geriet außer Kontrolle. Die mit der geographischen Ausweitung und Publizität verknüpften Machtfragen ließen aus einem lokalen Konflikt einen Kirchenkampf entstehen, der den ganzen Osten in Mitleidenschaft zog.

In Nicaea (325) wurde auf kaiserliches Betreiben Arius verurteilt und eine Definition des christlichen Glaubensbegriffes verordnet. Sie betonte die Wesenseinheit zwischen Vater und Sohn *(homousios)*, ohne aber theologische Konsequenzen daraus zu ziehen, womit die Anhänger des Subordinatianismus ebenso leben konnten wie die Anhänger des Monarchianismus, das heißt der Gleichheit zwischen Vater und Sohn. Dennoch war diese Kompromissformel den meisten Bischöfen unverständlich, der Partei des Alexander kam sie ungelegen, und den theologisch Gebildeten erschien sie äußerst problematisch. Da aber Konstantin ihr Verkünder war, wurde das nicaenische Bekenntnis angenommen.

Trotz seiner Sympathien für die Christen war sich Konstantin bewusst, Kaiser aller Römer zu sein. Seit 321 waren Heiden und Christen durch einen für alle bindenden Festtag, den Tag des Sol, vereint. Für Konstantins heidnische Soldaten erfand man ein theistisches Gebet, das auch Christen mitsprechen konnten. Einerseits ließ es Konstantin geschehen, dass seine Statue auf dem Marktplatz von Konstantinopel die Züge des Sonnengottes trug, andererseits befahl er, sein Bild aus mehreren heidnischen Tempeln zu entfernen. Während das Heidentum in Ruhe gelassen wurde, gerieten christliche Abweichler zunehmend in die Sphäre der Illegalität. Die unmittelbare politische Tragweite dieser Vorgänge wird anhand der konkreten legislativen Maßnahmen der Konstantinsöhne sichtbar. Constans (337–350) und Constantius II. (337–361) betrieben eine entschieden christenfreundlichere Religionspolitik als ihr Vater. Das Jahr 341 bedeutete eine Kehrtwendung insofern, als sich erstmalig die Gesetzgebung des römischen Staates mit Entschiedenheit gegen die Beibehaltung der Opferhandlungen aussprach. Dies wurde durch die Gesetze des Jahres 356 verstärkt, die eine ernsthafte Behinderung des traditionellen Kultes darstellten. Noch bedeutsamer war vielleicht die Tatsache, dass in die religiöse Gesetzgebung des Constantius II. erstmals christliche Grundsätze und Wertvorstellungen aufgenommen wurden.

Die Ausbreitung des Christentums in der spätantiken Gesellschaft vollzog sich keineswegs geradlinig und schon gar nicht überall mit der gleichen Intensität. Der nachweisbare Zuwachs korrespondierte jedoch nicht immer mit einem Schwund der alten Kulte. Sofern die ausschnitthaften Einblicke in diesen Prozess als repräsentativ zu bewerten sind, zeigt sich, dass wir es hier mit äußerst komplexen Vorgängen zu tun haben, die sich nicht unter bestimmten systematisch ablaufenden Gesetzmäßigkeiten subsumieren lassen. Was für die Stadt Rom galt, musste keineswegs zwangsläufig Bedeutung für Antiochia haben, was sich in Italien abspielte, konnte in Gallien, Illyrien oder Rätien irrelevant sein. Neben Wellen der Christianisierung gab es Zeiten, in denen bestimmte heidnische Riten großen Zulauf erhielten. Bald übernahmen die Christen heidnische Tempel und Friedhöfe, bald koexistierten heidnische und christliche Kulte friedlich nebeneinander, bisweilen sogar miteinander.

Es gab auch ernste Rückschläge. Am spektakulärsten wirkte die nach der Regierungsübernahme Julians (361) verkündete Restauration der heidnischen Kulte, was die christlichen Gemeinden mit Sorge registrierten. Der frühe Tod des Kaisers machte diesen Ansatz zunichte. Ohnehin sprach Julians Programm nur eine Minderheit griechisch gebildeter Intellektueller an und blieb daher ohne großen gesellschaftlichen Widerhall. Aus der zeitgenössischen Korrespondenz des heidnischen Gelehrten Libanios (Briefe 50: 1411 F), eines Freundes Julians, an einen Gleichgesinnten besitzen wir ein köstliches Zeugnis darüber: *Dass du vom Eifer um die Götter erfüllt bist und viele unter ihr Gesetz bringen möchtest, das wünsche ich sehr, doch sollte es dich nicht wundern, wenn mancher, kaum dass er geopfert hat, sein Tun verabscheut und wiederum das Nichtopfern preist. Draußen nämlich folgen sie deinen allerbesten Ratschlägen und treten vor die Altäre, zu Hause aber ist die Frau, und da gibt es Tränen, und die Nacht stimmt sie um und zieht sie weg von den Altären.*

Die Grenzen zwischen Christentum und Heidentum erscheinen zuweilen als so fließend, dass sie weder vor Einrichtungen noch vor Bräuchen oder Personen Halt machen. Als Julian, zum Caesar berufen, in den Westen des Reiches aufbrach (355), begegnete ihm zu seiner Überraschung Pegaisos, der Bischof von Ilion, ein Verehrer des trojanischen Heros Hektor und der Göttin Athene. Die um diese Zeit geschriebene *Expositio totius mundi et gentium* bezeugt die rege Götterverehrung, die in Alexandria möglich war, und Julian verfasste eine Eloge auf das alexandrinische Serapeion, das als Weltwunder ersten Ranges gefeiert wird. Während im Jahr 359 Tertullus, der *Praefectus urbi*, das Opfer im Castortempel zu Ostia vollzog – ein Hinweis darauf, dass das Heidentum in Rom durchaus noch fest verankert war –, breitete sich das Christentum in Sizilien rasch aus. Es gab sicherlich auch Eifersüchteleien, Reibereien und Konfrontationen, die teils beigelegt wurden, teils sich gewaltsam entluden. So wurde das in der Antike hoch gerühmte Heiligtum der karthagischen Dea Caelestis im Jahr 399 zu einer christlichen Kirche umfunktioniert. Am stärksten erhitzte die Gemüter allerdings die durch fanatische Mönche in Szene gesetzte Zerstörung des – noch kurz zuvor gepriesenen – Serapeions in Alexandria. Hier kündete sich eine Tendenz an, die mit der Schließung der Akademie in Athen unter Justinian (529) ihren Abschluss fand.

## Das Imperium Romanum Christianum

Innerhalb des Zeitraumes zwischen der Erringung der Alleinherrschaft durch Konstantin (324) und Thedosius' Regierungsübernahme (379) vollzogen sich die entscheidenden Veränderungen zur Durchsetzung des Christentums als der bestimmenden Religionsgemeinschaft des Imperiums. Eine wichtige Rolle in diesem Prozess kam den vielfältigen religionssoziologischen und religionspsychologischen Faktoren zu, die zur Christianisierung breiter Volksschichten (vor allem im Osten des Reiches) beigetragen hatten. Eine der wesentlichen Bedingungen für die Ausbreitung des christlichen Glaubens war die straffe Organisation des christlichen Klerus. Die Herausbildung einer anerkannten Hierarchie und die allmähliche Übernahme staatlicher Funktionen seitens der Bischöfe haben nicht nur zur Ausweitung des kirchlichen Einflusses geführt, sondern die zunehmende Unentbehrlichkeit der kirchlichen Institutionen eindringlich unter Beweis gestellt. In einer Zeit wachsender staatlicher Desintegration, bedingt durch vielfache Bedrohungen von außen, sowie zahlreicher innenpolitischer Schwierigkeiten vermochten sich mancherorts mächtige Bischofsgestalten (Athanasius von Alexandria, Damasus von Rom, Ambrosius von Mailand) als die entscheidenden religiösen, aber auch politischen Instanzen zu behaupten. Dienstleistungen wie Rechtsprechung, Schulunterricht, Krankenpflege, Armenfürsorge, die der Staat in immer weniger befriedigendem Maße erfüllen konnte, gelangten in kirchliche Trägerschaft. Daneben ist auch die wachsende Anziehungskraft zu berücksichtigen, die das Christentum auf die Gebildeten und Vornehmen, die in der Kirchenhierarchie leitende Stellungen anstrebten, auszuüben begann. Es ist kein Zufall, dass in dem Maße, wie mächtige Grundherren (*potentes*) die Schwäche der Städte ausnutzten, um ihre Machtbereiche zu vergrößern, christliche Bischöfe auftraten, die – gestützt auf die Protektion des Staates und im Bewusstsein ihrer auf dem göttlichen Willen gegründeten Amtsstellung – Ansprüche auf Vorrang erhoben.

Die über dreihundertjährige Berührung von heidnischen und christlichen Kultformen schuf eine Symbiose aus heidnisch-christlichen Elementen. Aus diesem Grund ging das Heidentum nicht vollständig unter, vielmehr wandelte es sich um. Auf der einen Seite erfuhr es eine Reihe von Umbildungen, die es den neuen politischen Gegebenheiten anpassten; auf der anderen Seite schlüpfte es in ein christliches Gewand und lebte so im Christentum fort. Beides schwächte seine Abwehrkräfte beträchtlich. Was man geistig hätte verteidigen können, war im Verlauf eines langen Integrationsprozesses vom Christentum assimiliert worden. Nur so ist zu erklären, dass das Heidentum sich zu keinem sonderlichen Aufbäumen gegen seine christlichen Unterdrücker aufraffen konnte. Der Streit um den Victoriaaltar, das wohl bekannteste Beispiel heidnischen Selbstbehauptungswillens, blieb auf die Stadt Rom beschränkt, erfasste nur die spärliche Gruppe der heidnisch gesinnten römischen Senatoren und erlangte kaum mehr als geistesgeschichtliche Bedeutung. Die Streitursache erweist sich als äußerst instruktiv, weil sie die Paradoxie und Folgerichtigkeit der Situation zugleich erkennen lässt. Was war vorausgegangen? Constantius II. hatte den Altar der Victoria aus der römischen Kurie entfernen lassen, und Julian ließ ihn, nach seiner Abkehr vom Christentum, wieder im Sitzungssaal des Senats aufstellen. Nach der Konsolidierung des Christentums unter den Herrschern der valentinianischen Dynastie (Valentinian, Valens, Gratian) ersuchten wohl christliche Senatoren im Bund mit dem römischen Bischof Damasus um die Entfernung des symbolträchtigen heidnischen Altars. Der Bitte wurde nach einer hitzigen Diskussion, in welcher Symmachus und Ambrosius als Exponenten zweier antagonistischer Prinzipien auftraten, entsprochen. Verwunderlich an dieser Angelegenheit ist nur, dass dieselbe Regierung, die sich dem Druck des Ambrosius beugte und die Victoria aus dem römischen Senat verbannte, keinen Widerspruch darin empfand, in ihrer amtlichen Münzprägung das Bild eben dieser heidnischen Victoria mit dem christlichen Labarum in der Hand zu propagieren. Daraus lässt sich folgern, dass synkretistische Optionen, wie sie Symmachus in seinen Plädoyers deutlich machte und die Regierung in ihrer Münzprägung bekannte, keine unüberwindbaren Hindernisse schufen. Die Entscheidung erzwang schließlich Ambrosius, der Nachdruck und Autorität seines Amtes und seiner Person in die Waagschale warf und so die Oberhand behielt. Von der Überzeugung einer allein selig machenden Kraft der christlichen Offenbarung erfüllt, vermochte er sich gegen die auf Toleranz und Synkretismus basierende Argumentation der heidnischen Senatoren durchzusetzen: ein frühes Signal für die unter Theodosius sich anbahnende Verschmelzung von Altar und Thron. Bemerkenswert ist der Diskussionsstil der Kontrahenten. So verwies Symmachus auf die Religionspraxis des christlichen Kaisers Constantius II., um seine Ziele zu untermauern: *Euere Ewigkeit soll sich an andere Taten dieses Herrschers halten, die sich geziemender anwenden lassen. Dieser hat den heiligen Jungfrauen keines ihrer Privilegien weggenommen, er hat den Adeligen Priesterämter zugewiesen, er hat den römischen Kulten ihre Zuschüsse nicht verweigert und er ist durch die Straßen der Ewigen Stadt hinter den erfreuten Senatoren einhergeschritten. Mit ruhigem Antlitz hat er die Heiligtümer angesehen und die auf den Giebeln eingemeißelten Götternamen gelesen. Er hat nach dem Ursprung der Tempel gefragt, ihre Erbauer bewundert und, obwohl er selbst einer anderen Religion anhing, hat er die unsere dem Reich erhalten* (Symmachus, 3. Relatio 7). Der Mailänder Bischof erwiderte darauf: *Während alle Menschen, die unter römischer Botmäßigkeit leben, euch, den Kaisern und Herrschern des Erdkreises, dienen, dient ihr selbst dem allmächtigen Gott und dem heiligen Glauben. Ein sicheres Heil gibt es nur, wenn jeder den wahren Gott, das heißt den Gott der Christen, der die ganze Welt regiert, aufrichtig verehrt. Er ist allein der wahre Gott, der aus innerstem Herzen angebetet wird. Denn „die Götter der Heiden sind Dämonen", wie die Schrift sagt* (Ambrosius, Epistulae 17, 1).

Während Symmachus argumentierte, bat und erhoffte, sprach Ambrosius apodiktisch, forderte und verlangte. Der Bischof wusste sich von einer höheren Macht durchdrungen, die selbst dem Kaiser Respekt einflößte. Die Überlebenschancen des Heidentums waren damit geschwunden. Noch ging es hier um ein äußerliches Sym bol, um die Entfernung eines heidnischen Altars. Doch der nächste Schritt, der in der Argumentation des Ambrosius bereits angelegt war, musste auf die Zerstörung des Altars, auf die Auslöschung des Heidentums abzielen.

Anders als das früher verfolgte Christentum vermochte das Heidentum aus der Bedrängnis nur wenige Abwehr- und Regenerationskräfte zu mobilisieren, was freilich durch seine Uneinheitlichkeit enorm erschwert wurde, und so zog es sich in Reservate zurück. Es überlebte vornehmlich auf dem flachen Land in den Westprovinzen und in jenen urbanen Zentren, in denen es genug traditionsbewusste Bürger gab, die sowohl über ein beträchtliches Maß an ökonomischer Unabhängigkeit als auch über politischen Einfluss verfügten. Die Politik der Nadelstiche gegen die Nichtchristen hatte eine Vorgeschichte, die lange vor Theodosius' Heidenpolitik begonnen hatte. Zwar förderte Konstantin das Christentum nach Kräften, unterließ es aber, die überlieferten Kulte zu verbieten, wenn auch immer wieder Behinderungen einzelner heidnischer Bräuche vorkamen. Weniger zimperlich gingen seine Nachfolger vor. In regelmäßigen Abständen dekretierten sie Opferverbote, konfiszierten Tempelbesitz und kürzten oder entzogen die staatlichen Zuwendungen für den altgläubigen Kult ganz empfindlich. Nach der gescheiterten julianischen Restauration des Heidentums wurden die Schikanen gegen die traditionellen Kulte fortgesetzt.

Am 27. Februar 380, etwa ein Jahr nach seiner Thronbesteigung, erließ Kaiser Theodosius das berühmte Edikt von Thessalonike, das ein Bekenntnis zum nicaenisch-trinitarischen Credo enthielt. Seine Intention war es, die drohende Spaltung des Reiches in Arianer und Orthodoxe zu vermeiden, oder anders ausgedrückt: Die Kircheneinheit sollte zur tragenden Stütze der Reichseinheit erhoben werden. Eine bequeme politische Durchsetzungsmöglichkeit hierfür bot sich infolge der sich abzeichnenden Schwäche der arianischen Bischofspartei. Grundtenor der kaiserlichen Konstitution war die Beschwörung der Glaubenseinheit in der von Theodosius definierten Form.

Obwohl das Edikt keine expliziten Aussagen über das neu begründete Verhältnis der staatlichen Instanzen zu den nichtchristlichen Kultgemeinschaften enthielt, richtete sich der Geist der Verordnung eindeutig auch gegen diese. Begann mit der Kampfansage an den Arianismus eine neue Runde innerchristlicher Richtungskämpfe, diesmal unter dem Vorzeichen der nicaenischen Orthodoxie, so wurde mit der sich anbahnenden politischen Ächtung des Heidentums dessen Agonie eingeleitet.

Allerdings zeigt die religionspolitische Szenerie nach 380, dass die katholisch-orthodoxe Glaubensrichtung sich keineswegs sofort und überall durchzusetzen vermochte. Aus zahlreichen zeitgenössischen Zeugnissen vernehmen wir, dass die Richtungskämpfe innerhalb des christlichen Lagers lange virulent blieben. Es gab Auseinandersetzungen zwischen Orthodoxen, Arianern, Donatisten, Manichäern und Priscillianern, welche die christliche Öffentlichkeit stets in Atem hielten. Auf der anderen Seite lässt sich ein Fortbestehen des Heidentums überall beobachten. Gegen 500 konnte Zosimos eine heidnisch inspirierte römische Geschichte verfassen – eine

Art Kontrapunkt zu der christlichen Weltdeutung des Augustinus und Orosius –, in der er Konstantin und Theodosius wegen ihrer Religionspolitik scharf angriff (III 34, IV 59) und in der Vernachlässigung der heidnischen Kultvorschriften die Ursachen für den Niedergang Roms erblickte. Dennoch war eine solche Haltung die Ausnahme geworden. Typischer dagegen scheint die Reaktion des ebenfalls heidnischen Historikers Ammian auf die religionspolitischen Herausforderungen seiner Zeit: Man ging ihnen nach Möglichkeit aus dem Weg. Dies musste keineswegs mit religiöser Indifferenz gleichbedeutend sein. Vielmehr entsprangen die hierfür zugrunde gelegten Maßstäbe den für Christen und Heiden gleichermaßen verbindlichen ethischen Normen, in denen Neuplatonismus und Christentum konvergierten. Daraus speiste sich die Forderung nach einem friedlichen Nebeneinander der unterschiedlichen religiösen Strömungen. Ammians (XXX 9, 5) echt empfundene Anerkennung für die Praxis der valentinianischen Religionspolitik kommt nirgendwo deutlicher zum Tragen als in jener bilanzierenden Feststellung, die verknüpft ist mit einer impliziten Kritik an der theodosianischen Position, in der es heißt: *Schließlich wurde seine (sc. Valentinians) Regierung durch eine maßvolle Haltung in Religionsstreitigkeiten berühmt, in denen er eine unparteiische Haltung einnahm. In dieser Hinsicht belästigte er niemanden und gab auch keine Anweisung, diesen oder jenen Kult zu pflegen. Er machte keinen Versuch, durch drohende Verbote den Nacken der Untertanen nach seinem eigenen Willen zu beugen.* Freilich konnte die tagespolitische Realität durchaus Frontstellungen erzeugen; trotzdem gab es, ungeachtet der seit Theodosius vorherrschenden dogmatischen Glaubensnormen, immer wieder Zeiten des Waffenstillstandes.

Die Stimmungslage im Reich am Ausgang des 4. Jahrhunderts war keineswegs so beschaffen, dass dem emphatischen kaiserlichen Aufruf zur religiösen Einheit widerspruchslos Folge geleistet wurde. Wollte Theodosius, dass seine Initiative keine bloße deklamatorische Grundsatzerklärung blieb, so mussten weitere verschärfende und einschneidende Schritte folgen. Dies geschah auch einige Zeit danach, als im Jahre 391 wohl unter dem Einfluss der Auseinandersetzung mit Eugenius, der als Protektor der heidnischen Riten auftrat, die bis dato strengsten Gesetze gegen das Heidentum erlassen wurden. Die Durchsetzungskraft der kaiserlichen Gesetzgebung stieß häufig an Grenzen. Dies galt erst recht in einem so zentralen und empfindlichen Bereich, wie es nun einmal die Religionspolitik war. Was uns aus heutiger Sicht inkonsequent vorkommen mag, war in den Augen der Menschen der Spätantike durchaus nachvollziehbar. Ein überzeugter Christ wie Theodosius hatte keine Berührungsängste gegenüber prominenten Heiden, die durch ihr öffentliches Festhalten am Heidentum die Wirkungslosigkeit der kaiserlichen Gesetzgebung bloßstellten. Auf der anderen Seite kannte aber Theodosius auch keine Scheu vor Radikalmaßnahmen. Teils unter dem Zwang der vorherrschenden Verhältnisse, teils aus Opportunität duldete oder inszenierte er selbst Gewaltakte. So ließ er die Zerstörung des Serapeions von Alexandria durch fanatisierte Mönche geschehen (391) und verschärfte die antiheidnische Gesetzgebung als politische Antwort auf die konziliante Haltung, die Eugenius gegenüber dem Heidentum einschlug. Die Auseinandersetzung zwischen Theodosius und Eugenius, die 394 am Frigidus entschieden wurde, wies die typischen Züge eines Religionskrieges auf. Wenn der siegreiche Theodosius sich am Ende maßvoll zeigte, so nicht zuletzt aus der Erkenntnis, den politischen Widerstand der mächtigsten heidnischen Gruppe des Reiches endgültig gebrochen zu haben.

# Verwandlung der Mittelmeerwelt

## Einführung

Die zunehmende Entfremdung zwischen dem östlichen und westlichen Reichsteil, die parallel dazu stattfindende Landnahme römischen Bodens durch fremde Völker, die sich verändernde machtpolitische Lage im westlichen Reichsteil, die in der Auflösung des westlichen Kaisertums gipfelte, sowie die Abwehr des Ansturms der Germanen im östlichen Reichsteil bilden die Rahmenbedingungen eines tief greifenden historischen Prozesses, der vor allem in der deutschen Geschichtsschreibung mit dem Stichwort Völkerwanderung bezeichnet und zur Verwandlung der antiken Mittelmeerwelt geführt hat.

Die auf Reichsboden sich ausbreitenden germanischen Staatswesen der Goten, Vandalen, Franken, Burgunder und später der Langobarden stellen die Einheit des Reiches in Frage und beschleunigen seinen Zerfall. Dieser kann nur in der östlichen Reichshälfte aufgehalten werden, wo das oströmische Kaisertum ein Bollwerk gegen die Anfechtungen der Germanen, Perser und Araber zu errichten vermochte. Daher behaupten sich die byzantinischen Kaiser als Nachfolger und Bewahrer des römisch-antiken Erbes mit seinem Anspruch auf Einheit und Universalismus.

Eine der folgenträchtigsten Entwicklungen am Ausgang des Altertums bildet die Entstehung und Ausbreitung des Islam. In kurzer Zeit vermögen sich diese streng monotheistische Glaubenslehre und ein darauf gegründetes politisches System weiter Teile des Orients sowie des Südteils der Mittelmeerwelt zu bemächtigen. Damit wird die politische Landkarte des ehemals mächtigen Römischen Reiches während des 7. Jahrhunderts grundlegend umgestaltet. In seinem nördlichen Teil rivalisieren die romanisch-germanischen Staaten der Goten (Hispanien, Gallien, Italien), Langobarden (Italien) und Franken (Gallien, Germanien) miteinander, in seinem südlichen Teil vollzieht sich die unter arabischem Einfluss stehende islamische Großmachtbildung. Schließlich vermag im griechisch-kleinasiatischen Raum das Byzantinische Reich das Erbe der hellenistisch geprägten, unter christlichen Vorzeichen stehenden römischen Weltkultur bis zum Ansturm der Osmanen (1453) zu bewahren.

## Anfänge der Völkerwanderung

Als nach dem Tod des Theodosius die Herrschaft über das Römische Reich auf seine Söhne Honorius (395–423) und Arcadius (395–408) überging, lief die Entwicklung beider Reichsteile immer mehr auseinander. Sichtbares Zeichen des entstehenden

Dualismus waren die miteinander konkurrierenden Kaiserhöfe in Rom (Honorius) und Konstantinopel (Arcadius). Seit der Schlacht von Adrianopel (378) nahm der Ansturm germanischer Völkerschaften auf das Römische Reich kein Ende mehr. Der Zeitgenosse Orosius (Römische Geschichte VII 32, 11 ff.) liefert ein drastisches Bild der Gefährdung, wenn er über die Lage des Reiches zu Beginn des 5. Jahrhunderts ausführt: *Die Germanen, welche die Alpen, Rätien und Italien durchzogen haben, kommen schon bis nach Ravenna. Die Alamannen durchstreifen Gallien und kommen sogar nach Italien herüber. Griechenland, Makedonien, der Pontus und Kleinasien werden durch die Überschwemmung der Goten vernichtet. Dakien jenseits der Donau ist für immer verloren. Quaden und Sarmaten verheeren Pannonien. Die Germanen jenseits des Meeres nehmen Hispanien in Besitz. Die Perser rauben Mesopotamien und reißen Syrien an sich.*

Als 395/96 die Westgoten unter Alarich Griechenland plünderten, versuchte die Regierung in Konstantinopel, um die eigenen Provinzen zu schonen, ihr Ausgreifen nach dem Westen zu lenken. Stilicho, Heermeister und Gestalter der Politik des Westreiches, gelang es zwar, die Goten zurückzudrängen, er bezahlte dafür aber einen hohen Preis: Er entblößte die Grenzen in Britannien, am Rhein und an der Donau, um mit diesen Truppen Italien in Verteidigungsbereitschaft zu versetzen. Wenige Jahre später (410) brachen jedoch die Westgoten wieder in Italien ein und plünderten Rom, ein Ereignis, das die Zeitgenossen tief bewegte und Augustinus zur Abfassung seiner Schrift „Über den Gottesstaat" veranlasste. Nach dem Tod des Gotenkönigs Alarich wandte sich sein Nachfolger Athaulf nach Gallien, heiratete Galla Placidia, Theodosius' Tochter, und gründete ein germanisches Staatsgebilde auf römischem Boden, das sich bis Hispanien ausdehnte, mit Toulouse als Mittelpunkt. Die Westgoten wurden allmählich romanisiert, blieben aber durch ihr Festhalten am arianischen Bekenntnis zunächst von der Mehrheit der katholischen Bevölkerung der Romania getrennt.

Eine noch größere Odyssee erlebte das Volk der Vandalen: Sie zogen durch Gallien, setzten sich in Südhispanien (Andalusien) fest und gingen – von ihrem König Geiserich geführt – 429 nach Nordafrika, eroberten 430 Hippo Regius, nahmen 439 Karthago ein und errichteten auf dem Boden der ehemaligen römischen Provinz Africa das erste selbständige Germanenreich, das die Oberhoheit des römischen Kaisers nicht mehr anerkannte.

Die größte Unruhe entstand jedoch um die Mitte des 5. Jahrhunderts, als die Hunnen in Westeuropa erschienen. Im Jahre 451 überschritten sie unter Attilas Führung den Rhein und bedrohten Gallien. Der weströmische Heermeister Aëtius vermochte sie zwar mit westgotischer Unterstützung in der Schlacht auf den Katalaunischen Feldern (Champagne) zurückzuschlagen, doch die Hunnen zogen daraufhin über die Alpen und plünderten Norditalien. Kaiser Valentinian III. floh von Ravenna nach Rom. Durch Vermittlung des Papstes Leo I. gelang es, Attila zum Rückzug aus Italien zu bewegen, der daraufhin Tributzahlungen erhielt. Zwischen Kaiser Valentinian III.

und dem Heermeister Aëtius entbrannte jedoch ein Konflikt, der den Handlungsspielraum des Westreiches erheblich einschränkte. Nach dem Tod Valentinians III. hörte die dynastische Kontinuität der theodosianischen Linie auf: Die Agonie des Weströmischen Reiches begann. Hispanien und Gallien befanden sich in den Händen der Sueben, Westgoten und Franken; Nordafrika war an die Vandalen verloren gegangen. Lediglich Italien unterstand der schwachen kaiserlichen Regierung. Die Krise verschärfte sich erheblich, als im Jahre 455 die Vandalen Rom einnahmen, die Stadt plünderten, die Oberschicht gefangen nahmen und erst nach Zahlung eines hohen Lösegeldes entließen. Nach ihrem Abzug war der germanische Heermeister Rikimer der starke Mann Italiens, ein Schattenkaiser löste den anderen ab. Im Jahre 476 ließ der Heermeister Odoaker mit Zustimmung der Regierung in Konstantinopel Kaiser Romulus Augustulus absetzen. Damit hörte das weströmische Kaisertum auf. Einzig der oströmische Kaiser konnte die auf dem Erbe der Vergangenheit beruhende Tradition, die den Anspruch auf die Gesamtherrschaft über das Imperium Romanum geltend machte, aufrechterhalten.

Vom 3. Jahrhundert an hatte mit der Aufnahme von Alamannen, Franken, Goten und anderen germanischen Völkerscharen die Barbarisierung des römischen Heeres eingesetzt. Kaiser Konstantin eröffnete ihnen den Zugang zur Offizierslaufbahn. Der gleichzeitig einsetzende permanente militärische Druck an den Grenzen zwang zu einer Vergrößerung der Truppenstärke, was nur mit Hilfe der germanischen Stämme gelang. Durch die Schwäche der weströmischen Kaiser und den zunehmenden Barbarenanteil in der römischen Armee stieg die Macht der reichsfremden Heermeister. Sie rekrutierten sich aus den Anführern kampfstarker germanischer Heeresverbände, die geschlossen in römische Heeresdienste traten. So übten einige ehrgeizige Befehlshaber seit dem Ausgang des 4. Jahrhunderts faktisch die Herrschaft im Weströmischen Reich aus, etwa der Franke Arbogast am Hofe Kaiser Valentinians II. (375–392), der Vandale Stilicho bei Honorius (395–423) oder der aus dem Donauraum stammende Aëtius unter Kaiser Valentinian III. (425–455).

Die Ansiedlung fremder Stämme als Grenztruppen erfolgte ab dem Ende des 4. Jahrhunderts nach dem Vorbild des theodosianischen Gotenvertrages des Jahres 382. Die Angesiedelten behielten ihre angestammten Truppenführer und ihr Stammesrecht, erhielten aber für ihre Dienste ein Drittel des Landbesitzes und der Steuereinnahmen. Da die germanischen Krieger keine Landwirtschaft betrieben, terrorisierten sie als exklusive Kriegerschicht die eingesessene Bevölkerung etwa bei Nahrungsmangel. Die Goten waren die Ersten, die sich 382 auf diese Weise das Föderatenrecht erstreiten konnten. Ihnen folgten 411 die Vandalen in Spanien, um 413 die Burgunder in der Region von Worms, 418 die Westgoten in der Gegend von Toulouse und 446 die Franken im Gebiet von Cambrai und Tournai.

Im 5. Jahrhundert gelang es den ersten Stämmen, von der Zwischenstufe des Foederatenrechtes aus ihre Unabhängigkeit zu erreichen. Den Beginn machten die Vandalen unter ihrem energischen König Geiserich (428–477) im Jahre 442. Nach ihrem

Beispiel wurden die Westgoten im Jahre 475 selbständig. Das Vorgehen der Westgoten ist ein Beispiel dafür, dass die eingewanderten Stämme keine Zerstörung des Römischen Reiches beabsichtigten. König Athaulf heiratete 414 die kaiserliche Prinzessin Galla Placidia und war an einer Regeneration des Römischen Reiches interessiert, die er mit Hilfe seines Stammes in die Tat umsetzen wollte. Ähnliches lässt sich am Verhalten Odoakers, des Fürsten der Skiren und Oberbefehlshaber der kaiserlichen Leibgarde, beobachten. Als er im Jahr 476 den unfähigen Kaiser Romulus Augustulus absetzte, war für ihn das Weströmische Reich nicht untergegangen. Er übersandte die kaiserlichen Insignien nach Byzanz – nicht zum Zeichen der Trennung, sondern vielmehr als Symbol der wiederhergestellten Reichseinheit. Der oströmische Kaiser Zenon verhielt sich gegenüber dieser Offerte freilich recht ablehnend. Der Verzicht Odoakers auf ein selbständiges Kaisertum dokumentiert eher Kontinuität und keinesfalls das Bewusstsein vom Untergang einer Herrschaft. Im *Liber pontificalis* wird in der Vita des Papstes Simplicius (468–483) das angebliche Epochenjahr 476 nicht einmal erwähnt. Die Absetzung des weströmischen Kaisers schien so selbstverständlich und wenig aufregend gewesen zu sein, dass dem Chronisten das Ereignis nicht mitteilenswert war.

## Zur Entmachtung des Kaisertums

Die Absetzung des Romulus Augustulus war der letzte Akt eines Prozesses, der lange zuvor eingesetzt hatte, in dessen Verlauf die kaiserliche Autorität zunehmend unterminiert wurde. Seit Augustus war der Imperator oberster Richter, Gesetzgeber, Befehlshaber und Priester. Die gleichzeitige Wahrnehmung dieser Funktionen bestimmte seinen Regierungsstil. Sie beruhte darauf, dass die Bestandteile seiner Macht von jedem Amtsinhaber stets aktualisiert wurden. Verlor er die Kontrolle darüber, dann war seine Herrschaft obsolet. Die Ausübung der gebündelten militärischen, gesetzgeberischen und priesterlichen Kompetenzen war das unverkennbare Gütezeichen kaiserlicher Herrschaft. Wurden sie jedoch nicht regelmäßig wahrgenommen, so führte dies zur fortschreitenden Entmachtung des Herrschers und zur Veränderung der Politik.

Betrachten wir zunächst die richterlichen Kompetenzen. Im Zuge der Schaffung der Tetrarchie wurde die Amtsbefugnis des Prätorianerpräfekten neu geregelt. Die nun vier amtierenden *Praefecti Praetorio* wurden von ihren militärischen Aufgaben entbunden. Im Gegenzug erhielten sie neue juristische Funktionen, was zur Folge hatte, dass die höchste richterliche Appellationsfunktion, die bisher dem Kaiser oblag, auf seinen höchsten zivilen Stellvertreter überging. Die Kaiser des 4. Jahrhunderts haben durch die Delegierung ihres Richteramtes eine zunächst nicht als Verlust empfundene, doch mittelfristig durchaus wirksame Schwächung ihrer Machtposition in Kauf genommen. Ammianus Marcellinus (XXX 4, 1–2) berichtet, wie der *Praefectus Praetorio* Modestus Kaiser Valens von der Ausübung des Richteramtes fern hielt, indem er das Argument der Missachtung der *maiestas* der kaiserlichen Herrschaft ins Feld führte: *Die Kleinigkeiten privater Rechtsfälle stünden unter der Würde des Kaisers (...) die persönliche Untersuchung von Rechtsfällen (...) würden die Hoheit des Amtes erniedrigen.* Der Historiker Ammian folgert daraus: *[Valens] hielt sich daraufhin von der Ausübung des Richteramtes zurück. Damit öffnete er räuberischem Unwesen Tür und Tor. Es nahm durch die Schlechtigkeit der Richter und Rechtsanwälte, die gemeinsame Sache machten, von Tag zu Tag zu; denn sie verkauften die Rechtsfälle geringerer Leute an Truppenführer oder an die Mächtigen im Palast und erwarben so Schätze oder hervorragende Ämter.*

Aufschlussreich daran ist, dass die Abdrängung des Kaisers aus der Rechtspflege kritisch gesehen wird. Sie habe, so Ammian, nicht eine Besserung der Lage, sondern vielmehr das Gegenteil bewirkt, letztlich die Zunahme der Korruption gefördert. Auf die Stellung des Kaisers bezogen, bewirkten derartige Vorstöße, dass in dem Maße, wie sich zivile Befugnisse in den Händen seines Stellvertreters zu Lasten des Kaisers häuften, die höchste Herrscherstellung zunehmend durch ihre militärische Führerschaft definiert wurde.

Gerade sie war damals besonders gefragt, beruhte doch die kaiserliche Herrschaft längst nicht mehr auf dem Konsens der senatorischen Führungsschichten, sondern vielmehr auf der Akzeptanz des jeweiligen Thronkandidaten durch das Heer. Der Kaiser als oberster Feldherr verdankte seine Herrscherstellung der Ausübung des Imperiums. Den Kaisern des 4. Jahrhunderts war dies bewusst. Immer wieder traten sie inmitten ihrer Soldaten auf, vollzogen Ernennungen und Beförderungen bewährter Offiziere, leiteten persönlich militärische Operationen oder feierten Triumphe über innere oder äußere Feinde. Die Biographien Konstantins, Constantius' II., Julians, Valentinians oder Theodosius' sind beredte Beispiele dafür. Diejenigen, die in Konflikt mit den militärischen Eliten des Reiches gerieten, wie etwa Constans, bezahlten die Vernachlässigung ihrer Imperatorenpflichten mit ihrem Leben. Das galt auch für Julian und Valens, die für das Scheitern von Militäroperationen gegen auswärtige Völker verantwortlich waren. Die intensive Pflege der Beziehungen zur Armee war die beste Grundlage für eine Erfolg versprechende Regierung. Dies lässt sich anhand der Regierung Constantius' II. aufzeigen: Er hat zahlreiche Feldzüge an der Euphratgrenze selber geleitet, womit er sich eine ausgezeichnete Kenntnis der Ostarmee verschaffte. Das an der Donau stationierte Heer hat er mehrmals gegen die Quaden, Goten und Sarmaten angeführt, und seine Expeditionen in Gallien, Raetien und Germanien brachten ihn in Kontakt mit dem Westheer. Die wichtigsten Kommandostellen besetzte er mit Männern seines Vertrauens. Das höhere Offizierskorps hielt ihm auch in Krisenzeiten die Treue. Die Soldaten schätzten seine besonnene Führung.

Eine Zäsur markierte das Jahr 387. Damals erhielt der aus der germanischen Militärelite stammende Arbogast ohne kaiserliches Zutun das Amt eines Heermeisters. Damit war nicht nur ein Gegenpol zur Zentralgewalt entstanden, sondern gleichzeitig ein Verlust kaiserlicher Autorität eingetreten. Denn durch die Entwöhnung der

Kaiser, militärische Hoheitsrechte auszuüben, wurden gerade jene Kräfte, die das Machtvakuum ausnutzten, proportional dazu gestärkt. Die in der Folge immer mehr vom Heer isolierten Regenten vermochten nur über ihre unmittelbare Umgebung zu gebieten. Die Kontrolle über weite Teile des Reiches entglitt ihnen in zunehmendem Maße. Dies trifft auf die meisten Kaiser des 5. Jahrhunderts zu. Wie sehr Arbogasts Amtsführung einen Riss in der Tradition dokumentiert, belegt eine Szene, die sich innerhalb der Palastmauern abspielte: Der Heermeister ermordete eigenhändig im Consistorium einen Vertrauten des Kaisers, der unter dem kaiserlichen Purpurmantel vergeblich Schutz gesucht hatte; anschließend zerriss er vor den Augen des Hofes das von Valentinian II. ausgefertigte Entlassungsdekret. Arbogast blieb im Amt, der desavouierte Kaiser musste um sein Leben fürchten.

Kann man den Verlust militärischer Kompetenzen, den die spätantiken Kaiser erlitten, als Traditionsbruch bezeichnen, so gilt dies nicht minder für die eingetretene Minderung der imperatorischen Autorität im kultisch-religiösen Bereich, der seit Augustus eine Domäne des Herrscherhauses geworden war. Der römische Kaiser hatte einen entscheidenden Anteil am religiösen Leben seiner Untertanen. Er war selbst Mitglied aller relevanten Priesterkollegien und als Pontifex maximus Gestalter der Religionspolitik. Ihm oblag es, je nach Präferenz, Kulte zu fördern oder zu behindern (Aurelian: Sol-Invictus-Kult; Diocletian: Jovius-Herculius-Kult). Dies alles änderte sich schlagartig mit dem Einbruch des monotheistisch geprägten Christentums in die polytheistische Landschaft des Römischen Reiches. Wie kaum ein anderer weltgeschichtlich bedeutsamer Vorgang hat die Durchsetzung der christlichen Lehre, die mit der gleichzeitigen Zerschlagung einer säkularen Tradition einherging, die politische und religiöse Szenerie der alten Welt verändert. Die seit Konstantin amtierenden christlichen Kaiser haben im Widerstreit mit der sich formierenden Bischofskirche um die Ausgestaltung des Verhältnisses zwischen Kirche und Staat gerungen. Kirche und Theologie mussten sich unter den veränderten Bedingungen des sich rasch wandelnden Reiches an die neuen politischen Realitäten anpassen. Alte Traditionen gingen zu Bruch, neue wurden dabei begründet. Dies betraf zunächst Fragen der Interaktion und Rollenzuweisung innerhalb der bislang bestimmenden Führungsschichten. Wer gestaltete im christianisierten Römischen Reich die Modalitäten der Religionspolitik: der Kaiser oder die Bischöfe? Wer war in letzter Instanz für Fragen der Kirchendisziplin, der Kirchenverfassung oder gar für die theologischen Inhalte der Kirchenlehre zuständig? Was bisher Bestandteil der Amtsausübung der heidnischen Kaiser gewesen war, wurde auf einmal in Frage gestellt. Stand der vorchristliche Kaiser im Mittelpunkt eines religiösen Koordinatensystems, so gerieten die christlichen Nachfolger Konstantins immer mehr zu Randfiguren. Welchen Platz nahm der Kaiser in der christlichen Kirche ein? Diese Frage konnte bereits im 4. Jahrhundert ein Bischof stellen, ohne damit großes Aufsehen zu erregen. Der mit der Erörterung dieser Fragenkomplexe verbundene Grad der Veränderung von Traditionen ist grundlegender, als es auf den ersten Blick anmutet. Ähnlich wie im militärischen Bereich lässt sich in der Entwicklung der Kultpolitik ebenfalls eine fortschreitende Entmachtung des Kaisertums beobachten, was gleichbedeutend ist mit dem Zerfall der auf der Einheit des Kaisertums gegründeten Ordnung der Oikumene.

Der Zerfallsprozess der imperialen Machtquellen spiegelt vor allem die im weströmischen Kaiserreich vorherrschenden Tendenzen wider. Hier traten Heermeister, Päpste, regionale Aristokratien und Senat in Konkurrenz zum Kaiser und lieferten sich einen Wettbewerb um das Machtmonopol, was der Zentralgewalt einen Verlust an Dignität und Regierungseffektivität einbrachte. Anders verlief die Entwicklung im östlichen Reichsteil, wo das seit Justinian wieder erstarkte byzantinische Kaisertum seine Autorität sowie den territorialen Bestand des Reiches behaupten konnte. Das oströmische Ordnungsmodell stieß im Westen auf Grenzen, die nicht nur durch den territorialen Zerfall als Folge der Völkerwanderung gesetzt wurden, sondern noch mehr durch die beschleunigte Desintegration der kaiserlichen Macht als Symbol und letzte Klammer einer um ihre künftige politische Existenz ringende Staatsordnung.

Die Entmachtung des Kaisers machte ein verändertes Politikverständnis sichtbar. Vor allem im Westreich beobachten wir einen zunehmenden Protagonismus der regionalen Aristokratien, der germanischen Militäreliten, der Bischöfe und des römischen Senates, der sich zeitweilig zum Schiedsrichter zwischen den antagonistischen Gruppierungen emporschwingen konnte. Auf der anderen Seite machte die mit dem Verlust der traditionellen Kompetenzen einhergehende neue Rolle des Kaisertums als bloße Repräsentationsinstanz seine Entbehrlichkeit deutlich. Wenn der Kaiser nicht gebraucht wurde, was sollte dann aus dem Imperium werden? Der in theodosianischer Zeit schreibende Historiker Ammian (XIV 6, 4–6) war nicht der Einzige aus der Riege der traditionell gesinnten Intellektuellen, der die Entwicklung mit Sorge betrachtete: *Zum Jüngling und Mann herangereift [gemeint ist hier das Römische Reich] hat es in allen Gegenden des Erdkreises Lorbeeren und Triumphe geerntet. Schließlich schon dem Greisenalter nahe [damit ist die eigene Zeit gemeint] und zuweilen allein durch seinen Namen überlegen, hat es sich einem ruhigeren Leben zugewandt. Darum hat die verehrungswürdige Stadt [Rom], nachdem sie den übermütigen Nacken wilder Völker bezwungen und ihnen Gesetze als ewige Fundamente und Stützen der Freiheit gegeben hatte, wie eine besonnene, kluge reiche Mutter den Kaisern als ihren Söhnen die Verwaltung ihres Erbteils anvertraut.*

In dieser Aussage schwang die Hoffnung mit, durch ein starkes Kaisertum die Heilungskräfte des Reiches zu stärken. Auch wenn derartigen Gedankenspielen eine von der Mehrzahl der Gebildeten getragene deterministische Sichtweise von Geschichte zugrunde lag, wonach es keine Alternative zu dem durch das Kaisertum verkörperten Ordnungssystem der alten Welt zu geben schien, zeigten sie bereits die Unhaltbarkeit des vehement verteidigten Modells an.

Es ist anzunehmen, dass Ammian seine „Historien“ noch in der Regierungszeit des Theodosius veröffentlichte. Hätte er sie später, also nach der Regierung des Arcadius und Honorius abgefasst, wäre sein diesbezügliches Urteil gewiss düsterer ausgefallen.

Mosaik in Ravenna: Justinian mit Gefolge

Zu diesen Herrschern passt der aus der modernen Verfassungstheorie stammende Satz: *le roi règne, et il ne gouverne pas.* Damit war auf Dauer der auf dem Imperiumsgedanken gegründete Zusammenhalt der Oikumene kaum aufrechtzuerhalten.

## Byzanz

Der Ostteil des Reiches mit dem Machtzentrum Konstantinopel/Byzanz vermochte den Ansturm der fremden Völker und der germanischen Heermeister besser in den Griff zu bekommen als das Westreich. Nach Theodosius II. (408–450) erhob der Heermeister Aspar den Marcianus zum Kaiser (450–457) und vermählte ihn mit der Schwester des verstorbenen Kaisers, um an die theodosianische Dynastie anzuknüpfen. Sein Nachfolger Leo I. (457–474) stützte sich auf die wehrhafte Bevölkerung Isauriens ebenso wie dessen Nachfolger Zenon (474–491). Unter seiner Regierung und mit seinem Einverständnis eroberten die Ostgoten unter Theoderich Italien und erkannten die Oberherrschaft des oströmischen Kaisers an. Theoderich, der sich um einen Ausgleich zwischen Germanen und Romanen bemühte, beabsichtigte, eine engere politische Verbindung zwischen den germanischen Reichen auf weströmischem

Boden und Ostrom zu knüpfen. Doch scheiterte dieser Plan an den sich immer mehr auseinander lebenden Teilstaaten (Franken in Nordgallien, Westgoten in Südgallien und Hispanien, Vandalen in Nordafrika) und den dabei freigesetzten zentrifugalen Kräften.

Die Zerschlagung der germanischen Teilstaaten und die Wiederherstellung der ungeteilten Oberhoheit über ein geeintes Römisches Reich (*regeneratio imperii*) war das Ziel Justinians (527–565), der bedeutendsten Herrschergestalt des Jahrhunderts. Nach Sicherung der Ostgrenze gegen die Perser ging er planvoll an die Eroberung des Weströmischen Reiches heran, die seine Kräfte voll in Anspruch nahm. Sein Feldherr Belisar konnte im Jahr 533/34 die Vandalen, die Nordafrika in Besitz genommen hatten, vernichtend schlagen; das Land wurde wieder eine Provinz des byzantinischen Reiches. Unmittelbar danach setzte Belisar nach Sizilien über und eröffnete von hier aus den Krieg gegen die in Italien herrschenden Ostgoten (535). Nach dem Einzug in Neapel gelang es Belisar im Jahr 536 Rom zu erobern und gegen den darauf folgenden Ansturm der Ostgoten zu behaupten. Als er Ravenna eingenommen hatte (540), wurde Belisar in den Osten gesandt, wo der Krieg gegen Persien neu entbrannt war. Während seiner Abwesenheit brachte der Ostgotenkönig Totila Rom in seine Gewalt, Belisar kam zurück und erzielte eine Reihe von Erfolgen, wurde aber von Justinian abberufen. Erst der neue oströmische Feldherr Narses entschied den Krieg. Im Jahr 552 schlug er das letzte Aufgebot der Ostgoten und Italien unterstand erneut der Herrschaft des Kaisers von Byzanz. Gleichzeitig gelang es Justinian, Teile Hispaniens (Cartagena, Baetistal) den Westgoten zu entreißen und im westlichen Bereich des Mittelmeers die Reichsautorität wiederherzustellen.

Die Klammer der wieder gewonnenen Reichseinheit sollte nach dem Willen Justinians die Glaubenseinheit werden. Seine Kirchenpolitik zielte auf die Überwindung der in Ost und West zahlreich vorhandenen Abspaltungstendenzen innerhalb der christlichen Kirche. Justinian fühlte sich als Herr der Kirche und verlangte von ihr Gehorsam. Doch dem vom Kaiser befohlenen Kurs in der Religionspolitik war – wie so oft in der Vergangenheit – der Erfolg versagt. Was blieb, sind seine großartigen Kirchenbauten. Die Hagia Sophia in Konstantinopel stellt einen Höhepunkt in der Sakralarchitektur dar und die prachtvollen Mosaiken von San Vitale in Ravenna bewahren uns einen lebhaften Eindruck von diesem Kaiser, der die Einheit der Mittelmeerwelt erstrebte und zumindest teilweise verwirklichen konnte. Justinians Name verbindet sich mit zwei weiteren Ereignissen. Im Jahre 529 ließ er die auf Plato und Aristoteles zurückgehende Akademie in Athen, die als letzte Zufluchtsstätte des gebildeten Heidentums galt, schließen, was wahrlich kein Ruhmesblatt seiner Herrschaft darstellte.

Unsterblichen Ruhm dagegen erwarb er sich mit seinen Rechtskodifikationen. Im Jahr 533 wurden die „Institutionen“ und die „Digesten“ veröffentlicht, eine Exzerptensammlung aus den vergangenen Jahrhunderten römischer Rechtsprechung der namhaftesten römischen Juristen (Gaius, Ulpianus, Papinianus etc.). Sie stellte eine

Hagia Sophia

für die Zukunft verbindliche Auswahl für die Rechtsprechung dar. Ein Jahr später (534) kamen unter dem Namen *Codex Iustinianus* die seit der Regierungszeit Hadrians veröffentlichten Kaisererlasse hinzu, und die nach dem Jahr 535 erlassenen Gesetze wurden in den „Novellen" gesammelt. Das unter dem Begriff *Corpus iuris civilis* bekannte Gesetzeswerk sollte für die Nachfolgezeit von entscheidender Bedeutung werden und das europäische Rechtsdenken nachhaltig beeinflussen.

## Islamische Expansion

Kurz nach der Regierungszeit Justinians wurde Muhammad in Mekka, im Herzen Arabiens, geboren (um 570). Diese außergewöhnliche Persönlichkeit wurde der Verkünder (Prophet) des Islam, der neben dem Judentum und dem Christentum bedeutendsten monotheistischen Religion der Welt. Muhammad gelang es, die bis zu seiner Zeit auf der Arabischen Halbinsel im Streit miteinander lebenden Stämme im Glauben an den ihm offenbarten Gott (Allah) zu einigen. Die dabei entstandene Kultgemeinde galt sowohl als religiöse wie auch als politische Gemeinschaft (Umma). Wie ein Sturm breiteten sich die Araber über die zu Byzanz und zum Perserreich gehörenden Territorien des Vorderen Orients aus. Nordafrika und große Teile der Mittelmeerländer kamen bald unter arabische Herrschaft.

Die ursprüngliche Faszination des Islam gründete in der überragenden und komplexen Persönlichkeit des Propheten. Sein Sendungsbewusstsein, sein felsenfester Glaube, seine behutsame Menschenführung und nicht zuletzt seine enorme politische Begabung ermöglichten die Expansion der neuen Lehre. Seit etwa dem Jahr 610 lehrte Muhammad in Mekka – nicht ohne Einflüsse aus christlichem und jüdischem Gedankengut – den Islam, dessen Kerngedanke die bedingungslose Unterwerfung des Menschen unter den Willen eines einzigen Gottes ist. Den Gläubigen (Muslimen) waren fünf Gebote auferlegt: Verrichtung der Tagesgebete, Aussprechen des Glaubensbekenntnisses, Almosengeben, Fasten und Pilgerfahrt nach Mekka. Doch bevor der Islam seinen atemberaubenden Siegeszug antreten konnte, musste Muhammad zahlreiche Schwierigkeiten überwinden. In seiner Heimatstadt Mekka hatte der Prophet zunächst wenig Erfolg, vermochte nur eine kleine Schar Getreuer zu bekehren. Als man ihm sogar feindselig begegnete, beschloss Muhammad, nach Jathrib, das seitdem den Namen Medina (Stadt des Propheten) trägt, auszuwandern. Mit der Übersiedlung von Mekka nach Medina (Hedschra) setzt die islamische Zeitrechnung ein (622). In Medina weitete sich die islamische Glaubensgemeinschaft zu einem mächtigen kultischen und politischen Verband aus. Es gelang Muhammad, Frieden zu stiften zwischen den rivalisierenden Stämmen. Sein Ansehen wuchs ständig. Schließlich konnte er sich an der Spitze eines Heeres seiner Heimatstadt Mekka bemächtigen, die von nun an zum geistigen Mittelpunkt des Islam aufstieg. Muhammads Offenbarungen und Berichte wurden in dem 114 Suren (Kapitel) umfassenden heiligen Buch der Muslime (Koran) gesammelt und niedergeschrieben. Bis heute ist der Koran Wegweiser, Gesetzbuch, Glaubensregel und Sittenkodex für die Muslime auf der ganzen Welt.

Nach dem Tod Muhammads (632) hatte die inzwischen beträchtlich angewachsene islamische Gemeinschaft den größten Teil der Arabischen Halbinsel in Besitz genommen. Seine Nachfolger (Kalifen) betrieben eine dynamische Expansionspolitik, verknüpften die Ausbreitung des Islam und die Gewinnung neuer Glaubensanhänger mit der Eroberung der Welt. Vollauf beschäftigt mit der Abwehr germanischer Stämme war das Byzantinische Reich nicht in der Lage, dem um die Mitte des 7. Jahrhunderts hereinbrechenden Ansturm der Araber wirksam zu begegnen. Nur zwei Jahre nach dem Tod des Propheten zogen die zum Islam bekehrten Beduinenstämme Arabiens nach Norden, überschritten den Jordan, nahmen Damaskus (635) und Jerusalem (636) ein. Unter dem Kalifen Omar, dem Begründer der arabischen Großmacht, zerstörten die Araber das Perserreich der Sassaniden und setzten sich im östlichen Mittelmeerraum (Syrien, Ägypten) fest. Nach einer Reihe innerer Kämpfe um das Kalifenamt (bei dem es zu einer Spaltung zwischen Sunniten und Schiiten kam) übernahm das sunnitische Geschlecht der Omeyiden die Führung des Islam (661–750). Unter diesen energischen Kalifen setzte eine erneute Expansionswelle ein. Bis zum Ende des 7. Jahrhunderts war ganz Nordafrika erobert, im Jahre 711 betraten arabische Scharen erstmals europäischen Boden. Sie eroberten das hispanische Reich der Westgoten, zogen über die Pyrenäen und bedrohten das Frankenreich. Zur gleichen Zeit versuchten die Araber mehrmals (678, 708, 718) Byzanz einzunehmen, scheiterten jedoch an der Überlegenheit der oströmischen Flotte. Der westliche Teil der Mittelmeerwelt konnte jedoch von der arabischen Seemacht wirksam kontrolliert werden. Drei große miteinander politisch rivalisierende Zivilisationen begegneten sich seit Anfang des 8. Jahrhunderts auf dem Gebiet des ehemals römischen Reiches: im Süden die vom Islam beherrschten Länder, im Norden und Westen die germanisch-romanischen Staaten und im Osten das Byzantinische Reich. Die vom Imperium Romanum gestiftete politische Einheit der Mittelmeerwelt war damit für immer verloren gegangen.

## Das Erbe Roms

Das Fortwirken des Römischen Reiches lässt sich in vielen Bereichen des kulturellen, ökonomischen, sozialen und politischen Lebens verfolgen. Am auffälligsten ist vielleicht das Weiterleben des Lateinischen, der Sprache Roms. In der Klosterkultur des Mittelalters und der Neuzeit sowie in der Liturgie der katholischen Kirche konnte sie sich lange behaupten. Selbst im akademischen Wissenschaftsbetrieb wurde sie erst in nachnapoleonischer Zeit nach und nach aus den Hörsälen der Universitäten verdrängt. Als Grundlage für die romanischen Sprachen (Italienisch, Französisch, Spanisch, Portugiesisch, Rumänisch) sowie als Wortschatzlieferantin für die germanischen Sprachen (Englisch, Niederländisch, Deutsch) bleibt Latein bis heute fassbar. Ebenso gegenwärtig ist der Lateinunterricht im Schulalltag vieler europäischer Länder. Eine ähnliche Kontinuitätslinie wie für die lateinische Sprache lässt sich auch bei der Rezeption der Literatur, Kunst und Architektur der römischen Antike beobachten. Eine direkte Übernahme römischen Lebens gibt es im Bereich der Zeiterfassung und Zeiteinteilung. Die Grundlagen des julianischen Kalenders bestehen fort und zeigen sich am augenfälligsten in den lateinischen Monatsnamen.

Eine besondere Bedeutung kommt dem Umgang mit dem römischen Rechtssystem zu. Die mittelalterlichen und neuzeitlichen Reiche und Staaten profitierten von der kodifizierten römischen Rechtstradition, die über Jahrhunderte weiter wirkte und noch im Code Napoléon sichtbar ist. Eine unmittelbare Konsequenz daraus bildet die Entwicklung der Rechtsprechung und der Rechtsauffassung, wie sie in den meisten Staaten Kontinentaleuropas besteht und im Rahmen der Kolonisation in die Neue Welt getragen wurde.

Das römische Weltreich bildete die ideologische Grundlage späterer europäischer Monarchien. Der Weltreichs- und Imperiumsgedanke stellte ihnen die politisch-legitimatorische Rechtfertigung ihrer Herrschaft sowie ihrer oft expansionistischen oder hegemonialen Politik zur Verfügung. Er manifestierte sich in der Übernahme von Titeln (Kaiser, Heiliges Römisches Reich Deutscher Nation) und Symbolen und blieb als historischer Maßstab bis in die Gegenwart lebendig. Die Idee der Pax Augusta steht der Vorstellung der Pax Americana Pate.

Die katholische Kirche war und ist das augenscheinlichste Beispiel der Kontinuität des römischen Erbes. In Dogma, Zeremoniell, Kirchenrecht und Amtssprache lebt die spätantike Bischofskirche fort. Durch die Annäherung an die Strukturen des spätantiken Staates gelang es der Kirche, diesen zu überleben und im mittelalterlichen Europa eine vereinigende Rolle auszuüben. Erst durch die weltweite Mission der katholischen Kirche wurde das antike Erbe globalisiert. Ausgesprochen wird dieser Zusammenhang und der dahinter stehende universelle Geltungsanspruch durch den Segen des Papstes: *Urbi et orbi.*

# Literatur


*Anfänge der römischen Geschichte*

Aigner-Foresti, L.: Die Etrusker und das frühe Rom, Darmstadt 2003.

Alföldi, A.: Das frühe Rom und die Latiner, Darmstadt 1977.

Bleicken, J.: Die Verfassung der römischen Republik. Grundlagen und Entwicklung, Paderborn ⁸2000.

Broughton, T. R. S./Patterson, M. L.: The Magistrates of the Roman Republic, New York 1951/2, 1960.

Cornell, T. J.: The Beginnings of Rome. Italy and Rome from the Bronze Age to the Punic Wars (c. 1000–264 B.C.), London/New York 1995.

Gabba, E.: Roma arcaica. Soria e storiografia, Rom 2000.

Hölkeskamp, K.-J.: Die Entstehung der Nobilität, Frankfurt 1998.

Hölkeskamp, K.-J./Stein-Hölkeskamp, E.: Von Romulus zu Augustus. Große Gestalten der römischen Republik, München 2000.

Martínez Pinna, J.: Los orígines de Roma, Madrid 1999.

Meyer, E.: Römischer Staat und Staatsgedanke, Darmstadt 1961.

Ogilvie, R. M.: Das frühe Rom und die Etrusker, München 1988.

Pallotino, M.: Italien vor der Römerzeit, München 1987.

*Expansion und Krise der Republik*

Badian, E.: Foreign Clientelae (264–70 B.C.), Oxford 2000.

Barceló, P.: Hannibal. Stratege und Staatsmann, Stuttgart 2004.

Bleicken, J.: Geschichte der römischen Republik, München ⁴1992.

Bringmann, K.: Die Agrarreform des Tiberius Gracchus. Legende und Wirklichkeit, Frankfurt 1985.

Bringmann, K.: Römische Geschichte. Von den Anfängen bis zur Spätantike, München 1997.

Christ, K.: Sulla. Eine römischer Karriere, München 2002.

Gabba, E.: Mario e Sila, ANRW I 1, Berlin 1972, 764–805.

Harris, W. V.: War and Imperialism in Republican Rome 327–70 B.C., Oxford 1985.

Heftner, H.: Der Aufstieg Roms. Vom Pyrrhoskrieg bis zum Fall von Karthago (280–146 v. Chr.), Regensburg 1997.

Hölkeskamp, K.-J., Senatus Populusque Romanus, Stuttgart 2004.

Hölkeskamp, K.-J.: Rekonstruktion einer Republik, München 2004.

Pina Polo, F.: La crisis de la República, Madrid 1999.

Wulff, F.: Roma e Italia de la Guerra Social a la retirada de Sila (91–79 a.C.), Brüssel 2002.

*Auflösung der republikanischen Staatsordnung*

Badian, E.: Römischer Imperialismus in der späten Republik, Stuttgart 1980.

Baltrusch, E.: Caesar und Pompeius, Darmstadt 2004.

Christ, K.: Caesar. Annäherungen an einen Diktator, München 1994.
Christ, K., Krise und Untergang der römischen Republik, München [4]2002.
Christ, K.: Pompeius, München 2004.
Dettenhoffer, M. H.: Perdita iuventus. Zwischen den Generationen von Caesar und Augustus, München 1992.
Dupla, A./Fatas, G./Pina, F.: Rem Publicam restituere. Una propuesta popularis para la crisis Republicana, Zaragoza 1990.
Gelzer, M.: Caesar. Der Politiker und Staatsmann, Wiesbaden 1983 (Nachdruck der 6. Aufl. 1960).
Gelzer, M.: Pompeius. Lebensbild eines Römers, Wiesbaden 1984 (Nachdruck der Ausgabe von 1959).
Jehne, M.: Der Staat des Dictators Caesar, Köln/Wien 1987.
Meier, Chr.: Res publica amissa. Eine Studie zur Verfassung und Geschichte der späten Republik, Frankfurt [3]1997.
Pina Polo, F.: Contra arma verbis. Der Redner vor dem Volk in der späten römischen Republik, Stuttgart 1996.
Pina Polo, F.: Marco Tulio Cicerón, Barcelona 2005.

*Begründung des Principats*
Alföldy, G.: Augustus und die Inschriften: Tradition und Innovation. Die Geburt der imperialen Epigraphik, Gymnasium 98 (1991) 289–324.
Binder, G. (Hrsg.): Saeculum Augustum, 3 Bde., Darmstadt 1987–1991.
Bleicken, J.: Augustus. Eine Biographie, Berlin 1998.
Bringmann, K.: Augustus und die Begründung des römischen Kaisertums, Berlin 2002.
Kienast, D.: Augustus. Prinzeps und Monarch, Darmstadt 1999.
Lacey, W. K.: Augustus and the principate. The evolution of a system, Leeds 1996.
LeBohec, Y.: Die Römische Armee. Von Augustus bis zu Konstantin d. Gr., Frankfurt 1993.
Ortega y Gasset, J.: Eine Interpretation der Weltgeschichte. Rund um Toynbee, München 1964.
Stepper, R.: Imperator et sacerdos, Untersuchungen zum römischen Kaiser als Priester, PAwB 9, Stuttgart 2003.
Syme, R.: Die römische Revolution, Stuttgart 2004, Erstausgabe 1939.
Zanker, P.: Augustus und die Macht der Bilder, München 1990.

*Das Kaiserreich im 1. und 2. Jahrhundert*
Alvar, J./Blázquez, J. M. (Hrsg.): Trajano, Madrid 2003.
Bennett, J.: Traian optimus princeps, London 1997.
Birley, A.: Marcus Aurelius, London [2]1987.
Birley, A.: The African Emperor. Septimius Severus, London [2]1988.
Birley, A.: Hadrian the Restless Emperor, London, New York 1997.
Christ, K.: Geschichte der römischen Kaiserzeit. Von Augustus bis Diokletian, München 2001.
Clauss, M. (Hrsg.): Die römischen Kaiser. 55 historische Portraits von Caesar bis Iustinian, München [2]2001.
Grainger, J. D.: Nerva and the Roman Succession Crisis of AD 96–98, London 2003.
Grant, M.: The Antonines. The Roman Empire in Transition, London 1994.

Grant, M.: The Severans. The Changed Roman Empire, London, New York 1996.
Hekster, O.: Commodus. An Emperor at the Crossroads, Amsterdam 2002.
Jacques, F./Scheid, J.: Rom und das Reich in der Hohen Kaiserzeit (44 v.Chr.–260), Stuttgart 1998.
Kienast, D.: Römische Kaisertabelle. Grundzüge einer römischen Kaiserchronologie, Darmstadt 1996.
Mazzarino, S.: L'Impero Romano, 3 Bde., Bari 1973.
Shotter, D. C. A.: Nero, London/New York 1997.
Waldherr, G. H.: Nero. Eine Biografie, Regensburg 2005.
Winterling, A.: Caligula. Eine Biographie, München 2003.
Yavetz, Z.: Tiberius. Der traurige Kaiser, München 1999.

*Wirtschaft und Gesellschaft in Republik und Kaiserzeit*
Alföldy, G.: Römische Sozialgeschichte, Wiesbaden 1979.
Ausbüttel, F. M.: Die Verwaltung des römischen Kaiserreiches. Von der Herrschaft des Augustus bis zum Niedergang des Weströmischen Kaiserreiches, Darmstadt 1998.
Duncan-Jones, R.: The Economy of the Roman Empire, Cambridge 1974.
Eck, W./Heinrichs, J.: Sklaven und Freigelassene in der Gesellschaft der römischen Kaiserzeit, Darmstadt 1993.
Ferrer Maestro, J. J.: La República participada. Intereses privados y negocios públicos en Roma, Castellón 2005.
Flach, D.: Römische Agrargeschichte, München 1990.
Freyberg., H.-U. v.: Kapitalverkehr und Handel im römischen Kaiserreich (27 v.Chr.–235 n.Chr.), Freiburg 1988.
Finley, M. I.: Die antike Wirtschaft, München ³1993.
Herz, P.: Studien zur römischen Wirtschaftsgesetzgebung. Die Lebensmittelversorgung, Stuttgart 1988.
Kolb, F.: Rom. Die Geschichte der Stadt in der Antike, München ²2002.
Kunst, C.: Antike Wohn- und Lebenswelten. Quellen zur Geschichte der römischen Stadt, Darmstadt 2000.
Martino, F. de: Wirtschaftsgeschichte des alten Rom, München 1985.

*Das Kaiserreich zwischen Krise und Konsolidierung*
Alföldy, G.: Die Krise des Römischen Reiches. Geschichte, Geschichtsschreibung und Geschichtsbetrachtung, Habes 5, Stuttgart 1989.
Arce, J.: Funus Imperatorum. Los funerales de los emperadores romanos, Madrid 1988.
De Blois, L.: The Policy of the Emperor Gallienus, Leiden 1976.
Hartmann, F.: Herrscherwechsel und Reichskrise. Untersuchungen zu den Ursachen und Konsequenzen des Herrscherwechsels im Imperium Romanum der Soldatenkaiserzeit (3. Jh. n.Chr.), Frankfurt a.M. 1982.
Körner, C.: Philippus Arabs. Ein Soldatenkaiser in der Tradition des antoninisch-severischen Prinzipats, Berlin 2002.
Kreucher, G.: Der Kaiser Marcus Aurelius Probus und seine Zeit, Stuttgart 2003.
Kuhoff, W.: Diocletian und die Epoche der Tetrarchie, Frankfurt 2001.

Sommer, M.: Die Soldatenkaiser, Darmstadt 2004.

Watson, A.: Aurelian and the Third Century, London 1999.

Winter, E./Dignas, B.: Rom und das Perserreich. Zwei Weltmächte zwischen Konfrontation und Koexistenz, Berlin 2001.

Zimmermann, M.: Kaiser und Ereignis. Studien zum Geschichtswerk Herodians, München 1999.

*Das spätrömische Reich*

Barceló, P.: Constantius II. und seine Zeit. Die Anfänge des Staatskirchentums, Stuttgart 2004.

Bleckmann, B.: Konstantin der Große, Reinbek bei Hamburg 1996.

Brandt, H.: Geschichte der römischen Kaiserzeit. Von Diokletian und Konstantin bis zum Ende der konstantinischen Dynastie (284–363), Berlin 1998.

Brandt, H.: Das Ende der Antike. Geschichte des spätrömischen Kaiserreiches, München $^{2}$2004.

Bringmann, K.: Kaiser Julian, Darmstadt 2004.

Burckhardt, J.: Die Zeit Konstantins des Großen, Leipzig 1853.

Demandt, A.: Die Spätantike. Römische Geschichte von Diocletian bis Justinian 284–525 n. Chr., München 1989.

Jones, A. H. M.: The Later Roman Empire 284–602, 3 Bde., Oxford 1964.

Lenski, N.: Failure of Empire. Valens and the Roman State in the Fourth Century A.D., Berkeley u. a. 2002.

Leppin, H.: Theodosius der Große. Auf dem Weg zum christlichen Imperium, Darmstadt 2003.

Piepenbrink, K.: Konstantin der Große und seine Zeit, Darmstadt 2002.

*Aufstieg und Durchsetzung des Christentums*

Alföldy, G.: Die Krise des Imperium Romanum und die Religion Roms, in: W. Eck (Hrsg.): Religion und Gesellschaft in der römischen Kaiserzeit, Köln/Wien 1989, 53–102.

Alvar, J.: Los misterios. Religiones orientales en el Imperio Romano, Barcelona 2001.

Ameling, W.: Märtyrer und Märtyrerakten, Stuttgart 2002.

Bonamente, G./Nestori, A.: I Cristiani e L'Impero nel IV secolo. Colloquio sul Cristianesimo nel mondo antico, Macerata 1988.

Brown, P.: Die letzten Heiden. Eine kleine Geschichte der Spätantike, Berlin 1978.

Clauss, M.: Kaiser und Gott. Herrscherkult im römischen Reich, Stuttgart/Leipzig 1999.

Gottlieb, G.: Christentum und Kirche in den ersten drei Jahrhunderten, Heidelberg 1991.

Gottlieb, G./Barceló, P.: Christen und Heiden in Staat und Gesellschaft des zweiten bis vierten Jahrhunderts, München 1992.

Hahn, J.: Gewalt und religiöser Konflikt. Studien zu den Auseinandersetzungen zwischen Christen, Heiden und Juden im Osten des Römischen Reiches (Von Konstantin bis Theodosius II.), Berlin 2004.

Guyot, P./Klein, R.: Das frühe Christentum bis zum Ende der Verfolgungen I: Die Christen im heidnischen Staat, Darmstadt 1993.

Riemer, U.: Das Tier auf dem Kaiserthron? Eine Untersuchung zur Offenbarung des Johannes als historischer Quelle, Stuttgart u. a. 1998.

Rüpke, J.: Die Religion der Römer, München 2001.

*Verwandlung der Mittelmeerwelt*
Burns, T. S.: Barbarians within the Gates of Rome. A Study of Roman Military Policy and the Barbarians, ca. 375–425 A.D., Bloomington, Indianapolis 1994.
Haldon, J.: Das Byzantinische Reich. Geschichte und Kultur eines Jahrtausends, Darmstadt 2002.
Martin, J.: Spätantike und Völkerwanderung, München [4]2001.
Mazzarino, S.: La fine del mondo antico, Mailand 1959.
Rosen, K.: Die Völkerwanderung, München 2002.
Schreiner, P.: Byzanz, München [2]1994.
Seeck, O.: Geschichte des Untergangs der antiken Welt, 6 Bde., Stuttgart 2000, Erstausgabe 1921.
Wolfram, H.: Die Goten, München 2001.